VERDADE

Hector Macdonald

Verdade
13 motivos para duvidar de tudo que te dizem

TRADUÇÃO
Flavio Chamis

Copyright © 2018 by Hector Macdonald
Copyright da capa © 2018 by Hachette Book Group, Inc.

*Grafia atualizada segundo o Acordo Ortográfico da Língua Portuguesa de 1990,
que entrou em vigor no Brasil em 2009.*

Título original
Truth: How the Many Sides to Every Story Shape Our Reality

Capa
Gregg Kullick

Preparação
Sheila Louzada

Índice remissivo
Probo Poletti

Revisão
Jane Pessoa
Márcia Moura

Dados Internacionais de Catalogação na Publicação (CIP)
(Câmara Brasileira do Livro, SP, Brasil)

Macdonald, Hector
    Verdade : 13 motivos para duvidar de tudo que te dizem /
Hector Macdonald ; tradução Flavio Chamis. — 1ª ed. — Rio de
Janeiro : Objetiva, 2019.

    Título original: Truth: How the Many Sides to Every Story
Shape Our Reality.
    Bibliografia
    ISBN 978-85-470-0077-6

    1. Pensamento crítico 2. Psicologia organizacional 3. Teoria do
conhecimento 4. Verdade I. Título.

19-23401   CDD-121

Índice para catálogo sistemático:
1. Verdade : Teoria do conhecimento : Filosofia   121

Maria Paula C. Riyuzo – Bibliotecária – CRB-8/7639

[2019]
Todos os direitos desta edição reservados à
EDITORA SCHWARCZ S.A.
Praça Floriano, 19, sala 3001 — Cinelândia
20031-050 — Rio de Janeiro — RJ
Telefone: (21) 3993-7510
www.companhiadasletras.com.br
www.blogdacompanhia.com.br
facebook.com/editoraobjetiva
instagram.com/editora_objetiva
twitter.com/edobjetiva

Sumário

Prefácio..7
Introdução: Quando verdades colidem 9

PRIMEIRA PARTE: VERDADES PARCIAIS

1. Complexidade 31
2. História..49
3. Contexto...68
4. Números...85
5. Narrativas 107

SEGUNDA PARTE: VERDADES SUBJETIVAS

6. Moralidade...129
7. Desejabilidade... 147
8. Valor financeiro..164

TERCEIRA PARTE: VERDADES ARTIFICIAIS

9. Definições.. 185
10. Constructos sociais.. 202
11. Nomes...217

QUARTA PARTE: VERDADES DESCONHECIDAS

12. Previsões..239
13. Crenças 260

Epílogo: Verdades finais..279
Agradecimentos 287
Apêndice 1: Checklist para verificação de verdades enganosas 289
Apêndice 2: Organizações de checagem de fatos 291
Referências bibliográficas 295
Notas 307
Índice remissivo...321

Prefácio

Este livro anseia por despertar opiniões fortes.

Escrito durante uma época de proliferação de fake news e fatos alternativos, ele prenuncia um renascimento da preocupação pública com a verdade, bem como de uma pressão generalizada para que políticos, líderes empresariais, ativistas e outros formadores de opinião profissionais sejam responsabilizados pela veracidade de suas palavras. Tenho a convicção de que valorizamos a verdade o suficiente para lutarmos por ela.

No entanto, a verdade não é tão simples quanto parece. Existem maneiras diferentes de falar a verdade, nem todas honestas. Na maioria dos temas, podemos escolher verdades distintas para nos comunicar — uma escolha que influenciará como aqueles ao nosso redor aprendem um assunto e a ele reagem. Podemos selecionar verdades que envolvam pessoas e inspirem ações, ou podemos empregar outras que induzam a erro deliberadamente. A verdade aparece em muitas formas, e comunicadores experientes podem explorar essa flexibilidade para moldar nossa impressão da realidade.

Este é um livro sobre a verdade, não sobre mentiras, embora também explore como ela por vezes é usada como mentira. Os mesmos instintos, pressões e incentivos que levam comunicadores a fazerem afirmações que não são verdadeiras os levam a usar a verdade de uma maneira eminentemente enganosa. Ao mostrar como isso é feito, espero encorajar as pessoas a identificar e denunciar tais ocorrências.

Diferentes formas de verdade podem ser usadas de modo mais construtivo, para unir, inspirar e transformar. A escolha correta pode unificar uma empresa, encher de coragem um exército, acelerar o desenvolvimento de uma nova tecnologia, inflamar os apoiadores de um partido político e estimular a energia, a criatividade e o entusiasmo de organizações inteiras. Líderes precisam reconhecer suas opções de comunicação, além de saber escolher e apresentar as verdades mais envolventes.

Este livro é para aqueles que querem se comunicar com sinceridade, porém compreendem que têm à sua escolha múltiplas verdades. É para aqueles que estão cansados de ser ludibriados por construções tecnicamente verdadeiras de políticos, profissionais de marketing e profissionais de relações públicas. Qual verdade será a mais eficaz para promover seu argumento? Qual verdade trará inspiração à sua empresa? Qual verdade é a mais ética? Quais verdades podem ser utilizadas por outros com o intuito de nos persuadir a agir contra nossos próprios interesses? Como podemos contestar verdades enganosas? *Verdade* pretende ajudar a responder a essas perguntas.

Um livro sobre a verdade é alvo fácil para acusações de imprecisão ou falsidade. Nas muitas histórias e tópicos abordados, tentei citar os fatos com exatidão, mas erros são inevitáveis. Fico grato com correções de leitores de olhar aguçado ou de todos aqueles que sabem mais do que eu sobre os assuntos discutidos. Seu feedback hoje poupará meu constrangimento em edições posteriores. Também gostaria de ouvir sobre verdades interessantes, astutas, ultrajantes e transformadoras que o leitor porventura encontre nas notícias, em seu trabalho ou em sua vida. Agradeço o envio de suas correções e sugestões pelo seguinte endereço: hectormacdonald.com/truth.

Londres, outubro de 2017

Introdução

Quando verdades colidem

Não há mentira pior do que uma verdade mal-entendida
por aqueles que a escutam.
William James, *As variedades da experiência religiosa*

O DILEMA ANDINO

Para os vegetarianos e os celíacos, a descoberta da quinoa foi uma espécie de milagre. Ali estava uma semente sem glúten, rica em magnésio e ferro, e com mais proteína do que qualquer outro grão, incluindo todos os aminoácidos essenciais que nosso corpo não é capaz de produzir. A Nasa declarou que a quinoa é um dos nutrientes mais equilibrados da Terra e a considerou ideal para os astronautas. "A quinoa tem um ótimo sabor, uma textura agradável e é um dos alimentos mais saudáveis que existe", declarou Yotam Ottolenghi em 2007.[1] Nativa dos Andes, a quinoa traz uma história que encantou os consumidores ocidentais: os incas a valorizavam tanto que a consideravam sagrada e a intitularam "mãe de todos os grãos". O imperador inca preservava a tradição de plantar as primeiras sementes da estação com ferramentas de ouro. O assim chamado "superalimento" chegou a ser celebrado pelas Nações Unidas, que declarou 2013 como o "Ano Internacional da Quinoa".

No entanto, os fãs da quinoa depararam com uma revelação perturbadora.

Entre 2006 e 2013, o preço da semente triplicou na Bolívia e no Peru. A princípio, a notícia foi motivo de comemoração, pois o aumento elevaria o padrão de vida dos humildes agricultores andinos, mas logo surgiram rumores de que o povo local não podia mais se dar ao luxo de comer seu alimento tradicional por causa da demanda insaciável da América do Norte e da Europa. O jornal britânico *The Independent* advertiu, em 2011, que o consumo de quinoa na Bolívia tinha caído 34% em cinco anos: o produto, antes básico, tornara-se um luxo para as famílias.[2] O *New York Times* citou estudos que apontavam números ascendentes da desnutrição infantil em áreas de cultivo de quinoa.[3] Em 2013, o *The Guardian* colocou mais lenha na fogueira com a manchete: "Será que os veganos conseguem tolerar a amarga verdade sobre a quinoa?". Agora, era mais barato para os peruanos e bolivianos pobres consumirem "junk food importada", relatava o jornal.[4] "Quinoa: boa para você, ruim para os bolivianos" foi uma manchete de uma edição de 2013 do *The Independent*.[5]

A notícia ecoou mundo afora, provocando uma crise de consciência nos adeptos da alimentação saudável. "Quanto mais você gosta de quinoa, mais prejudica peruanos e bolivianos", acusava a publicação canadense *Globe and Mail*.[6] Nas redes sociais, nos blogs veganos e nos fóruns, as pessoas inquiriam se ainda era adequado comer a milagrosa semente andina. "Eu pretendo parar de comer quinoa", declarou uma senhora:

> É uma questão de princípios [...] quando, por incontáveis gerações, pessoas para as quais a quinoa tem sido um alimento básico não podem mais comer, porque pessoas como eu criaram uma demanda imensa de exportação e fizeram o preço subir [...]. Nós vamos sobreviver sem quinoa. Eu vou sobreviver sem quinoa.[7]

A ideia de que a alta no preço do produto, inflado pela demanda global, tinha prejudicado a desfavorecida população da Bolívia e do Peru era plausível e foi amplamente aceita. Mas os economistas Marc Bellemare, Seth Gitter e Johanna Fajardo-Gonzalez desconfiaram. Afinal de contas, quantias substanciais de dinheiro estrangeiro estavam entrando na Bolívia e no Peru graças ao comércio de quinoa, e boa parte chegava a algumas das regiões mais pobres da América do Sul. São poucas as culturas de grãos que se desenvolvem bem 4 mil metros acima do nível do mar; não seria, portanto, a explosão do consumo mundial de quinoa uma bênção para a região?

Os três economistas buscaram dados de pesquisas peruanas sobre despesas domésticas e dividiram as famílias entre as que cultivavam e consumiam quinoa, aquelas que consumiam mas não cultivavam, e aquelas que não tinham contato com o produto. A descoberta foi de que, entre 2004 e 2013, o padrão de vida dos três grupos havia melhorado, sendo que os agricultores de quinoa tinham registrado o maior crescimento nas despesas domésticas. Os produtores estavam ficando mais ricos, e gastavam seus novos ganhos em benefício local.[8] As famílias que consumiam quinoa mas não a cultivavam já se encontravam anteriormente em uma situação em média duas vezes melhor que os agricultores, o que sugeria que podiam pagar um pouco mais. Isso não era surpreendente, visto que apenas cerca de 0,5% do orçamento doméstico peruano é gasto com a quinoa, um indício de que o produto nunca havia tido um peso substancial no sustento dos lares. "É uma história feliz, na verdade", constatou Seth Gitter. "Os mais pobres tiveram os maiores ganhos."[9]

E quanto à queda de 34% no consumo? Acontece que o consumo de quinoa nos dois países teve queda lenta e contínua durante um período mais longo que o do aumento nos preços, sugerindo que não havia uma conexão significativa entre as duas tendências. Uma explicação muito mais provável era que os peruanos e bolivianos apenas queriam variar sua alimentação. Tanya Kerssen, do laboratório de pesquisa Food First, disse que os agricultores de quinoa andinos "cansaram de comer quinoa, para ser honesta, e passaram a comprar outros alimentos".[10] Um engenheiro-agrônomo boliviano observou: "Há dez anos, eles tinham apenas uma dieta andina disponível. Não tinham escolha. Mas agora eles querem comer arroz, macarrão, doces, coca-cola, querem tudo!".[11]

Fui visitar plantações de quinoa no Vale do Colca, no Peru, uma área de cultivo que data dos tempos pré-incaicos. A quinoa é uma bela cultura, semelhante à de cereais, com grandes inflorescências de cor vermelho-escura ou de um rico dourado. Nessa parte dos Andes, ela é cultivada em terraços, junto com variedades locais incomuns de milho e batata. "A demanda estrangeira é algo cem por cento positivo", declarou minha guia peruana, Jessica. "Os agricultores estão muito felizes, e qualquer pessoa que quiser comprar quinoa ainda tem condições de pagar." Houve um benefício adicional, explicou ela: anteriormente, os peruanos das cidades julgavam os habitantes dos altos dos Andes como "camponeses" por consumirem quinoa, mas o interesse dos americanos e dos europeus valorizou o produto também internamente. "Agora, Lima finalmente respeita o povo do Altiplano e nossa herança milenar."

Em uma área remota e inóspita do sudoeste da Bolívia, repleta de salinas e vulcões adormecidos, fui apresentado a importantes projetos locais de desenvolvimento e turismo financiados pelo dinheiro provindo da quinoa. Os agricultores de subsistência, que havia gerações lutavam para alimentar suas famílias, agora tinham condições de começar a investir em um futuro mais ambicioso. De acordo com José Luis Landívar Bowles, presidente do Instituto Boliviano de Comércio Exterior, a quinoa poderia "ajudar a tirar muitas pessoas da extrema pobreza".[12]

A única preocupação que escutei dos bolivianos em abril de 2017 sobre a safra foi que a expansão da oferta estava *derrubando* os preços. A área de terra dedicada ao cultivo de quinoa na Bolívia mais do que triplicou, de cerca de 50 mil hectares em 2007 para 180 mil hectares em 2016. "Para mim, esse é um triste epílogo, pois é improvável que os preços voltem a subir", Marc Bellemare declarou mais tarde. "O mercado funcionou exatamente como nos livros de economia: os altos lucros (temporários) foram diluídos em função da competição com novos produtores."

Enquanto o sol se punha sobre o pitoresco Vale do Colca, perguntei a Jessica se os consumidores europeus e norte-americanos tinham razão em se sentirem culpados por consumir um alimento que de outra maneira teria sido consumido por peruanos e bolivianos. Eu poderia adivinhar a resposta, mas queria ouvi-la de uma pessoa da região. Jessica começou a rir e estendeu o braço, como se quisesse abraçar o vale abundante. "Pode acreditar", ela disse, sorrindo, "temos *muita* quinoa."

Essa inusitada história de modismo alimentar, comércio global e angústia do consumidor parece, à primeira vista, um caso de inverdade corrigida. No entanto, a maioria das asserções feitas na primeira parte da narrativa é tão verdadeira quanto as da segunda. O preço da quinoa de fato triplicou, tornando-a mais cara no Peru e na Bolívia; o consumo de quinoa nesses países de fato caiu. O único elemento inverídico é a conclusão tirada a partir desses fatos: de que consumidores americanos e europeus estariam prejudicando peruanos e bolivianos pobres, subtraindo deles o acesso a um gênero alimentício tradicional. E essas verdades, por serem interpretações errôneas, é que podem ter causado danos reais ao povo do Altiplano. "Eu li comentários em algumas dessas matérias antiquinoa que diziam: 'Obrigado por mostrar a verdade, não vou mais consumir quinoa boliviana para não prejudicar os agricultores'", conta Michael Wilcox, que produziu um documentário sobre o assunto. "Bem, *não* consumir é o que vai prejudicar esses agricultores."[13]

Um conjunto de verdades parciais e números mal compreendidos foram combinados em uma história sem o contexto correto, alterando não apenas o apelo do consumo de um alimento como a questão moral em comê-lo. Como descobriremos, verdades parciais, números, histórias, contexto, atratividade e moralidade são apenas alguns dos elementos utilizados por comunicadores experientes em todas as esferas da vida para moldar a realidade, apresentando uma determinada visão do mundo. Nesse caso, jornalistas e blogueiros estavam tentando evitar a exportação de quinoa por motivos nobres, genuinamente preocupados com o bem-estar de um povo empobrecido que fora de súbito exposto aos ventos tempestuosos do comércio global. Encontraremos muitos casos em que políticos, publicitários, ativistas e até funcionários públicos moldaram a realidade com intenções bem mais questionáveis.

VERDADE OU VERDADES?

Compare as seguintes afirmações:

A internet torna o conhecimento do mundo amplamente disponível.
A internet acelera a disseminação da desinformação e do ódio.

Ambas as afirmações são verdadeiras. No entanto, para alguém que nunca ouviu falar de internet, a primeira daria uma impressão completamente diferente da segunda.

Toda história tem vários lados. Modificando ainda mais o velho ditado, podemos dizer que todo conjunto de fatos permite deduzir mais de uma verdade. Aprendemos isso desde bem cedo: os alunos indisciplinados sempre sabem como selecionar as verdades que melhor sustentem seu caso. Mas podemos não apreciar a flexibilidade que essas diferentes verdades oferecem aos comunicadores. Em muitos casos, há uma variedade de maneiras genuinamente — talvez igualmente — legítimas de descrever uma pessoa, um evento, um objeto ou um princípio.

São o que eu chamo de "verdades concorrentes".

Alguns anos atrás, fui contratado para prestar assistência a um programa de transformação corporativa em uma organização global que estava passando por uma fase bastante difícil. Não era um trabalho incomum; minha carreira em comunicação estratégica me permitiu ajudar dezenas de empresas líderes em escala mundial a esclarecer seus objetivos e explicá-los a seus funcionários. Entrevistei os principais executivos da corporação, com o intuito de reunir suas opiniões sobre o estado da indústria e de sua organização. Depois de consolidar todos os fatos que me foram fornecidos, sentei-me com o CEO em uma luxuosa suíte executiva em Manhattan e lhe perguntei se ele gostaria que eu escrevesse a história de seu negócio na versão "oportunidade de ouro" ou na versão "plataforma em chamas".

A narrativa da oportunidade de ouro descreveria os novos e empolgantes desenvolvimentos tecnológicos que poderiam ajudar a empresa a atender à crescente demanda em áreas-chave do mercado, construindo assim um futuro promissor e lucrativo. Mas a empresa só colheria os benefícios dessa oportunidade de ouro caso todos os funcionários abraçassem a ideia do programa de transformação. Já a narrativa da plataforma em chamas refletiria os recentes fracassos da organização e o profundo mal-estar cultural resultante, provocando um ciclo vicioso de apatia e piora de resultados que poderia destruir a organização dentro de cinco anos. A única maneira de evitar isso seria conquistando o apoio de todos para o programa de transformação.

Ambas as narrativas eram verdadeiras. Realmente havia uma grande oportunidade para a empresa prosperar, e, caso não fosse aproveitada, sua própria existência estaria em risco. Ambas as versões da verdade tinham o intuito de produzir o mesmo resultado: obter o apoio dos funcionários para uma difícil e dolorosa transformação interna. Só que elas criariam impressões muito diferentes da realidade na percepção desses funcionários. Pessoas instruídas, várias delas com educação de alto nível, seriam estimuladas por seus líderes a se sentirem ansiosas ou empolgadas quanto ao futuro, dependendo da narrativa que o CEO decidisse seguir. E esse mindset iria colorir quase todas as suas ações, pensamentos e sentimentos.

A inquietante flexibilidade de tais comunicações me levou a questionar como é possível afirmar mais de uma verdade sobre uma dada situação, e a imaginar em que outras circunstâncias esse fenômeno poderia se manifestar. Comecei a detectar o uso de verdades concorrentes em notícias, em discursos políticos, em anúncios publicitários, em livros polêmicos, em postagens do Facebook e na literatura de marketing político. Algumas delas eram usadas de forma benigna, para alcançar objetivos comuns, enquanto outras tinham a nítida intenção de enganar e confundir. No início, eu simplesmente registrava em um blog essas incidências, mas aos poucos comecei a ver padrões recorrentes, e isso me levou a uma análise mais crítica e mais abrangente sobre como surgem as verdades concorrentes. Mais importante, enfim compreendi quão profundamente somos influenciados por verdades concorrentes escolhidas por outros.

Volte alguns anos no tempo e imagine a si mesmo quando nunca tinha ouvido falar de quinoa. Você encontra esse novo produto na prateleira do mercado e pergunta ao funcionário o que é. Ele afirma algo verdadeiro sobre o pacote de sementes em sua mão. Poderia ser:

A quinoa é muito nutritiva, rica em proteínas, fibras e minerais e com baixo teor de gordura.

Ou:

Comprar quinoa melhora a renda de agricultores pobres da América do Sul.

Ou:

Comprar quinoa encarece o produto, dificultando sua aquisição por bolivianos e peruanos, que a utilizam como item básico de alimentação.

Ou:

O cultivo da quinoa está provocando um sério impacto ambiental nos Andes.

É mais provável que você compre a quinoa se o vendedor lhe apresentar uma das duas primeiras verdades. Ele influenciou sua ação através da seleção de uma entre verdades concorrentes. De certo modo, ele moldou sua realidade imediata.

De fato, ele fez mais que isso. Ele também moldou sua maneira de pensar sobre a quinoa e lançou a base para que um conjunto de crenças e ideias sobre o assunto se cristalize em sua mente. Esse *mindset* pode continuar influenciando indefinidamente o que você compra, o que você diz e o que você come.

Mindset é um conjunto de crenças, ideias e opiniões que criamos e montamos a respeito de nós mesmos e do mundo ao nosso redor. Nossas posturas mentais determinam nossos pensamentos sobre as coisas, bem como nossas escolhas de ações.

Mindsets são flexíveis em alguns aspectos. Por exemplo, a parte de nosso mindset que se interessa por quinoa será muito mais receptiva à primeira informação que recebermos sobre o alimento. Somos facilmente influenciados quando não temos nenhum conhecimento sobre algum assunto. Porém, uma vez que estabelecemos uma percepção sobre a quinoa — uma vez que nosso mindset se define —, é surpreendentemente difícil modificá-lo. Se, digamos, três meses após lermos que o cultivo da quinoa está prejudicando o meio ambiente nos Andes, alguém fizer comentários positivos a respeito dos benefícios nutricionais das sementes, muito provavelmente vamos ignorar, questionar ou rejeitar essa informação. É uma forma de viés de confirmação: tendemos a ser mais receptivos a novas verdades que se encaixem em nosso mindset preexistente e resistentes àquelas que desafiam nossas visões consolidadas.

Imagine que, passados meses da visita ao mercado, você está almoçando com uma colega de trabalho e ela pede uma salada de quinoa. Se a verdade original que você ouviu sobre a quinoa foi a questão do impacto ambiental, você estará inclinado a julgar de forma desfavorável a escolha de sua colega. É possível até que tente fazê-la mudar de ideia. Seu mindset — moldado por aquela verdade original — continua influenciando seus pensamentos e ações mesmo passado tanto tempo.

Todos nós vemos o mundo através de pontos de vista diferentes, formados em grande parte pelas múltiplas verdades que ouvimos e lemos. Ao mesmo tempo, outras pessoas estão sempre nos conduzindo a determinadas facetas e interpretações da verdade, intencionalmente ou não. "Nossas opiniões abrangem um espaço maior, um período mais longo e um maior número de coisas do que podemos observar diretamente", escreveu Walter Lippmann, um dos grandes jornalistas políticos do século XX e especialista no uso de verdades concorrentes. "Precisamos, portanto, costurá-las com *elementos de relatos de outras pessoas e da nossa própria imaginação*"[14] (grifo meu). O que os outros relatam contribui para nossa *percepção da realidade*, mas como agimos baseados em nossas percepções, o que os outros relatam também afeta a *realidade objetiva*.

As verdades concorrentes moldam a realidade.

As verdades concorrentes informam nosso mindset, que, por sua vez, determina nossas escolhas e ações. Votamos, compramos, trabalhamos, cooperamos e lutamos de acordo com o que acreditamos ser verdade. Algumas verdades nos acompanham por toda a vida, determinando as escolhas mais importantes que fazemos e definindo a própria natureza do nosso caráter. Seja diante de um tiroteio, um grupo de refugiados, um candidato presidencial, um livro sagrado, uma descoberta científica, uma estátua polêmica ou um desastre natural, nossa resposta — que pode ser dramática, transformadora ou violenta — resultará do nosso mindset.

Desse modo, não é exagero afirmar que muito do que pensamos e fazemos é determinado pelas verdades concorrentes que ouvimos e lemos. Se quisermos compreender como somos influenciados a comprar um produto, apoiar um político, condenar uma figura pública ou lutar por uma causa, precisamos entender como as verdades concorrentes funcionam e o que podemos fazer a respeito. Este livro responderá a ambas as perguntas.

O DISCURSO DO REI

Quando George VI, no início da Segunda Guerra Mundial, fez seu discurso transmitido pela rádio para a Grã-Bretanha e seu império, a gagueira do rei não foi a única razão para a brevidade do pronunciamento. Era necessário que suas palavras alcançassem pessoas de todas as origens, culturas e níveis de educação. Grande parte de sua audiência, que não tinham o inglês como língua nativa, poderia sentir dificuldade para entender um longo relato de eventos recentes, e muitos não entenderiam as complexidades geopolíticas que levaram à declaração de guerra. O apelo do rei a seus súditos para "permanecerem calmos, firmes e unidos" foi de uma simplicidade surpreendente. O discurso completo tem pouco mais de quatrocentas palavras, e o trecho que se refere a fatos concretos não chega a metade disso:

> Pela segunda vez na vida da maioria dos que me escutam, estamos em guerra. Repetidas vezes tentamos encontrar uma maneira pacífica de resolver nossas diferenças com aqueles que são agora nossos inimigos. Mas foi em vão. Vemo-nos forçados a entrar neste conflito pois fomos chamados, juntamente com nossos aliados, para enfrentar o desafio a um princípio que, caso prevalecesse, seria fatal para qualquer instituição civilizada do mundo. Refiro-me ao princípio que permitiria a um Estado, em sua busca egoísta por poder, desconsiderar seus tratados e suas promessas solenes e sancionar o uso da força ou ameaça de força contra a soberania e a independência de outros Estados. Tal princípio, quando despojado de todo disfarce, é apenas a mera doutrina primitiva de que força é poder.[15]

Pense no que ele não mencionou: o rearmamento alemão, a violação do Tratado de Versalhes, o pacto dos nazistas com a Itália e a União Soviética, a remilitarização da Renânia e a ocupação da Tchecoslováquia. Ele nem sequer menciona a Alemanha, Hitler ou a invasão da Polônia, por incrível que pareça. Em vez disso, o rei se concentra em uma reivindicação moral de apelo universal.

Apesar das óbvias omissões factuais e do foco altamente seletivo, ninguém acharia que George VI estava apresentando uma versão deturpada da situação. Ele expressou algumas verdades escolhidas a dedo para dar força ao império e preparar o povo para a guerra. Acrescentar informações não teria sido necessariamente mais honesto — teria apenas diluído o impacto da mensagem.

Vemos assim que verdades concorrentes podem ser usadas construtivamente. Profissionais responsáveis pelo marketing adotam diferentes mensagens para diferentes segmentos de consumidores, concentrando-se nos benefícios mais relevantes do produto para cada grupo. Médicos informam aos pacientes apenas os fatos clínicos necessários para controlarem sua condição, evitando sobrecarregá-los com detalhes complexos de biologia celular ou farmacologia. Defensores de justiça social, ativistas ambientais, clérigos, autoridades de saúde pública e líderes de todas as esferas precisam optar pela mais apropriada das verdades concorrentes para conquistar corações e mentes, e assim alcançar seus importantes objetivos.

PASTA DE DENTES E CÂNCER DE MAMA

Durante muitos anos, a Colgate-Palmolive veiculou anúncios publicitários alegando que "mais de 80% dos dentistas" recomendavam a marca.[16] Os consumidores deduziam, naturalmente, que a pesquisa por trás dessa alegação indicava a proporção de dentistas que recomendavam a Colgate *em detrimento de outras pastas*, mas o fato é que os dentistas haviam sido questionados sobre quais marcas (plural) eles recomendariam, e a maioria citou vários nomes. Uma concorrente era quase tão recomendada quanto a Colgate. O que estava sendo medido pela pesquisa não era o mesmo que estávamos sendo levados a acreditar, e o slogan da Colgate-Palmolive acabou sendo proibido pela Advertising Standards Authority [Agência Reguladora de Publicidade], embora fosse verdade.[17]

Se, por um lado, George VI utilizou as verdades concorrentes para fornecer uma descrição simplificada porém honesta da realidade, e os blogueiros de alimentação saudável sem querer usaram verdades concorrentes que distorceram a realidade, os profissionais de marketing da Colgate-Palmolive empregaram de modo deliberado uma verdade concorrente que enganava os consumidores. Eles não são os únicos. Os políticos são hábeis em distorcer verdades para criar uma falsa impressão; os jornais a distorcem em manchetes chamativas para depois corrigi-la no corpo da matéria, que é menos lido; ativistas escolhem verdades que melhor sustentem sua campanha, ainda que deturpem uma verdade maior.

"A única coisa que não admito é mentir", diz Frank Luntz, um mestre das verdades concorrentes que conheceremos melhor mais à frente. "Fora isso, você pode usar praticamente tudo."[18]

Há pessoas prontas para enganá-lo com a verdade em todas as esferas da vida — até mesmo, em alguns casos, aquelas nas quais você deveria poder confiar para conselhos imparciais e essenciais...

O câncer de mama é o segundo tipo de câncer mais comum entre as mulheres americanas e o segundo mais fatal, estando atrás apenas do de pulmão. Quando, em 2016, o Departamento de Serviços de Saúde do Estado do Texas (DSHS) publicou um folheto para mulheres grávidas fazendo uma conexão entre aborto e câncer de mama, muitos leitores pró-escolha ficaram alarmados, compreensivelmente. O folheto, intitulado "A Woman's Right to Know" [O direito de a mulher saber], traz uma seção intitulada "Riscos do aborto". A lista de cinco itens inclui morte, infertilidade futura e... "risco de câncer de mama". Esta é a recomendação oficial do Texas:

> Seu histórico de gravidez afeta suas chances de contrair câncer de mama. Caso você dê à luz, será menos provável que desenvolva câncer de mama no futuro. Pesquisas indicam que um aborto não fornecerá essa proteção adicional contra o câncer de mama.[19]

É verdade que mulheres que dão à luz mais jovens parecem apresentar um menor risco de desenvolver câncer de mama, porém, de acordo com os melhores estudos disponíveis, *não* é verdade que o aborto aumenta o risco de câncer de mama. A Sociedade Americana do Câncer publicou: "Não há evidências científicas que sustentem a noção de que o aborto de qualquer tipo aumenta o risco de câncer de mama ou de qualquer outro tipo de câncer".[20] O Instituto Nacional do Câncer americano concorda: "Estudos mostraram consistentemente que não há associação entre abortos, sejam induzidos ou espontâneos, e o risco de câncer de mama".[21]

O Departamento de Saúde do Texas, porém, não afirma propriamente que aborto causa câncer. Apenas deixa implícita essa conclusão. Os responsáveis pelo folheto poderiam muito bem ter declarado que "evitar completamente a gravidez não fornecerá essa proteção adicional contra o câncer de mama". As palavras que o Departamento de Saúde do Texas selecionou são verdadeiras, mas têm a clara intenção de sugerir algo que não é verdadeiro. Um posicionamento político suplantou a imparcialidade em relação a saúde a que os texanos teriam direito por parte de seu governo estadual.

"O texto no folheto do Texas é ardiloso", observou Otis Brawley, diretor médico da Sociedade Americana do Câncer. "É tecnicamente correto, porém enganoso."[22]

UMA PODEROSA FERRAMENTA PARA O BEM OU PARA O MAL

Todo mundo tem seus interesses, e nada mais natural que comunicadores selecionem as verdades que os favoreçam. Porém, isso pode ser feito de maneira ética ou enganosa: existe a opção de transmitir uma impressão de realidade que esteja alinhada à realidade objetiva ou uma que a distorça deliberadamente. Além disso, seus interesses podem estar alinhados ou não aos do público, isto é, podem ser benignos ou maléficos. Verdades concorrentes são moralmente neutras: assim como uma arma de fogo ou uma caixa de fósforos, o que determina seu impacto é como são utilizadas. Encontraremos verdades concorrentes empregadas de todas as maneiras, para bons e maus propósitos.

Para simplificar, podemos conceber três tipos de comunicadores:

Defensores: aqueles que selecionam verdades concorrentes formadoras de uma impressão satisfatoriamente precisa da realidade, com o intuito de alcançar um objetivo construtivo.

Desinformantes: aqueles que propagam verdades concorrentes que distorcem a realidade inadvertidamente.

Enganadores: aqueles que deliberadamente empregam verdades concorrentes de modo a criar uma impressão da realidade que sabem de antemão não ser verdadeira.

Nos exemplos discutidos, George VI seria um Defensor, os militantes contra a quinoa seriam Desinformantes e os publicitários da Colgate-Palmolive seriam Enganadores.

O Departamento de Saúde do Texas pode parecer um Defensor para alguém alinhado com grupos contra o aborto, porém, se a intenção foi induzir a um entendimento errado do conhecimento científico atual, então também deve ser categorizado como Enganador. Qualquer agente que deliberadamente tente criar uma impressão distorcida da realidade é um Enganador, não importando a integridade de seus propósitos ou a veracidade de suas palavras.

"Acontece que mentiras são muitas vezes desnecessárias", observou o apresentador da BBC Evan Davis, que já entrevistou muitos Enganadores. "Uma quantidade notável de poderosos engodos pode ser praticada sem que qualquer mentira seja dita."[23]

Ocasionalmente, os comunicadores podem ter boas razões para enganar. Comandantes de tropas podem precisar encobrir o provável perigo de uma manobra militar para manter em alta o ânimo de seus soldados; autoridades de saúde pública podem ter que minimizar o risco de uma epidemia para evitar pânico generalizado. "De tempos em tempos, os políticos são obrigados a ocultar toda a verdade, alterá-la e até distorcê-la, se assim exigirem os interesses de um objetivo estratégico maior", admitiu Tony Blair.[24] Você pode acreditar que o Departamento de Saúde do Texas estava correto ao se utilizar de um recurso enganoso para proteger vidas não nascidas. Meu propósito não é dizer o que é certo ou errado, mas apontar a necessidade de considerar a dimensão ética de tais comunicações. Cabe a você decidir se verdades enganosas são justificáveis em certas circunstâncias.

BREVE OBSERVAÇÃO PARA OS FILÓSOFOS

Verdade é um tema muito debatido entre os filósofos. Eles discutem sobre a relação entre verdade e conhecimento, sobre a objetividade e o universalismo da verdade, sobre o lugar da verdade na religião e muito mais. Há inúmeros livros que cobrem esses assuntos; este não é um deles. Já li alguns, e francamente me dão dor de cabeça.

Este livro pretende ser um guia prático para comunicadores que desejam usar declarações verdadeiras para fins de persuasão e inspiração, e para qualquer pessoa que esteja alarmada com o fato de que verdades estão sendo usadas para enganá-las. Não é uma obra de filosofia. Dito isso, acredito ser este um bom momento para esclarecer o que quero dizer com *verdades*.

Existem verdades baseadas em fatos, e estas são razoavelmente incontroversas.* A data da independência da Índia ou o ponto de ebulição da água são exemplos de verdades factuais que podem ser averiguadas por pesquisa ou medição científica. No entanto, estamos sempre fazendo declarações que, mesmo não sendo baseadas em fatos, não são falsidades ou mentiras. Falamos se algo é bom ou desejável, ou determinamos seu valor. Estes costumam ser juízos subjetivos, porém os tratamos como verdades, e discutiremos com

---

* Estou consciente de que isso não é realista em nosso sectário mundo pós-verdade.

qualquer um que nos disser que não são verdadeiros — ao menos para nós. O mesmo pode ser dito sobre algumas de nossas previsões a respeito do futuro e sobre nossas crenças ideológicas ou religiosas.

Uma definição de verdade que incorpore julgamentos subjetivos, previsões e crenças pode ser ampla demais para alguns gostos, mas um livro limitado a verdades factuais não nos propiciaria uma compreensão completa de como os comunicadores moldam a realidade usando afirmações verdadeiras (ou pelo menos não falsas) para persuadir pessoas a pensarem e agirem de maneiras específicas. Se um crítico gastronômico renomado me disser que determinado prato é delicioso, eu prontamente aceitarei seu julgamento como uma afirmação verdadeira e irei experimentá-lo quando for ao restaurante. Se um engenheiro experiente gritar: "Este prédio vai cair!", vou considerar verdadeira sua previsão e sair correndo para me salvar.

Este livro, portanto, atenta não apenas às verdades factuais, mas também às declarações a partir das quais agimos *como se fossem verdadeiras*. Para facilitar, vou me referir a tais crenças, asserções, julgamentos e previsões como "verdades", e com isso quero dizer simplesmente que não são conhecidas como falsas. Os comunicadores fazem declarações não factuais confiáveis o tempo todo, portanto é importante entender quando elas são válidas e como podem ser usadas para nos influenciar. "Há verdades que não são para todos os homens, nem para todos os tempos", escreveu Voltaire — este livro procura abarcá-las.

Meu escopo pode ser amplo, mas não inclui falsidades. Não iremos analisar mentiras, fatos alternativos, teorias conspiratórias, fake news e nenhum outro detrito sufocante da era pós-verdade. Os muitos escritores, formadores de opinião e jornalistas que se ocupam em expor os mentirosos de nossa época já fazem um excelente trabalho. Aqui, vamos nos concentrar nos Enganadores que se escondem atrás de uma bandeira de verdade.

Uma última palavra para qualquer filósofo que ainda esteja lendo este livro. Minhas proposições sobre as verdades concorrentes podem tê-lo deixado com a impressão de que sou um relativista diabólico, que acredita que todas as verdades são igualmente boas ou que verdades são apenas opiniões. Fique tranquilo, não é o caso. Eu adoto uma visão absolutista com respeito a verdades factuais: a Verdade existe, mesmo que possamos captar apenas fragmentos dela. Quando se trata de juízos morais e de valor, no entanto, tomo uma posição um pouco mais relativista, como ficará claro. Quanto aos limites do conhecimento pessoal, estou disposto a aceitar fatos amplamente referidos como verdades, mesmo que eu não os tenha testemunhado pessoalmente. Assim, considero-me satisfeito em afirmar como verdadeiro que Gana é um país da África, que David Bowie morreu e que porcos não voam. Se você é o tipo de cético que desconfia de declarações como essas, este livro provavelmente não é para você.

QUATRO CATEGORIAS DE VERDADES CONCORRENTES

Faremos uma viagem pelo mundo maravilhosamente diversificado, criativo e por vezes escandaloso das verdades concorrentes. Entre muitos casos ilustrativos, veremos o ensino de história nas escolas israelenses, um histórico dos narcóticos ao longo das décadas, o estranho novo apelo do fracasso, a melhor maneira de definir o feminismo, o que aconteceu após o furacão Katrina, como os políticos podem argumentar que os salários subiram e caíram, e por que a implantação de veículos autônomos será um teste de fogo para os governantes. Encontraremos numerosos tipos de verdades concorrentes na política, nos negócios, na mídia e no cotidiano. Analisaremos também algumas das estratégias de comunicação usadas por Defensores e Enganadores.

Ao final da leitura, você deverá estar bem equipado para identificar e neutralizar as verdades enganosas que o cercam e para se comunicar de forma mais eficaz com sua família, seus amigos e seus colegas de trabalho. É quase certo que as capacidades de interpretar a verdade com perspicácia e falar a verdade de modo convincente tornarão você mais rico, mais feliz, mais consciente e mais atraente (isso é uma previsão, não uma verdade factual, portanto, não venha me cobrar mais tarde).

Este livro tem quatro partes:

Primeira parte: Verdades parciais

A maioria das nossas afirmações, embora verdadeiras, não transmite toda a verdade. Verdades parciais derivam da complexidade intrínseca aos assuntos mais banais e são um traço inevitável da nossa maneira de nos comunicar. Nossa compreensão da história é moldada por verdades parciais, e essa compreensão nos molda como pessoas. O contexto é crucial para a compreensão adequada de coisas e acontecimentos, mas pode ser expresso de maneiras marcadamente diferentes. Estatísticas e outros números são uma fonte rica de verdades concorrentes já que seu significado não é claro para muitos de nós. Nós evoluímos para uma comunicação em forma de narrativas, mas nossas narrativas necessariamente deixam de fora muitos detalhes relevantes.

Segunda parte: Verdades subjetivas

Lutamos pelo que julgamos correto, andamos sobre cacos de vidro para obter o que desejamos, fazemos filas que dobram o quarteirão para aproveitar uma boa oferta. Apontar algo como bom ou desejável ou como valioso financeiramente é expressar uma verdade subjetiva. E, porque é subjetiva, pode ser mudada. Como somos, em geral, motivados pela moralidade, pela conveniência e pelo valor financeiro percebidos, entender como alterar as verdades subjetivas das pessoas pode ser a chave para descobrir como persuadi-las a mudar seu modo de agir.

Terceira parte: Verdades artificiais

A linguagem é notoriamente flexível. Podemos estabelecer os significados que quisermos se aplicarmos definições adequadas às palavras que usamos. Da mesma forma, os nomes que damos a produtos, eventos e procedimentos podem determinar seu sucesso ou fracasso. Tanto nomes como definições são criados pelo homem — são verdades artificiais. Comunicadores que estabelecem novos nomes ou definições para atender a seus propósitos estão, em essência, forjando novas verdades. Os seres humanos são bons em elaborar coisas abstratas, sejam elas moedas, empresas, entidades políticas ou marcas comerciais. E, visto que são invenções humanas, essas construções sociais são verdades que podem ser facilmente modificadas.

Quarta parte: Verdades desconhecidas

Quando se trata de decisões sobre investimentos, casamento, estudos e vários outros âmbitos pessoais, agimos de acordo com as previsões que achamos mais convincentes. Essas previsões podem variar imensamente, e cada um de nós adota ideias distintas sobre o futuro. Até o tempo passar e descobrirmos qual das previsões estava correta, elas permanecem como verdades concorrentes. Talvez nunca iremos descobrir a real verdade sobre crenças religiosas e ideológicas, mas isso não as torna menos poderosas como ímpeto motivador para milhões de pessoas. Enquanto não pudermos prová-las falsas, crenças são uma forma de verdade para muitos.

ESCOLHA SUA VERDADE E TRANSFORME O MUNDO

Em seu romance distópico *1984*, George Orwell imagina uma sociedade angustiante em que burocratas do chamado Ministério da Verdade distorcem a realidade disseminando mentiras e criando relatos fictícios do passado. Uma nova linguagem, de caráter restritivo, e a Polícia das Ideias impedem que os cidadãos reflitam criticamente sobre a propaganda governamental. O protagonista, Winston Smith, tenta desesperadamente resistir às mentiras do governo, dizendo a si mesmo: "Havia verdade e havia não verdade, e se você se agarrasse à verdade, mesmo que o mundo inteiro o contradissesse, não estaria louco".

Do mesmo modo que a vigilância onipresente parece estar se tornando realidade de uma maneira bem diferente daquela imaginada por Orwell em sua distopia, graças à mídia social e à chamada tecnologia vestível, seus receios quanto à integridade da verdade estão se mostrando bem fundamentados, porém mal direcionados. Não estamos simplesmente sendo enganados; o pior é que estamos sendo rotineiramente enganados pela verdade.

A vida parece mais simples quando, como Winston Smith, dizemos a nós mesmos que existe uma única verdade e que tudo mais é um desvio dessa verdade — um erro, uma mentira, uma "não verdade". É perturbador imaginar que podemos moldar a realidade simplesmente escolhendo uma verdade diferente. A própria ideia de verdades concorrentes parece evasiva, maliciosa, conivente.

Mas seu impacto pode ser imenso.

Verdades concorrentes são encontradas em praticamente todas as áreas de atuação humana, e os exemplos que utilizarei refletem essa diversidade. É da natureza do tema que alguns dos casos utilizados, como o folheto contra o aborto para grávidas no Texas, toquem em questões políticas ou controversas. Não importa se você concorda com meu ponto de vista nos exemplos, mas que vislumbre o potencial para diferentes verdades serem expressas e as consequências disso.

Moldar a realidade através de verdades concorrentes pode ser desnorteante, especialmente quando colocamos em dúvida a validade de coisas que há muito aceitamos como legítimas. Pode ser também exasperante, como acontece quando estatísticas e definições são usadas de maneira astuta porém traiçoeira. Pode ser, por outro lado, estimulante e esclarecedor quando nossa compreensão do mundo muda repentinamente e novas possibilidades se abrem. Acima de tudo, verdades concorrentes são significativas e relevantes para todos e, gostemos ou não, afetam nossa vida diariamente. É um dever para nós mesmos e para a sociedade que aprendamos a reconhecê-las melhor, a usá-las de forma responsável e, se necessário, a elas resistir.

Na prática:

Geralmente, há mais de uma maneira verdadeira de falar sobre algum assunto. Podemos usar verdades concorrentes de formas construtivas, para engajar pessoas e inspirar ações, mas também devemos estar atentos a comunicadores que as usem para nos enganar. Ao final de cada capítulo, você encontrará breves orientações práticas sobre como proceder nessas duas questões.

O uso de verdades concorrentes costuma implicar questões éticas. Portanto, em vez de abordá-las em todos os capítulos, vamos estabelecer de antemão uma regra simples:

Se seu público soubesse tudo que você sabe sobre o assunto, eles achariam que você o abordou de maneira justa?

Se você puder responder sim a essa pergunta, provavelmente está no caminho certo.

Como complemento a essa regra de ouro, eu adoto três condições como critério para considerar uma comunicação ética:

1. Utilizar fatos corretos.

2. Visar a um resultado construtivo que o público possa respaldar.

3. Não estimular a audiência a agir de forma que prejudique a si mesma.

Você pode ter critérios diferentes. O importante é que tenha *algum* critério, garantindo desse modo que você não se torne um Enganador... a menos que seja esse seu objetivo.

Primeira parte

Verdades parciais

1. Complexidade

A verdade é um espelho quebrado em uma miríade de fragmentos,
cada um acreditando que seu estilhaço o todo possui.
Richard Burton, *The Kasidah of Haji Abdu El-Yezdi*

A REALIDADE É COMPLICADA

Há um ovo na mesa.

Uma declaração simples e inequívoca.
Você pode imaginar esse ovo?
Feche os olhos e visualize o ovo sobre uma mesa branca.
Você acredita mesmo que está vendo o mesmo ovo que eu?

Você pensou em um ovo de galinha?
Por que não um ovo de pato? Ou de avestruz? Que tal um ovo de dinossauro, de sapo, de esturjão? Talvez um ovo humano?
Quem sabe um ovo Fabergé cravejado de joias, ou um ovo de Páscoa?
Voltemos para o ovo de galinha. Você visualizou um ovo inteiro, na casca, ou o ovo estava cozido, em um prato? Frito, mexido ou poché? Se foi um ovo

inteiro, recém-tirado da caixa, você viu apenas a casca ou também a gema e a clara? Imaginou um resíduo de sangue, pensou nas proteínas e gorduras, na estrutura molecular dos diferentes materiais internos, no DNA e nos milhares de genes e na multiplicidade de processos celulares que eles codificam, nos trilhões de átomos, na incrível complexidade química desse ovo?

E quanto aos simbolismos associados a esse ovo, seus usos e significados culturais? Você pensou em um novo começo, ou uma faísca de criação? Uma representação de todo o nosso universo? Quem sabe você pensou em bolos e merengues, ou em cenas memoráveis com ovos em filmes como *Rebeldia indomável* ou *Happy Feet: O pinguim*? Você viu o ovo sendo atirado por manifestantes ou representando uma cesta de investimentos financeiros? Você viu uma pintura de um ovo (nesse caso, seria realmente um ovo)?

Como podemos notar, ovos são coisas complicadas.

Em 1986, o jornal inglês *The Guardian* veiculou um anúncio na TV e no cinema que ficou guardado em minha lembrança como poucos. Mostrava, em preto e branco, um skinhead correndo de um carro que se aproximava. Não havia som, apenas uma solene voz em off que dizia: "Um evento, quando visto de uma perspectiva, produz uma impressão". O mesmo homem é então mostrado de um ângulo diferente: ele corre na direção de um executivo, aparentemente determinado a atacá-lo ou roubar sua maleta. Novamente a voz em off: "Visto de outra perspectiva, a impressão é bastante diferente". Outro corte, e vemos a cena do alto: uma carga de material de construção suspensa, porém fora de controle, oscila acima da cabeça do executivo. O skinhead o empurra, salvando sua vida, enquanto a carga atinge o chão. "Mas só tendo o quadro completo é que se pode entender o que está acontecendo", conclui o locutor.

Criado por John Webster, da agência publicitária inglesa BMP, o anúncio ainda é citado como um dos melhores já criados para a televisão. Uma considerável parcela do público britânico saiu com a forte impressão de que apenas o *Guardian* mostrava o mundo como era de fato, em vez de apresentar um lado único e politicamente enviesado da história. É um argumento convincente, e provou ser tão bem-sucedido que o jornal voltou ao tema do "quadro completo" em outra campanha, no ano de 2012.

O problema é que ninguém tem realmente o quadro completo. A vida é complicada demais para tanto.

Dê uma espiada pela janela mais próxima. O que você viu? Quantos carros? De que cores e marcas? Quantas espécies diferentes de plantas? Algum bueiro? De que materiais são feitos os prédios? Quantas janelas estavam abertas?

Se você tem dificuldade em descrever a vista de sua janela, tente descrever um único indivíduo. Sua filha, sobrinha ou irmã está se saindo melhor que os outros alunos na escola? Em caso afirmativo, você provavelmente está pensando nas notas que ela tirou, mas seriam essas medidas realmente suficientes para avaliar um ser humano multifacetado e que se transforma rapidamente? Como ela está desenvolvendo seu caráter? Ela tem se alimentado bem no almoço? Quantas curtidas ela recebe em suas selfies?

Nossa cabeça explodiria se tentássemos absorver todas as informações disponíveis antes de formarmos uma compreensão prática de nossa realidade. Não temos escolha senão simplificar e selecionar. É o que fazemos o tempo todo. A questão é que cada um pode selecionar facetas diferentes do mundo para representar a realidade. Você pode olhar pela janela e ver cinco espécies diferentes de árvores, e eu poderia ver bueiros.

Estamos olhando para o mesmo mundo, mas nossa compreensão dele é radicalmente distinta. Somos como os cegos que encontram um elefante, de acordo com a antiga história jainista:

aquele que encosta em uma perna diz que um elefante é como uma coluna;
aquele que encosta na cauda diz que um elefante é como uma corda;
aquele que encosta na tromba diz que um elefante é como um galho de árvore;
aquele que encosta no flanco diz que um elefante é como uma parede;
aquele que encosta na presa diz que um elefante é como um cachimbo;
aquele que encosta na orelha diz que um elefante é como um leque.

Como decidimos o que incluir em nossa amostra da realidade? Podemos fazer essa seleção inconscientemente, com base em nossos interesses ou preconceitos naturais, ou no que estiver em nossa mente naquele momento.

Podemos também nos concentrar nas coisas que fazem sentido para nós ou naquelas que melhor se encaixam em nosso mindset, descartando ou minimizando as ideias e os fatos que entrem em conflito com nossa atual compreensão do mundo. Ou, ainda, podemos selecionar propositalmente as facetas da realidade que melhor se alinhem a nossos interesses.

TESTE DE DIREÇÃO

Em um futuro próximo, nossos governantes terão que responder a uma questão que se apresentará mais ou menos nestes termos: "Devemos permitir a presença de veículos autônomos (VAs) de propriedade privada nas ruas de nossas cidades?".

Qual deverá ser a resposta?

Por enquanto, carros sem motorista ainda são apenas uma curiosidade para a maioria das pessoas. O Google está com um projeto, a Tesla com outro. As grandes empresas automotivas têm seus próprios projetos. Talvez você já tenha visto algum vídeo dos estranhos veículos do Google, que lembram cápsulas. Será que sua opinião foi influenciada pelo design dos carros? Você pode ter escutado que uma pessoa morreu em um veículo da Tesla que estava operando no modo de piloto automático. *Isso influenciou sua opinião?*

Diante dessa questão, políticos responsáveis provavelmente recolherão mais informações junto a funcionários de instituições públicas, às partes interessadas e a seus assessores técnicos antes de tomar uma decisão. Nesse momento, eles ouvirão uma série de verdades concorrentes, dependendo da pessoa consultada:

Um economista: Os VAs podem vir a ser uma grande inovação industrial, que vai estimular o desenvolvimento tecnológico e a demanda do consumidor, impulsionando o crescimento econômico. Os VAs também poderão liberar bilhões de horas do tempo dos motoristas, permitindo-lhes um trabalho mais produtivo ou um maior consumo de entretenimento digital, e ambos contribuiriam para a economia.

Um representante sindical: Como os VAs não precisam de motorista, milhões de empregos serão eliminados nas indústrias de transporte de pessoas e carga, aumentando a desigualdade econômica à medida que os lucros se acumularem em favor de empresas como Uber e UPS, às custas do trabalhador comum.

Um ambientalista: Os VAs reduzirão os custos dos táxis e aumentarão a atratividade de modelos alternativos de mobilidade. Consequentemente, menos pessoas comprarão carros, o que reduzirá tanto o congestionamento quanto o consumo de energia e recursos naturais. Os VAs também são mais eficientes na direção, o que reduzirá as emissões poluentes e o desgaste do veículo.

Um especialista em segurança: Anualmente, quase 1,3 milhão de pessoas morre em acidentes de trânsito, a maioria causada por erro humano. Embora alguns acidentes com VAs possam ocorrer, devido a falhas no software ou a uma percepção inadequada dos riscos, ainda assim as estradas serão muito mais seguras quando seres humanos não estiverem no controle do veículo.

Um consultor político: Os eleitores são muito mais tolerantes a problemas rotineiros do que a novas complicações. Caso as falhas dos sistemas dos VAs venham a causar a morte de algumas centenas de pessoas, isso pode causar rejeição política, mesmo que o número total de mortes nas estradas diminua.

Um fabricante: Na verdade, existem muitos tipos diferentes de VAs. Alguns exigem a participação humana junto a "sistemas avançados de assistência ao motorista", alguns fornecem controles humanos opcionais, enquanto outros não permitem qualquer interferência humana. Esta não é uma questão binária, mas uma questão de quanta autonomia estamos preparados para conceder.

Um corretor de seguros: O seguro de automóvel terá que passar de uma cobertura do motorista individual baseada em erro humano para uma cobertura do fabricante por falha técnica, potencialmente causando grande abalo no setor de seguros.

Um planejador urbano: Os VAs não precisarão ser estacionados no centro das cidades, portanto poderemos transformar terrenos de alto valor que hoje são utilizados como estacionamentos em empreendimentos lucrativos ou em espaços de lazer públicos, como parques e playgrounds.

Um administrador urbano: Dependemos das receitas dos estacionamentos para custear serviços urbanos. Se as pessoas não mais precisarem estacionar seus carros, seremos obrigados a aumentar os impostos municipais ou cortar serviços, prejudicando, desse modo, os mais vulneráveis.

Um líder empresarial: Os VAs serão, no futuro, o sistema-padrão em todo o mundo. Quanto mais cedo permitirmos esses veículos em nossas estradas, maior será nossa vantagem inicial, resultando em uma superioridade competitiva para as empresas de nosso país na emergente indústria global de VAs.

Um especialista em segurança: Os VAs são vulneráveis a hackers. Pode acontecer de repente de nossos veículos serem todos desativados ou controlados por terroristas.

Um filósofo: Precisaremos programar os VAs para situações complicadas em que eles deverão escolher, por exemplo, entre atropelar uma criança que correu para a estrada ou desviar, correndo o risco de matar os passageiros. Os governantes terão que decidir como os VAs vão proceder em uma infinidade de situações terríveis.

Essa abrangente consulta poderia dar aos parlamentares uma visão bastante equilibrada sobre um assunto tão complexo, ainda que não seja necessariamente uma decisão fácil. Mas suponhamos que os parlamentares estivessem ocupados com outras questões, como é comum, e que cada um deles confiasse em um único assessor para informá-lo. O provável seria que eles recebessem uma única perspectiva dominante sobre o assunto. Seriam como os cegos encontrando o elefante, cada um recebendo uma diferente compreensão parcial — e possivelmente enganosa.

Agora imagine que a questão fosse submetida a um referendo. Se os políticos têm dificuldades em incorporar todos os aspectos relevantes a uma questão, qual seria a probabilidade de que a maioria dos eleitores se dedicasse a pesquisar todas as perspectivas existentes?

A complexidade de questões como essa, somada à velocidade e ao déficit de atenção da vida moderna, significa que na maioria das discussões somos capazes de considerar apenas um número limitado de facetas sobre os assuntos. Portanto, a menos que nos esforcemos em ir atrás de uma série de opiniões, não vamos chegar nem perto de obter uma imagem completa da realidade.

E poucos fazem esse esforço. Recebemos notícias e opiniões de um conjunto restrito de fontes; evitamos discutir questões com quem não concorda conosco; o viés de confirmação é generalizado. Inconscientemente, filtramos ideias e informações que contradizem nossas crenças. Isso nos deixa vulneráveis a representações altamente seletivas sobre questões de vital importância. Em uma infinidade de assuntos, ouvimos apenas uma pequena proporção das verdades concorrentes disponíveis.

Uma fotografia é uma boa analogia para examinarmos verdades concorrentes.

Quando você tira uma foto, sua câmera captura exatamente o que está diante da lente, mas existem muitas maneiras de moldar a realidade fotográfica. Você escolhe o que incluir no quadro. Você pode usar o zoom para alterar a relação de escala entre os elementos, pode focar em um elemento em vez de outro, pode iluminar com o flash ou deliberadamente usar subexposição. Depois que a fotografia é tirada, você ainda pode usar ferramentas de processamento digital para clarear uma parte da imagem e escurecer outra, alterar as cores, aumentar o contraste, tornar a imagem mais ou menos granulada.

A câmera nunca mente... mas é possível tirar milhares de fotos diferentes da mesma cena.

Assim como precisa escolher o que incluir na foto, você também pode optar por eliminar elementos indesejáveis. Não gosta da tia Doreen? Basta mover a câmera ou recortar a imagem, e é como se ela nunca tivesse existido. Nós fazemos o mesmo em nossas comunicações.

Nosso atarefado deputado consulta seu assessor particular, que leu tudo o que há para saber sobre veículos autônomos. O assessor teria que ter uma imparcialidade heroica para dar o peso apropriado a todas essas diferentes perspectivas, em vez de favorecer aquelas que privilegiem seus próprios interesses. Um assessor que tenha investido em ações de fabricantes de VAs não vai enfatizar a ameaça de hackers ou a provável redução nos postos de emprego. Por outro lado, um assessor casado com um taxista poderá minimizar os benefícios dos VAs para o meio ambiente e a segurança no trânsito.

Da mesma forma, uma vez que o deputado tenha optado por uma posição, como vai defendê-la no Parlamento ou no Congresso, ou na mídia? Ele pode mencionar brevemente um ou dois argumentos contrários, mas dedicará a maior parte de seus discursos e esclarecimentos aos pontos que se alinhem à sua posição.

> **Estratégia de complexidade #1**
> *Omissão*

Omissão é uma estratégia natural para todos nós. Não postamos fotos feias no Facebook; em um primeiro encontro, não mencionamos que roncamos nem contamos sobre nossos parentes problemáticos. Quanto mais complexo o assunto, maior a oportunidade de omitirmos verdades desfavoráveis — há tantas outras coisas a dizer!

Muitas vezes, como veremos, a omissão é usada para esconder verdades importantes e distorcer a realidade. Consultores financeiros trabalham com uma variedade de fundos diferentes, mas divulgam apenas as taxas de valorização dos que têm melhor desempenho; administradores de hospitais celebram uma redução nas mortes por câncer, mas não mencionam um aumento nas infecções durante a internação; embalagens de alimentos ostentam os ingredientes saudáveis do produto, enquanto relegam os menos saudáveis às letrinhas pequenas no verso.

A omissão, porém, não precisa ser enganosa. Fabricantes e varejistas de computadores poderiam nos assombrar com 1 milhão de recursos altamente técnicos e detalhes de design que diferenciam seus modelos dos de seus concorrentes, mas eles sabem que não somos capazes de absorver tanta informação. Por isso, omitem a maior parte e concentram-se em algumas especificações simples, como a capacidade de memória e a velocidade do processador. Todas as outras sutis diferenças entre um produto e outro são invisíveis para nós, e agradecemos por isso.

A LOJA DA COMPLEXIDADE

"Será a Amazon realmente o demônio?", perguntava a revista *Publishers Weekly* em 2014,[1] quando a editora Hachette entrou em guerra com a gigante do varejo pelo direito de definir os preços para seus e-books. "Alguns profissionais e editores de livros", observou a revista editorial, com admirável equilíbrio, "discordam do entendimento convencional de que a Amazon é o diabo encarnado."

As livrarias, muito compreensivelmente, detestam a Amazon há tempos. Afinal, a varejista on-line contribuiu para o desaparecimento de muitas delas. James Daunt, diretor-geral da rede de livrarias britânica Waterstones, caracterizou a Amazon como "um demônio cruel e lucrativo".[2] Autores que construíram extensas comunidades de leitores através dos esforços de venda de lojas físicas condenam a perda sofrida por elas. "A Amazon quer nos matar", afirmou a autora e proprietária de livraria Ann Patchett.[3] Scott Turow, então presidente da associação de escritores americanos Authors Guild, chamou a Amazon de "Darth Vader da indústria literária".[4]

Quanto às editoras, que anteriormente comemoravam as vendas adicionais trazidas pela Amazon, também passaram a temer a soberania que a gigante on-line conquistou. A disputa com a Hachette foi apenas a mais pública de uma série de batalhas travadas a respeito de condições de vendas. Quando a Amazon começou a "punir" os autores da Hachette, atrasando o envio de seus livros e afastando os leitores do site, mais de novecentos escritores assinaram uma carta de protesto. O grupo autodenominado Authors United reivindicou ao Departamento de Justiça dos Estados Unidos que investigasse a varejista: "A Amazon tem feito uso de seu domínio do mercado de uma maneira que prejudica os interesses dos leitores americanos, empobrece a indústria do livro como um todo, dificulta as carreiras de muitos autores (e gera medo entre eles), além de impedir o livre fluxo de ideias na sociedade".[5]

Por outro lado, muitos autores e pequenos editores veem a Amazon como sua tábua de salvação. A plataforma Kindle Direct Publishing (KDP) permite que escritores, muitos dos quais rejeitados ou descartados por editoras convencionais, publiquem seus próprios e-books recebendo 70% do preço de venda — uma fatia bem maior do que receberiam de casas editoriais como a Penguin Random House ou a Hachette. Tais autores, segundo Jonathan Derbyshire, da revista *Prospect*, consideram a Amazon como a "parteira de uma gigantesca democratização dos meios de produção e distribuição literárias". Uma pesquisa com membros da Sociedade de Autores do Reino Unido recebeu "muito mais respostas elogiando a Amazon do que criticando".[6]

"As pessoas estão comprando mais livros do que nunca, e mais pessoas estão ganhando a vida escrevendo", observa o autor Barry Eisler. "Por que autores milionários querem destruir a única empresa que tornou tudo isso possível?"[7]

Pequenos editores também podem usar a plataforma KDP para seus e-books e podem vender edições impressas para leitores em todo o mundo, recebendo o pagamento em trinta dias, algo que poucas livrarias e distribuidoras oferecem. Qualquer autor ou editor cujos títulos acabam aparecendo apenas na "cauda longa" de publicações que normalmente não são encontradas nas prateleiras das livrarias tem motivos para ser grato à Amazon. De maneira análoga, enquanto alguns leitores lamentam a extinção de livrarias locais, outros comemoram os preços mais baixos e a maior oferta da Amazon. Com seu popular e-reader, o Kindle, a varejista fez mais para promover livros digitais do que qualquer outra empresa e, nesse processo, podemos dizer que estimulou milhões de pessoas a ler.

Naturalmente, estou simplificando. Há muitas outras análises possíveis sobre o impacto da Amazon na indústria do livro. Você sabia que a Amazon também opera uma biblioteca de "empréstimo" de e-books e que se tornou também editora? A complexidade do negócio é tal que autores, editores, livreiros e leitores podem formar opiniões inteiramente diferentes — e, portanto, transmitir mensagens completamente diferentes — sobre a Amazon, dependendo de qual das muitas verdades concorrentes eles acessam e qual escolhem propagar.

Isso porque só falamos sobre livros.

E todos os outros produtos que a Amazon vende?

E todos os outros *serviços* que a Amazon oferece?

O Amazon Marketplace possibilita a milhões de outras empresas e indivíduos a venda direta para sua base de clientes, abrindo um valioso canal para novos empreendedores no mercado. A Amazon ainda se dispõe a armazenar o estoque deles e processar seus pedidos.

A Amazon tem um serviço de streaming de vídeo e música e produz seus próprios filmes e programas de TV.

A Amazon é proprietária da Whole Foods.

A Amazon gerencia o maior sistema de computação em nuvem existente, a Amazon Web Services (AWS), tendo alcançado 34% do mercado em 2017 (a Microsoft ficou em segundo lugar, com apenas 11%).[8] A AWS é capaz de oferecer armazenamento em seu sistema "cloud" de forma tão barata e confiável que até empresas como GE e Apple estão optando por esse serviço em vez de utilizar servidores internos. Inúmeras startups dependem da AWS, o

40

que a torna tão importante para empreendedores digitais quanto o Amazon Marketplace é para os varejistas em estágio inicial. Diversos empreendimentos que estão ocasionando extensas inovações em suas respectivas indústrias, como a Airbnb e a Netflix, estão transformando nosso mundo a partir da AWS. Até a CIA a utiliza.

Não temos tempo para falar sobre a maneira como a Amazon opera, mas suas condições de trabalho e seus assuntos fiscais acrescentariam uma infinidade de outras verdades a este breve retrato da empresa. O que mais virá? Entrega por drone, um marketplace para o setor de serviços, atividades no campo de logística para o consumidor, um novo sistema de pagamento global, impressão em 3-D, inteligência artificial? Um nível de complexidade capaz de confundir até a Alexa* sobre sua criadora.

Então, o que é a Amazon? Isso depende de quais verdades você escolher priorizar. Destruidora de livrarias, salvadora de autores, valentona monopolista, incentivadora de pequenas empresas, supermercado, sonegadora de impostos, promotora da leitura, estúdio de cinema, inovadora de tecnologia, patrão tirânico, mercado virtual, distribuidora global ou defensora do consumidor. Faça sua escolha. Provavelmente você não terá tempo ou disposição para lembrar todas as facetas da empresa quando ouvir seu nome ou vir seu logotipo em uma embalagem na porta de sua casa. Uma ou duas verdades fundamentais vão predominar. O que é a Amazon? Você escolhe.

TIRANDO PROVEITO DA COMPLEXIDADE

Neste momento, aqueles que abominam a Amazon devem estar furiosos. Podem achar que eu estou atenuando ou diminuindo sua preocupação específica ao mencionar várias outras facetas da empresa. E daí que a Amazon oferece um serviço de nuvem mais barato para empresas incipientes? Isso não compensa o estrago que ela causou às livraria físicas!

Esta é outra tática básica que os comunicadores usam para moldar a realidade. Em vez de omitir verdades desconfortáveis, eles as enterram em uma

---

* Alexa é uma assistente virtual inteligente para os aparelhos Amazon Echo e Echo Bot, com capacidade de interagir por voz, fornecer informações e controlar sistemas. (N. T.)

massa de outras verdades. *É certo que nossa reforma tributária vai prejudicar os portadores de deficiência física, mas deixe-me falar sobre todos os grupos que vão se beneficiar.*

Um Defensor poderia usar essa estratégia para diluir uma verdade adversa com uma série de verdades concorrentes *igualmente relevantes* porém mais condizentes com seu posicionamento. Um ouvinte imparcial poderia então concluir que, no fim das contas, a verdade desfavorável foi superada por outros pontos de vista.

Um Enganador poderia usar verdades *irrelevantes* para alcançar o mesmo resultado. *Sim, concordo que nossa reforma tributária vai prejudicar os portadores de deficiência física, porém há mais pessoas com deficiências empregadas do que nunca, e a tecnologia tem ajudado cada vez mais as pessoas a superá-las.* Todas as três afirmações são verdadeiras e aparentemente relacionadas; a interpretação possível é de que, tendo mais empregos e mais possibilidades tecnológicas, os portadores de deficiência precisam de menos auxílio do governo. Mas, na realidade, nem a segunda nem a terceira verdades suavizam a primeira: pessoas com deficiência serão prejudicadas pela reforma tributária. Fim da conversa.

> **Estratégia de complexidade #2**
> *Ofuscamento*

Um dos casos mais dramáticos e prejudiciais de ofuscamento nos últimos anos ocorreu na África do Sul, onde a riquíssima família Gupta estava sendo investigada pela mídia por seu aparente poder e influência sobre a política nacional. As estreitas relações entre os Gupta e o presidente Jacob Zuma levaram a alegações de "captura do regulador" — corrupção política sistêmica, na qual interesses privados controlam grande parte das atividades do governo. A nação ficou chocada ao descobrir que os Gupta tinham permissão para fazer uso pessoal de uma base da força aérea sul-africana. Em 2016, o presidente Zuma foi forçado a desmentir no Parlamento que estaria permitindo aos Gupta selecionar ministros.

No início de 2016, uma empresa de propriedade dos Gupta, a Oakbay Investments, contratou a Bell Pottinger, uma agência britânica de relações públicas notória por assessorar alguns clientes altamente questionáveis. As táticas da empresa de omitir a verdade haviam sido reveladas alguns anos antes, quando a organização britânica Bureau of Investigative Journalism [Escritório de Jornalismo Investigativo] mostrou que alguém, utilizando um computador da Bell Pottinger, havia deletado conteúdo negativo sobre seus clientes das páginas da Wikipédia.[9] A Oakbay contratou a agência para promover "uma narrativa em torno da existência do 'apartheid econômico' sul-africano bem como da necessidade de maior 'emancipação econômica'".[10] O duvidoso objetivo dessa incumbência recompensada em 100 mil libras esterlinas mensais foi, ao que parece, desviar a atenção do escândalo da família Gupta. A missão da Bell Pottinger era levar o país a focar em outros problemas, fazendo as atenções se concentrarem em outro inimigo: o "White Monopoly Capital", o capital de monopólio dos brancos, uma antiga e nefasta prática da economia sul-africana.

Se a Bell Pottinger fez ressurgir de propósito esse antigo termo tóxico, ainda hoje não está claro. Porém, e-mails trocados entre a Bell Pottinger e a Oakbay e vazados para a imprensa revelaram a intenção da agência de "traçar estratégias de engajamento apropriado, seja por rádio, mídia social e/ou slogans como #Endeconomicapartheid" [#Pelofimdoapartheideconomico].[11] Desde o início, essa linguagem historicamente carregada de simbologia foi fundamental na campanha.

A Bell Pottinger foi acusada de criar fake news, porém grande parte do material incendiário que a empresa propagou era factualmente correto. Mais de um quarto de século após o fim do apartheid político na África do Sul, a maior parte da riqueza do país ainda está nas mãos da minoria branca. Ao estudar a distribuição de renda na África do Sul em 2015, o economista Thomas Piketty encontrou a "mesma estrutura de desigualdade racial"[12] existente durante a era do apartheid. Nas palavras de Victoria Geoghegan, a responsável pela campanha, a Bell Pottinger utilizaria "pesquisas convincentes, estudos de caso e dados reais que demonstram o apartheid ainda existente".[13]

Desse modo, os discursos, as mensagens de mídia social e os slogans que a Bell Pottinger concebeu eram, em sua maior parte, verdades. Porém, a empresa estava sendo tão soberbamente paga para fazê-las circular com o objetivo de desviar a atenção dos Gupta. Eram verdades empregadas com o intuito deliberado de emaranhar a situação em um ambiente político já carregado.

Tragicamente, para um país já assolado por problemas sociais e políticos, a narrativa do apartheid econômico foi bem-sucedida. Uma onda de revolta contra o "capital do monopólio dos brancos" espalhou-se pela África do Sul, e em 2017 a Bell Pottinger estava enfrentando sérias acusações de ter realizado uma campanha que estimulava as divisões raciais, desmantelando a reconciliação alcançada após anos de penosos esforços. Quando clientes de prestígio começaram a abandonar a agência, Geoghegan foi demitida, o CEO renunciou e a Bell Pottinger entrou em colapso. Uma empresa reconhecida por sua capacidade de moldar a realidade foi incapaz de salvar a própria reputação. A lição para outros Enganadores é clara: se você pretende usar a técnica de ofuscamento, tenha muito cuidado com as verdades desconectadas que emprega — elas podem voltar para assombrá-lo.

Estratégia de complexidade #3
Associação

Se o ofuscamento permite que Enganadores acobertem más notícias em uma enxurrada de outras verdades, a associação lhes permite dar a impressão de conexões significativas entre duas ou mais verdades nas quais essas conexões são inexistentes.

O seguinte texto acompanhou a foto de um ex-ministro do gabinete britânico em um artigo do *Times* de 2017, criticando uma determinada política relativa à energia ambiental:

> Chris Huhne apoiou o aporte de subsídios ambientais para combustível de biomassa na época em que foi secretário de Energia e Mudança Climática. Huhne, de 62 anos, foi preso em 2013 por subverter o curso da justiça.[14]

Chris Huhne foi condenado por mentir sobre uma infração de trânsito que não tinha absolutamente nada a ver com subsídios ambientais. Ao colocar juntas as duas verdades não relacionadas, o *Times* criou a impressão de que Huhne estava agindo de forma maliciosa, ou até criminosa, ao promover essa política. Uma verdade mais relevante aparece três parágrafos abaixo: Huhne "é agora o presidente europeu da Zilkha Biomass, fornecedor norte-americano de pellets de madeira". Se tivesse usado essa verdade em seu texto explicativo da foto, o jornal poderia ter levantado suspeitas sobre a motivação do ex-ministro de maneira mais honesta. É possível que os editores tenham concluído que seu viés tendencioso não teria sido reforçado suficientemente apenas mencionando a atuação de Huhne na indústria, optando por enfatizar sua prisão por um motivo não relacionado.

Quando George W. Bush defendeu a guerra contra o Iraque em um discurso televisionado, um ano após os ataques de Onze de Setembro, ele escolheu vincular a Al-Qaeda ao Iraque da seguinte maneira:

Sabemos que o Iraque tem financiado o terrorismo e oferecido suporte a grupos que usam de estratégias terroristas para minar a paz no Oriente Médio. Sabemos que o Iraque e a rede terrorista da Al-Qaeda têm um inimigo em comum: os Estados Unidos da América. Sabemos que os dirigentes do Iraque e da Al-Qaeda tiveram extenso contato durante a última década. Alguns líderes da Al-Qaeda que fugiram do Afeganistão foram para o Iraque, inclusive um líder veterano, que recebeu tratamento médico em Bagdá este ano e é associado ao planejamento de ataques químicos e biológicos. Constatamos que o Iraque treinou membros da Al-Qaeda na fabricação de bombas, venenos e gases mortais.[15]

Cada uma dessas declarações, até onde eu sei, é verdadeira. Em conjunto, elas dão a impressão de que o Iraque estaria financiando a Al-Qaeda, de que a Al-Qaeda estaria operando fora do Iraque e de que a Al-Qaeda estaria cooperando com o Iraque para atacar os Estados Unidos. Nenhuma dessas conclusões é verdadeira, e, de fato, Bush não as disse. Não foi necessário. Entrelaçando verdades cuidadosamente selecionadas a respeito de uma situação altamente complexa, ele deixou que a população tirasse suas próprias conclusões.

A associação pode ser usada por Enganadores para acabar com projetos e campanhas políticas inteiras. A candidatura de Rudy Giuliani para a nomeação presidencial americana pelo Partido Republicano em 2008 foi gravemente prejudicada por transgressões pessoais de vários de seus aliados importantes. Durante a maior parte de 2007, Giuliani era líder nas pesquisas para as eleições primárias republicanas, mas, em junho, o líder de campanha no estado da Carolina do Sul, Thomas Ravenel, foi indiciado por distribuição de cocaína. No mês seguinte, o líder da campanha na região Sul, David Vitter, foi acusado de usar um serviço de prostituição. No final do ano, outro aliado de longa data, Bernard Kerik, foi indiciado por fraude fiscal. Giuliani não poderia ser culpado — nem podemos supor que ele soubesse — de nada disso, mas mesmo assim esses incidentes forneceram poderosa munição a seus oponentes. "Cocaína, corrupção e prostituição",[16] alardeava um artigo do *New York Times* sobre Giuliani em julho de 2007. A associação dessas verdades parciais à campanha até então ascendente do pré-candidato indubitavelmente contribuiu para sua derrota.

Um padrão semelhante de culpa por associação quase destruiu a candidatura presidencial de Barack Obama no ano seguinte, quando a ABC News divulgou trechos de sermões de seu então pastor, Jeremiah Wright. Eram falas altamente críticas ao governo dos Estados Unidos e incluíam a frase "Não, não, não, nada de Deus abençoe os Estados Unidos. Deus amaldiçoe os Estados Unidos".[17] Embora Obama nunca tenha utilizado qualquer expressão nesse sentido, ou usado tal linguagem tóxica, ele foi forçado a renegar o pastor e a se afastar de sua igreja para salvar sua campanha.

Nem Obama nem Giuliani eram culpados de aspecto algum desses escândalos. No entanto, seus opositores políticos foram capazes de causar grandes danos divulgando verdades parciais sobre pessoas próximas a eles. Táticas semelhantes são usadas para prejudicar marcas, desacreditar descobertas científicas e destruir a reputação de numerosas pessoas aos olhos do grande público. No momento em que mais e mais informações sobre as pessoas e as organizações se tornam publicamente disponíveis, nos tornamos mais vulneráveis a depreciações injustas por associação a verdades parciais de outras pessoas.

TUDO É COMPLICADO

Você poderia protestar alegando que eu escolhi alguns exemplos particularmente complexos para este capítulo. Veículos autônomos e a Amazon são produtos multifacetados e de rápida transformação em nossa moderna economia tecnológica, e o escândalo de Bell Pottinger e a invasão do Iraque estão longe de ser eventos simples. Nem tudo na vida é tão complicado.

Mas lembre-se daquele ovo. Há complexidade em tudo. As pessoas que conhecemos, os lugares que visitamos e as coisas das quais dependemos têm mais facetas do que a maioria de nós jamais se dará ao trabalho de observar. Certamente, não temos tempo para descrever todos esses elementos. Da próxima vez que alguém começar uma frase com "As mulheres preferem...", ou "Os banqueiros são...", ou "Os muçulmanos querem...", ou "A comunidade gay acha...", pense na miríade de pessoas diversas, complexas e contraditórias abarcadas na declaração que você está prestes a ouvir. Talvez até venha a ser uma espécie de verdade, mas podemos ter certeza de que muitas verdades concorrentes podem ser extraídas do mesmo grupo de pessoas.

O assunto deste capítulo é complexidade, porém o argumento é simples: a maioria das questões e entidades com as quais lidamos é complexa demais para ser descrita na íntegra; somos obrigados a nos comunicar através de verdades parciais, porque a vida é excessivamente complicada para oferecermos algo completo. Isso permite que Defensores e Enganadores moldem a realidade selecionando apenas as verdades que sustentam seus interesses. Precisamos ser cautelosos com políticos, formadores de opinião e ativistas que, longe de nos darem uma imagem completa, certamente apresentarão a parcela dos dados que melhor lhes convier. Mas isso também nos dá a oportunidade de selecionar verdades simples sobre assuntos complexos para nos expressarmos de maneira mais efetiva. Contanto que as facetas da verdade que escolhermos ofereçam uma noção razoavelmente precisa dos fatos tais como os conhecemos, então a simplificação e a seletividade podem ser positivas tanto para o comunicador quanto para o público.

Verdades parciais provenientes da complexidade existem em várias formas. Nos próximos capítulos, exploraremos quatro delas: História, Contexto, Números e Narrativas.

Na prática:

• Considere os vários ângulos de qualquer assunto de importância e procure obter uma gama balanceada de pontos de vista.

• Selecione as verdades que favorecerão seu argumento sem distorcer a impressão da realidade que você está transmitindo.

• Omita verdades se quiser tornar seu raciocínio mais claro, porém seja cuidadoso para não induzir a erro.

Mas cuidado com...

• Enganadores que escondam verdades importantes em um mar de irrelevâncias.

• Enganadores que ataquem pessoas e projetos com base apenas em associações.

2. História

*Quem controla o passado controla o futuro; quem
controla o presente controla o passado.*
George Orwell, *1984*

A CRIAÇÃO DA FANTA

Para celebrar um importante aniversário da empresa em 2011, a Coca-Cola
produziu uma "breve história" de 27 páginas intitulada "125 anos espalhando
felicidade".[1] Ilustrada com belos anúncios coloridos de décadas anteriores, a
publicação menciona um acontecimento marcante ocorrido a cada ano desde
1886. A Fanta, segundo produto mais importante da empresa, aparece apenas
uma vez, no ano de 1955: "A Fanta Laranja é introduzida em Nápoles, Itália,
como o primeiro produto inédito a ser distribuído pela Coca-Cola. A linha
Fanta de bebidas aromatizadas chegou aos Estados Unidos em 1960".

É no mínimo insólito o fato de que a história oficial da Coca-Cola não
mencione nem a invenção, nem o lançamento da Fanta, algo que ocorreu quinze
anos antes de 1955. Mas a entrada sobre 1940 trazia apenas: "Brochuras sobre
arranjos florais de Laura Lee Burroughs são distribuídas aos consumidores,
alcançando mais de 5 milhões de lares americanos". Por que omitir um marco
tão importante?

Possivelmente porque a Fanta foi inventada na Alemanha nazista.

Até a Segunda Guerra Mundial, a Alemanha era o mercado internacional mais importante da Coca-Cola, mas, com o embargo comercial causado pela guerra, não foi mais possível para a divisão alemã da empresa importar os ingredientes necessários à fabricação da bebida. Então eles desenvolveram uma bebida açucarada alternativa, composta de resíduos alimentares como soro de leite e fibra de maçã. O nome provém de *Fantasie*, que significa "imaginação" em alemão: o diretor da Coca-Cola na Alemanha promoveu um concurso interno para dar nome à bebida, solicitando aos funcionários que deixassem a imaginação correr solta.

O novo produto foi um sucesso: quase 3 milhões de garrafas foram vendidas em 1943. Com o racionamento do açúcar, alguns alemães chegavam a usar Fanta para adoçar sopas e guisados. Essa é uma história bem interessante de inovação em tempos difíceis, porém não será encontrada na "breve história" da Coca-Cola.[*]

> ### Estratégia de história #1
> *Anulação do passado*

Há certas coisas de que os reis são capazes que nem mesmo a Coca-Cola se atreveria a fazer. O Édito de Nantes (1598), um decreto do rei Henrique IV, da França, se inicia da seguinte maneira:

Por este édito perpétuo e irrevogável, citado, declarado e ordenado, estabelecemos, declaramos e ordenamos que:

I. Primeiramente, a memória de tudo o que aconteceu, de uma parte e de outra, desde o início do mês de março de 1585 até a nossa chegada à Coroa e durante outras agitações precedentes e em consequência destas, permanecerá suprimida e esquecida, como se tais fatos não tivessem jamais ocorrido.

---

[*] A Coca-Cola declarou: "A Fanta foi inventada na Alemanha durante a Segunda Guerra Mundial, porém a bebida, com 75 anos de vida, não teve qualquer associação com Hitler nem com o Partido Nazista".

Essa política de *oubliance*, ou *esquecimento*, foi adotada com o intuito de prevenir a repetição das devastadoras Guerras Religiosas, uma série de confrontos entre católicos e protestantes (os huguenotes) que durou mais de trinta anos. Para pacificar seu reino traumatizado, Henrique IV ordenou a seus súditos que esquecessem o que acontecera.* Por ordem real, todos os relatos e documentos oficiais do confronto foram destruídos. Assassinatos e outros crimes relacionados ao conflito religioso não foram julgados. Prisioneiros foram libertados. Referências à guerra em peças teatrais e poesia foram proibidas. Ações judiciais relativas aos anos de conflito foram anuladas, registros e provas foram destruídos. Um "silêncio perpétuo" foi imposto aos promotores reais sobre todos os acontecimentos relacionados às associações políticas dos huguenotes. Na França do século XVII, "perdoar e esquecer" não era apenas um mero provérbio popular, mas uma literal diretriz régia.

Como política reconciliatória, a *oubliance* foi apenas parcial e temporariamente bem-sucedida. Henrique IV, um huguenote, foi assassinado por um extremista católico em 1610, e o conflito religioso ressurgiu poucos anos depois. O Édito de Nantes foi revogado em 1685, por Luís XIV, provocando uma evasão em massa de huguenotes da França. As lembranças de conflitos do século anterior, como podemos observar, não eram tão fáceis de serem apagadas.

OMISSÃO DE CULPA

Mesmo não sendo possível exigir o esquecimento, comunicadores podem nos desviar de verdades históricas que não se alinhem aos seus interesses. Como demonstra a publicação comemorativa da Coca-Cola, o modo mais simples de ajustar a história a uma nova pauta é excluir trechos inconvenientes. Omissões históricas acontecem em larga escala em textos escolares, quando os agentes públicos e os políticos que estabelecem o currículo nacional decidem ignorar aspectos embaraçosos e vergonhosos da história de seu país.

---

* A Comissão de Verdade e Reconciliação da África do Sul adotou uma abordagem oposta em relação aos muitos crimes e abusos da era do apartheid. "Amnésia não é solução", afirmou o arcebispo Desmond Tutu. "Sem memória, não há cura."

Para muitos americanos, a escravidão e o subsequente tratamento dos negros nos estados do Sul são uma parte importante da história dos Estados Unidos. De acordo com o historiador James M. McPherson, ganhador do prêmio Pulitzer, "a Guerra Civil Americana começou em função de diferenças irreconciliáveis entre os estados livres e os que permitiam a escravidão, questionando a autoridade do governo nacional para proibir a escravidão nos territórios que ainda não haviam adquirido a condição de estados.[2] Após a abolição da escravidão, os estados do Sul decretaram as notórias leis de Jim Crow, que segregavam americanos negros e brancos em todas as instalações públicas. Essa segregação, extensiva a escolas, ônibus e bebedouros, permaneceu em vigor até 1965. Durante o mesmo período, o movimento supremacista Ku Klux Klan aterrorizou afro-americanos, judeus e ativistas pelos direitos civis.

Em 2015, o estado do Texas emitiu novas diretrizes para o ensino da história americana, omitindo todas as menções às leis de Jim Crow e ao Ku Klux Klan.[3] Os 5 milhões de estudantes das escolas públicas que estudaram o novo conteúdo aprenderam que a Guerra Civil, conflito responsável pela morte de mais de 600 mil americanos, foi uma luta pelos "direitos dos estados". A escravidão foi apenas uma "questão secundária da Guerra Civil", de acordo com Patricia Hardy, do Conselho de Educação do Estado do Texas. Claro que os "direitos" que a maioria dos estados do Sul estava preocupada em proteger eram os direitos de comprar e vender pessoas. Um dos livros didáticos chegava a se referir eufemisticamente ao comércio de escravos através do Atlântico como uma transferência de "milhões de trabalhadores" para as plantações do Sul.[4]

A omissão e a minimização da escravidão e da opressão racial, conforme ensinadas em algumas escolas americanas, terão consequências duradouras. Já existem lacunas em nosso conhecimento a respeito de história o suficiente, mesmo sem a deliberada intervenção dos Conselhos Estaduais de Educação. De acordo com uma pesquisa realizada pelo Pew Research Center em 2011, apenas 38% dos americanos entrevistados acreditam que a Guerra Civil ocorreu "principalmente por causa da escravidão".[5] De acordo com Dan Quinn, da organização Texas Freedom Network, "muitos brancos do Sul cresceram acreditando que a luta dos Estados Confederados foi, de algum modo, por uma causa nobre, e não uma guerra em defesa de uma terrível instituição que escravizou milhões de seres humanos".[6] Tais impressões distorcidas da história americana apenas dão força a grupos supremacistas, cujos ódio e intolerância se manifestaram tão grotescamente em 2017 na cidade de Charlottesville, Virgínia.

Israel enfrentou controvérsia semelhante em relação ao êxodo palestino, conhecido pelos árabes como Nakba, ou "catástrofe". Em 1948, quando o Estado de Israel foi fundado, mais de 700 mil árabes palestinos deixaram — ou foram forçados a deixar — suas casas. Como resultado, a maioria desses árabes se tornaram refugiados na Cisjordânia, Gaza, Jordânia, Líbano e Síria. Esses refugiados e seus descendentes representam atualmente mais de 4 milhões de pessoas, que as leis israelenses impedem de voltar para casa ou de reivindicar seus bens, a maioria dos quais foi adquirida por israelenses.

Por muitos anos, os textos didáticos do ensino fundamental das escolas israelenses não faziam qualquer menção à Nakba. Em 2007, o ministro da Educação de Israel anunciou que um novo conjunto de livros de história para crianças de oito e nove anos incluiria, pela primeira vez, a tragédia palestina.[7] Essa atitude foi vista por outros países como um passo positivo em direção à reconciliação e a um entendimento melhor entre as duas comunidades hostis. Porém, o texto revisado foi impresso apenas na versão em árabe, para uso da numerosa população árabe de Israel. Os textos em hebraico não foram revisados, de modo que as crianças israelenses continuaram a aprender uma narrativa distinta de uma história compartilhada. Passados dois anos, com a entrada de um novo governo, a referência foi removida também dos livros em árabe. O novo ministro da Educação, Gideon Sa'ar, argumentou que não se poderia esperar de nenhum Estado que descrevesse sua própria fundação como uma catástrofe. "A inclusão do termo no currículo oficial do setor árabe foi um erro", declarou.[8]

Em princípio, não é irracional evitar que crianças de oito anos sejam confrontadas com terríveis histórias de sofrimento relacionadas às origens de seu país. Omitir não é mentir. No entanto, a supressão da Nakba dos textos em hebraico traz grandes consequências para a população árabe-israelense, bem como para a percepção de realidades históricas na mente dos jovens judeus israelenses. Crianças que ignoram o fato de que seus bisavós forçaram a retirada de milhares de pessoas de seus lares, até então ocupados por gerações, tendem a ser menos propensas a demonstrar empatia com as recorrentes dificuldades de 4 milhões de refugiados.

Enganadores podem evitar críticas omitindo a menção de erros passados. Podem também ignorar e minimizar os sucessos de seus opositores para enfraquecê-los.

Os inúmeros críticos do presidente George W. Bush adoram mencionar a invasão do Iraque e sua pífia resposta ao furacão Katrina, mas poucos se recordam de seu Plano de Emergência para Alívio da Aids (PEPFAR). Essa iniciativa de 2003 foi o maior projeto global de saúde dedicado a uma doença específica. Ao longo de cinco anos, Bush conseguiu garantir 15 bilhões de dólares em financiamentos do governo americano para programas de prevenção e tratamento do HIV/aids em países em desenvolvimento. Antes do PEPFAR, 50 mil pessoas tinham acesso a medicamentos retrovirais na África Subsaariana; ao final do mandato de Bush, o número passava de 1,3 milhão.[9] Bush também implementou uma iniciativa de 1,2 bilhão de dólares para combater a malária. Sua gestão destinou à África mais assistência financeira do que qualquer um de seus antecessores. E sua intenção não era atrair votos. Um de seus antecessores, o democrata Jimmy Carter, chegou a exaltar seu adversário ideológico: "Senhor presidente, permita-me declarar minha admiração e profunda gratidão pelas importantes contribuições feitas às pessoas mais carentes no mundo".[10]

Um outro presidente republicano também não obteve o reconhecimento devido por sua contribuição à política de meio ambiente. Ao final da década de 1960, a crescente preocupação com vazamentos de petróleo, despejos de resíduos químicos, pesticidas tóxicos, radioatividade e o esgotamento de refúgios naturais estimulou o então presidente americano a implantar medidas radicais. Ele instituiu o Ato Nacional de Política Ambiental (National Environmental Policy Act), que obrigava todas as agências federais a avaliar os efeitos ambientais como condição para a construção de rodovias e usinas energéticas e para a concessão de licenças para uso da terra, além de uma série de ações complementares. Com a expansão da Lei do Ar Limpo (Clean Air Act), ele intensificou a regulamentação de poluentes do ar, como dióxido de enxofre, dióxido de nitrogênio e partículas sólidas. Também assinou uma lei de proteção às espécies animais ameaçadas de extinção (Endangered Species

Act), uma lei de proteção aos mamíferos marinhos (Marine Mammal Protection Act) e uma lei de proteção aos oceanos (Ocean Dumping Act), além de propor a regulamentação da água potável (Safe Drinking Water Act). E o mais importante, ele criou a Agência de Proteção Ambiental (Environmental Protection Agency), uma das organizações governamentais mais efetivas do mundo na proteção e no monitoramento do meio ambiente.

Esse presidente foi o infame e abominável Richard Nixon.

RESSENTIMENTO DE LONGO PRAZO

Se a omissão é a forma mais simples de manipulação da história factual, a escolha tendenciosa talvez seja a mais comum. Faz parte da nossa natureza. Ninguém necessita de um manual de instruções para redigir um currículo que coloque em destaque aos olhos do recrutador nossas atividades mais favoráveis. Pergunte a uma criança de doze anos o que ela fez desde que voltou da escola, e ela provavelmente vai mencionar a lição de casa em vez do video game.

Relatos seletivos da história podem ser extremamente enganosos. Eu poderia com correção descrever um certo evento histórico da seguinte forma:

Tecnologias importantes foram desenvolvidas, especialmente nas áreas de transportes, cutelaria e higiene pessoal. A democracia prosperou com o aumento no número de pessoas aderindo a sindicatos e adquirindo o direito de votar. A igualdade social cresceu. A alimentação entre as populações pobres melhorou, tornando-as mais fortes e saudáveis. A mortalidade infantil decresceu e a expectativa de vida aumentou. O consumo de álcool diminuiu. A oferta de emprego se expandiu, especialmente para as mulheres, abrindo caminho para a igualdade de gênero.

A que evento estou me referindo?

À Primeira Guerra Mundial.

As tecnologias desenvolvidas durante a guerra incluem aviões, o aço inoxidável e os absorventes femininos. Na Grã-Bretanha, foi instituído o sufrágio universal masculino e cerca de 40% das mulheres puderam votar pela primeira vez. Os impérios alemão, austríaco, russo e turco ruíram, abrindo caminho para formas de governo mais democráticas. Os soldados britânicos passaram a receber refeições mais nutritivas, incluindo "carne todo dia". Como milhões de homens foram enviados para a frente de batalha, a produção de munição e o trabalho agrícola foram entregues às mulheres. O pleno emprego permitiu um melhor padrão de vida para muitas famílias, superior a qualquer época do passado. Novas leis reduziram o consumo de álcool e a violência doméstica. Ramsay MacDonald, político britânico do Partido Trabalhista, que havia sido contrário à guerra e que mais tarde se tornaria primeiro-ministro, declarou que o conflito fez mais pela reforma social na Grã-Bretanha do que todos os sindicatos e organizações humanitárias conseguiram em meio século.

E, no entanto, concentrar-se apenas nos fatos citados seria uma maneira repulsiva de descrever uma guerra na qual morreram mais de 15 milhões de pessoas.

> **Estratégia de história #2**
> *Rememoração seletiva do passado*

Charles de Gaulle era presidente da França quando o Reino Unido fez sua primeira tentativa de se integrar à Comunidade Econômica Europeia (CEE), precursora da União Europeia. De Gaulle vetou o pedido britânico. Quatro anos depois, o Reino Unido tentou novamente. Mais uma vez, de Gaulle se opôs. A França foi o único país entre todos os membros da CEE a vetar a adesão britânica.

Tendo se passado apenas vinte anos desde que a Grã-Bretanha e os Estados Unidos sacrificaram considerável volume de sangue e enormes recursos financeiros para salvar a França do regime nazista, tal atitude aparentou ser uma ingratidão de proporções astronômicas. A Grã-Bretanha havia oferecido a De Gaulle e suas Forças Francesas Livres um lugar para ficar em Londres durante a Segunda Guerra, além de apoio político, militar e financeiro. Sem a Grã-Bretanha, não haveria uma França Livre para De Gaulle governar, tampouco a CEE para aderir.

Muitos ficaram indignados com a atitude do presidente francês em relação a um país que tanto o ajudara. Entre eles, Paul Reynaud, um colega próximo e ex-primeiro-ministro francês. Reynaud escreveu a De Gaulle em protesto. Como resposta, recebeu um envelope vazio com os seguintes dizeres no verso: "Caso não encontrado o destinatário, favor remeter para Agincourt ou Waterloo". Com isso, De Gaulle deixou clara sua perspectiva de referência histórica. "Nosso maior inimigo hereditário não era a Alemanha, mas a Inglaterra", De Gaulle havia declarado anteriormente. Sua escolha de verdades históricas o impeliu a agir de tal modo que teve (e possivelmente ainda tenha) enormes repercussões nas relações entre o Reino Unido e o restante da Europa.

PARA CONSTRUIR O FUTURO, OLHE PARA TRÁS

A Ericsson é uma multinacional de telecomunicações com uma história rica e impressionante. Na década de 1990, a empresa sueca era um dos maiores fabricantes mundiais de celulares, mas, após alguns anos de dificuldades, resolveu abandonar o setor para se concentrar na implantação de novas redes de comunicação. Hoje, a Ericsson embarcou em uma estimulante missão de desenvolver a Internet das Coisas. Eles criaram, juntamente com a empresa dinamarquesa de transporte marítimo Maersk, "a maior rede flutuante do mundo" e atualmente estão trabalhando em parceria com a Scania e a Volvo visando interconectar seus veículos rodoviários. Por outro lado, esses novos projetos em nuvem, TV, redes IP e Internet das Coisas exigiram dos mais de 100 mil funcionários da Ericsson uma árdua adaptação.

Eu trabalhei com uma das maiores divisões da Ericsson, ajudando a preparar seus funcionários para essa complexa transformação. Decidimos que a melhor abordagem seria posicionar a Ericsson como *pioneira em tecnologia*. Há muitas outras maneiras de descrever essa organização gigantesca, porém, ao nos concentrarmos em seu aspecto aventureiro e inovador, esperávamos encorajar os funcionários a abraçar novos desafios e ser receptivos às mudanças de função e de direção que se fizessem necessárias. E, para comprovar as credenciais de pioneirismo da companhia em alta tecnologia, decidimos examinar sua história.

Relembramos que seu fundador, Lars Magnus Ericsson, começou a desenvolver o telefone em 1878, muito antes que o grande público sequer tomasse conhecimento da existência dessa tecnologia. O comutador 500 switch, implantado em 1923, tinha a capacidade de conectar ligações de todo o mundo. A Ericsson lançou o primeiro sistema moderno de telefonia móvel, em 1981. A Erlang, linguagem de programação implantada pela primeira vez em 1986, é atualmente utilizada pelo WhatsApp, pelo Facebook e pela Amazon, além de estar presente em milhões de smartphones. A Ericsson também esteve envolvida nas origens dos padrões para telefonia GSM 2G, 3G e LTE 4G, seja em sua implantação ou criação. Seus engenheiros conceberam o sistema Bluetooth, em 1998.

Ao destacarmos elementos selecionados da história da empresa, conseguimos demonstrar que a Ericsson é realmente pioneira em tecnologia e, portanto, estava preparada para qualquer tipo de empreendimento por terrenos inexplorados.

Ao mesmo tempo, a Ericsson encarava um desafio ainda mais complicado: um de seus maiores mercados era a Rússia, país que pouco antes sofrera um revés na União Europeia por ter invadido a Crimeia, fomentado a guerra na Ucrânia oriental e fornecido a arma utilizada para derrubar o voo Malaysia Airlines 17. Embora a União Europeia tivesse imposto sanções contra os setores bancários, de energia e defesa, o comércio no âmbito de telecomunicações não fora afetado. Entretanto, as empresas de telefonia móvel russas se mostraram cautelosas em investir a longo prazo em projetos de fornecedores europeus; um concorrente chinês, Huawei, apresentava menos riscos de vir a se retirar do país. E por isso a Ericsson necessitava reafirmar a seus clientes e empregados russos seu compromisso total com o mercado do país.

Novamente, recorremos à história para responder a essa situação. A Ericsson havia iniciado suas operações na Rússia 130 anos antes, quando forneceu equipamentos para o serviço público de correios e telégrafos russos e construiu uma fábrica em São Petersburgo. No início do século XX, o mercado russo aparentava oferecer mais potencial de crescimento do que até mesmo a Suécia, e Lars Magnus Ericsson chegou a cogitar a transferência da sede da companhia para São Petersburgo. A Ericsson manteve suas relações comerciais com o país não obstante a Revolução de 1905, a guerra com o Japão, a Primeira Guerra Mundial e um bloqueio marítimo. A conexão estabelecida tinha raízes profundas, não seria uma breve disputa política que ameaçaria seu compromisso de tão longa data com uma nação de mais de 140 milhões de habitantes.

Para uma das mais proeminentes empresas empenhadas em trazer o futuro, o passado histórico comprovou ser algo de valor. Uma história seletiva — já que não mencionamos o fato de que a Ericsson, da mesma maneira que várias outras empresas estrangeiras, foi expulsa da Rússia em consequência da Revolução Bolchevique, nem que sua fábrica em São Petersburgo foi nacionalizada sem qualquer compensação. No entanto, foram os sólidos vínculos ancestrais estabelecidos que contribuíram para reforçar as atuais relações comerciais da organização com o importante mercado russo.

UMA GRANDE TIGELA DE VERDADES CONCORRENTES

Um dos meus professores de colégio uma vez comparou a história a uma tigela de espaguete: há muitos fios, todos misturados, explicou ele. Os historiadores precisam escolher e puxar um único fio para formar uma imagem coerente do passado. Ainda hoje considero uma excelente metáfora. Cada fio de espaguete é uma verdade concorrente; o fio que você escolher vai determinar sua compreensão do passado, o que, por sua vez, vai direcionar suas ações no presente.

Não é apenas a história geopolítica e a corporativa que tem relevância. Quem nunca tentou reinterpretar a história de um relacionamento ou uma discussão? Nossa percepção do que aconteceu no passado é absolutamente relevante para nosso presente e futuro. Nossa história molda nossa identidade, dá forma ao nosso modo de pensar.

No entanto, existem histórias que são tigelas de um espaguete extremamente complicado, com milhares de fios. Mesmo quando não temos um propósito específico, somos obrigados a escolher entre uma seleção de relatos de eventos passados, visto que nenhuma narrativa conseguiria abranger todas as pessoas, ações, detalhes e fatores externos capazes de influenciar nossa interpretação do passado. Desinformantes podem transmitir uma visão bastante distorcida da história ao se referirem a uma única vertente dela.

Se tem uma coisa que podemos afirmar com certeza sobre os últimos milênios é que, numericamente, sempre houve tantas mulheres quanto homens. Mas jamais saberíamos isso pelos livros de história. Tirando Joana d'Arc, Ana Bolena, Elizabeth I, Florence Nightingale, Marie Curie e algumas outras raramente lembradas, a história tradicional só fala de homens. Não que os historiadores as estivessem excluindo de propósito de seus relatos (embora alguns devam ter feito isso) — eles simplesmente não as consideravam tão importantes quanto os homens que governavam nações, comandavam exércitos e lideravam revoluções. O mesmo pode ser dito sobre a maioria das pessoas comuns: os livros de história raramente se dão ao trabalho de incluí-las, mesmo com suas cartas, diários e registros preservados. Você deve ter notado a preponderância de referências a guerras neste capítulo. Guerras recebem muito mais atenção histórica do que todos os anos de paz.

Experimente recontar a história de determinado lugar ou organização que você conhece bem e se verá forçado a também omitir a maioria dos fatos. Simplesmente não há tempo para citar cada reunião, transação, relatório, conquista, falha, transtorno e proposta — mesmo que você se lembre de todos. É muito natural fazer uma seleção; e, ao selecionarmos, estamos moldando a história.

Acrescente a isso um interesse presente, e o passado remodelado pode assumir praticamente qualquer configuração.

GLÓRIA PELA HUMILHAÇÃO

Considere as diferentes maneiras em que os Estados Unidos, Grã-Bretanha e China caracterizam três fracassos nacionais históricos: a queda de Saigon, a retirada de Dunkirk e o chamado Século da Humilhação.

Em 30 de abril de 1975, o embaixador americano no Vietnã do Sul foi retirado da embaixada em Saigon por um helicóptero, enquanto tropas norte-vietnamitas entravam na capital. Mesmo antes da queda de Saigon, o Vietnã havia se tornado um deplorável constrangimento para os Estados Unidos. Relatos sem precedentes da guerra, com vívidas imagens que incluíam a autoimolação de um monge, execuções, o massacre de My Lai e uma criança queimada com napalm fizeram muitos americanos questionarem os fundamentos morais da guerra. Alguns chamavam os soldados do próprio país de "assassinos de bebês", enquanto outros se exasperavam com a incapacidade de seu exército em suplantar uma força aparentemente inferior. Até a Guerra do Vietnã, os Estados Unidos jamais haviam sido derrotados em um conflito.

Em 1971, foram divulgados os "Papéis do Pentágono", que revelavam bombardeios secretos no Camboja e no Laos. Conforme publicado no *New York*

Times, a administração do presidente Johnson havia "mentido sistematicamente, não apenas para o público, mas também para o Congresso", durante uma guerra na qual 60 mil americanos foram mortos.[11] O apresentador de TV Dick Cavett descreveu o conflito como um "caso abominável, capaz de abalar o mundo, criminoso por sua incompetência política e sua equivocação".[12]

Por tudo isso, parece natural que muitos americanos prefiram não se lembrar da retirada final de Saigon. Como operação militar, no entanto, foi uma conquista admirável: tripulações de helicóptero trabalharam obstinadamente dia e noite para remover 1373 americanos, 5595 vietnamitas e pessoas de outras nacionalidades, antes da chegada do vitorioso exército do Vietnã do Norte. Houve inúmeras histórias de heroísmo que poderiam ser vistas como motivo de orgulho para uma nação desmoralizada. Em vez disso, a esmagadora resposta foi vergonha.

"Eu estava chorando e acho que todos os outros também choravam", declarou o major James Kean, a respeito da operação de evacuação da embaixada. "Chorávamos por uma série de razões, mas, acima de tudo, estávamos envergonhados. Como era possível os Estados Unidos da América se colocarem numa posição de serem obrigados a enfiar o rabo entre as pernas e sair de fininho?"[13]

Não deveria ter sido surpresa: o presidente Richard Nixon e Henry Kissinger, assessor de Segurança Nacional, sabiam havia mais de dois anos que, quando retirassem suas tropas, o Vietnã do Sul não sobreviveria. Em negociações com a China, Kissinger teria procurado obter um "intervalo decente" entre a retirada dos Estados Unidos e o colapso do Vietnã do Sul.[14] Tendo em vista a intensa opinião pública contrária à guerra e a rejeição do Congresso a uma assistência militar adicional para o Vietnã do Sul, o provável é que a administração não tenha tido escolha, mas muitas pessoas ainda hoje consideram a retirada dos soldados, do adido de defesa e da equipe da embaixada não apenas uma derrota, mas uma dolorosa traição.

Tanto para os Estados Unidos como para o mundo, as consequências dessa caracterização têm sido sombrias. Há quem argumente que o evento fundamentou a política externa norte-americana desde então. Martin Woollacott, ex-editor de política internacional do *The Guardian*, escreveu:

Tudo que os Estados Unidos fizeram no mundo desde então tem sido condicionado pelo medo das consequências de tentar reafirmar seu poderio militar — e por sua compulsão em fazê-lo. Há o receio de que aconteça um novo Vietnã, um outro atoleiro, ou uma nova derrocada, mas a compulsão os leva a uma busca constante por outras circunstâncias em que algo parecido possa ser provocado, só que dessa vez com uma vitória limpa e conclusiva. Os Estados Unidos têm buscado essa vitória compensatória de forma recorrente, as mais recentes sendo o Afeganistão e o Iraque. Assim como o fantasma de Hamlet, o Vietnã se recusa a ir embora.[15]

A memória que os ingleses têm de Dunkirk é bem diferente.

A Força Expedicionária Britânica foi enviada à França, após a eclosão da Segunda Guerra Mundial, para ajudar as forças da França e da Bélgica a conter o Exército alemão. Quanto a esse objetivo, a operação foi um fiasco. Entre 27 de maio e 4 de junho de 1940, mais de 300 mil soldados britânicos e franceses tiveram que ser resgatados das praias e do porto de Dunkirk, norte da França, após humilhante derrota pelas forças alemãs. Outros milhares foram capturados ou mortos. Uma quantidade gigantesca de suprimentos, armas, veículos e munição foi perdida para o Terceiro Reich. Hitler estabeleceu um controle quase total sobre a França durante os quatro anos seguintes.

O combate ao longo das semanas que antecederam a evacuação de Dunkirk fora extraordinariamente intenso. Muitas unidades britânicas ocuparam posições impossíveis com grande bravura, e isso apesar de a capitulação do exército belga ter deixado seu flanco oriental gravemente exposto. Mesmo assim, o resultado era, agora, inegável: forças britânicas e francesas foram superadas em estratégia e em potência. A revista nazista alemã *Der Adler* assim descreve o ocorrido:

Para nós, alemães, a palavra "Dunkirchen" vai significar para todo o sempre a vitória na maior batalha de aniquilação da história. Quanto aos ingleses e franceses que lá estiveram, a palavra lhes recordará, pelo resto de suas vidas, a mais humilhante derrota já sofrida por qualquer exército.[16]

Só que não foi bem isso o que aconteceu. Pergunte à maioria dos britânicos o que Dunkirk representa e eles mencionarão a flotilha de embarcações de pesca, barcos de recreio e iates particulares que zarparam em direção ao litoral francês e os milhares de destemidos soldados que foram resgatados. Os navios da Marinha Real Britânica realizaram a maior parte da evacuação, mas são os "barcos pequenos" os mais lembrados. Barcos que navegaram com tripulações bastante reduzidas, alguns deles conduzidos por um único homem. Muitos tinham apenas dez a quinze metros de comprimento. Alguns transportaram soldados das praias de Dunkirk para as grandes embarcações navais que os aguardavam no mar, e para isso cruzaram águas sob bombardeios da artilharia alemã; outros resgataram o maior número possível de homens, levando-os de volta à Inglaterra, sob repetidos ataques da Luftwaffe, a Força Aérea Alemã, e ainda repetiram a operação. Seus bravos esforços ajudaram a evitar a aniquilação do Exército britânico. Winston Churchill caracterizou a manobra como um "resgate milagroso". Com um exército ainda em grande parte completo — ainda que maltratado — para defender a Grã-Bretanha de uma invasão, ele pôde descartar qualquer possibilidade de rendição.

A evacuação de Dunkirk foi realmente um grande feito. Porém, poderia facilmente ter sido vista pelo país e pela história apenas como um desfecho satisfatório para uma incursão militar verdadeiramente desastrosa. Em vez disso, "a interpretação dada à evacuação do Exército britânico foi excepcionalmente bem-sucedida, desencadeando uma onda de euforia em toda a Grã-Bretanha", conforme escreveu o dr. Duncan Anderson, chefe do Departamento de Estudos de Guerra da Real Academia Militar de Sandhurst:

> Cada vez mais preocupado com o ar de irrealidade que parecia permear a Grã-Bretanha, em 4 de junho Winston Churchill dirigiu-se à Câmara dos Comuns em termos que demonstram com clareza a situação de desespero reinante. Ele lembrou a seus compatriotas que guerras não são vencidas por evacuações e que "o que aconteceu na França e na Bélgica foi um desastre militar colossal". No entanto, o povo britânico preferiu não acreditar, optando pelo mito ante a realidade; a população não estava disposta a escutar ninguém que tentasse extinguir tal crença, nem mesmo o próprio Churchill.[17]

O termo "espírito de Dunkirk" entrou para a língua inglesa denotando grande coragem, união e determinação diante da adversidade. O incidente é visto na Grã-Bretanha como uma vitória, apesar da derrota completa das forças britânicas na Batalha da França. A Grã-Bretanha escolheu celebrar um evento que outra nação poderia ter optado por esquecer. Ao fazer isso, moldou parte da cultura britânica. E certamente os ajudou a vencer a guerra.

* * *

Se os americanos veem Saigon com vergonha e os britânicos veem Dunkirk com orgulho, os chineses, por seu lado, veem o Século da Humilhação com deliberada e resoluta revolta.

Tudo começou com a Primeira Guerra do Ópio. Em 1840, a Grã-Bretanha enviou uma força expedicionária à China para proteger o comércio do produto, depois que a China confiscou grandes quantidades da droga e expulsou os ingleses. As canhoneiras e tropas britânicas derrotaram com facilidade o numericamente maior exército imperial, graças a armas e tecnologia naval superiores. A China foi então forçada a assinar o Tratado de Nanquim, em 1842, conhecido como o primeiro dos "tratados desiguais", porque todas as obrigações recaíam sobre o lado chinês: pagar reparações, abrir os "portos do tratado" para o comércio exterior e ceder a ilha de Hong Kong aos britânicos.

A Segunda Guerra do Ópio foi ainda pior. Dessa vez, com ainda menos justificativa, Grã-Bretanha e França uniram forças para invadir a China. A guerra culminou na destruição do Palácio de Verão do imperador, nos arredores de Beijing. Conhecido como Jardins da Perfeita Claridade, esse magnífico complexo de palácios era repleto de requintados tesouros. Hoje, os edifícios encontram-se em ruínas e muitos dos tesouros pertencem a coleções de museus britânicos e franceses.

Enquanto a China estava envolvida na Segunda Guerra do Ópio, a Rússia aproveitou o momento conturbado e ameaçou invadir o país. Disso decorreu o Tratado de Aigun, que forçou a China a ceder uma grande fatia de seu território para a Rússia, ao mesmo tempo que era dilacerada por uma guerra civil conhecida como Rebelião Taiping, que consumiu um número estimado de 20 milhões de vidas.

Seguiram-se outras guerras e invasões, levando à catastrófica dominação japonesa. A Primeira Guerra Sino-Japonesa foi travada em função da Coreia, anteriormente um Estado subordinado à China. O Japão venceu com categoria, tomando posse da Coreia e de Formosa (Taiwan). Nos anos seguintes, o Japão ganhou controle crescente sobre a Manchúria (nordeste da China), até finalmente a invadir em 1931. A Segunda Guerra Sino-Japonesa começou em 1937, com o Exército japonês se apoderando de Beijing, Shanghai e Nanquim. O Exército Revolucionário Nacional da China foi forçado a se retirar de Shanghai após meses de sangrentos combates com o Exército Imperial Japonês. Essa batalha épica custou mais de 200 mil vidas chinesas e foi seguida, algumas semanas depois, pelo massacre de um número de civis estimado entre 50 mil e 300 mil, em Nanquim.

De fato, foi um século péssimo para a China. Seria de esperar que uma nação orgulhosa e ascendente minimizasse os piores aspectos de sua história, mas, pelo contrário, o governo chinês se certificou de que cada detalhe fosse gravado na consciência de seu povo. Um permanente programa de "educação patriótica" leva chineses às ruínas do Palácio de Verão para testemunhar as evidências da atrocidade britânica e francesa. O memorial do Massacre de Nanquim é o ponto turístico mais visitado da antiga capital.

Alguns sugerem que o Partido Comunista Chinês decidiu reabrir essas graves feridas históricas após os protestos e o Massacre da Praça da Paz Celestial, em 1989, com o intuito de convencer seu povo de que era necessário um governo forte e incontestado para impedir a repetição de tais ultrajes por parte de estrangeiros. O fato é que os líderes chineses falam sobre o "Século da Humilhação" desde 1920. A historiadora Julia Lovell sugere que a China tenha criado um mito fundador a partir das Guerras do Ópio, promovendo o país — uma das grandes nações da história — como vítima.

Mas o raciocínio do governo para amplificar esse feroz ressentimento é primordialmente de motivação. A longa sequência de humilhações sofridas é atribuída à incapacidade da China imperial de acompanhar o desenvolvimento tecnológico do Ocidente. E isso, conclui-se, não deve jamais se repetir. Dessa maneira os chineses são motivados a construir, progredir, inventar e triunfar.

NÓS SOMOS NOSSA HISTÓRIA

O que confere identidade a um indivíduo, uma organização ou uma nação? Cultura, provavelmente, ou personalidade, valores e capacidades. Mas tudo isso depende da nossa história. Nós nos vemos como bons, capazes ou determinados com base na compreensão de nosso passado individual e coletivo. Nações inteiras, como Israel, Itália e Alemanha, foram forjadas com base na lembrança seletiva de eventos anteriores à memória viva. "Recorremos ao passado em busca de mitos fundadores de nossa tribo e nossa nação", observou a romancista histórica Hilary Mantel, "ou os encontramos na glória, ou em ressentimentos, porém raramente os encontramos na frieza dos fatos."[18]

A história molda nossa identidade; e pessoas, organizações e nações agem de acordo com a identidade que adotam. "Somos feitos pela história", disse Martin Luther King Jr. É por isso que George Orwell, em *1984*, fez os burocratas da Oceania investirem consideráveis esforços para reescrever a história. Tudo que fazemos decorre, ao menos em parte, de nossa compreensão do passado.

Um passado que pode ser reescrito infinitas vezes.

Na prática:

• Recorra a eventos históricos e realizações relevantes para moldar a identidade de organizações.

• Relembre ações bem-sucedidas e acontecimentos positivos para inspirar ações atuais.

Mas cuidado com...

• Enganadores que ignorem partes ou períodos importantes e pertinentes da história para evitar constrangimentos ou enfraquecer oponentes.

• Enganadores que utilizem eventos históricos selecionados cuidadosamente para promover violência, discriminação ou conflitos étnicos.

3. Contexto

A um homem com icterícia o mel parece amargo, a alguém
mordido por um cão raivoso a água causa horror.
Marco Aurélio, *Meditações*

ATÉ ONDE É POSSÍVEL PIORAR?

Imagine que você cai num lago, vestido apenas com a roupa de baixo. Você não tem a menor ideia de em que parte do mundo está, e quando consegue chegar à margem e sair da água, exausto, não vê qualquer sinal de habitação nem plantação. Você parece estar no meio do nada.

Aterrorizante?

Não se você for a astronauta protagonista do filme *Gravidade* e, contra todas as probabilidades, tiver acabado de retornar à Terra após ficar presa no espaço e enfrentar a possibilidade iminente de morte por colisão, incineração ou asfixia. É uma prova da habilidade narrativa dos produtores do filme o fato de que, quando Sandra Bullock finalmente chega àquela praia desconhecida e fica ali prostrada, agarrando a areia úmida, ficamos felizes com a certeza de que todos os seus problemas acabaram. Ela está respirando ar fresco! Está em terra firme!

A mesmíssima cena poderia tranquilamente ser o início arrepiante de um filme de sobrevivência. Uma mulher sozinha, descalça, sem comida, sem mapa, sem fósforos, sem telefone e sem conhecimento de técnicas de sobrevivência na natureza selvagem tem que achar o caminho de volta para a civilização. Uma perspectiva assustadora. Porém, como sabemos que sua situação há pouco era muito pior, e prevendo que uma missão de resgate da Nasa virá a seu encontro em breve, entendemos essa cena como um final feliz.

O contexto faz toda a diferença em nossa impressão da realidade. Eu trabalhei para empresas que comemoraram com empolgação quando perderam vários milhões de dólares, simplesmente porque os anos anteriores haviam sido muito piores. Um presente modesto, se oferecido por uma criança, pode ser muito mais precioso que o mesmo presente dado por um adulto rico. Uma cerveja gelada tem sabor diferente depois de um longo e quente dia de trabalho pesado. O líder do Partido Trabalhista inglês, Jeremy Corbyn, alegou que seu partido havia "vencido" as eleições gerais de 2017 no Reino Unido, apesar de ter conquistado 56 assentos parlamentares a menos que o Partido Conservador, então no poder, simplesmente porque todos esperavam que a vitória de sua oponente Theresa May seria muito mais expressiva. Contexto altera o significado.

Tal contexto é parte da complexidade do mundo que estamos tentando entender. É fácil dizer que precisamos conhecer o contexto de qualquer ação ou evento que analisamos, porém é difícil dizer *qual* contexto é relevante ou apropriado. Ouvir uma história específica em um dado contexto causará uma impressão muito diferente de ouvir a mesma história contada em contexto diferente. Decidir quais contextos destacar e quais minimizar é parte crucial do processo de moldar a realidade.

UMA COISA NÃO É SÓ UMA COISA

O psicólogo Paul Rozin adquiriu certa notoriedade nos círculos acadêmicos quando criou um interessante experimento para testar as respostas de aversão humana. Ele mostrava aos participantes de seu teste um penico novo, recém--tirado da embalagem. Reiterava que o penico nunca havia sido usado, e os participantes assentiram, achando graça. Em seguida, Rozin colocava suco de maçã no penico e os convidava a beber.

A maioria recusou.

Isso não é uma aversão inata, codificada em nossos genes. Nossos ancestrais teriam de bom grado bebido desse vaso intocado e propriamente talhado. Mas passamos a associar o objeto tão fortemente a urina que não conseguimos sequer cogitar beber dele. Os participantes do experimento de Rozin sentiram repulsa à ideia, "apesar de terem a consciência de que o penico é novo em folha, que não há urina alguma, nem qualquer possibilidade de contaminação".[1]

Um objeto não é apenas um objeto — traz consigo seu contexto, que modela nossa forma de vê-lo.

No entanto, se os participantes do experimento se encontrassem perdidos no deserto, sem água, e encontrassem um penico cheio de suco de maçã, provavelmente beberiam sem pensar duas vezes. Em contextos diferentes, as ações são diferentes.

Nossas reações a muitos objetos dependem mais do contexto do que dos objetos em si. Imagine, por exemplo, que você possui um relógio de grife. Como você se sentiria em relação ao relógio se outras cinco pessoas no seu trabalho aparecessem com o mesmo relógio? E se você descobrisse que o fabricante do relógio é uma empresa notória por evasão fiscal? E se visse numa revista uma celebridade que você detesta usando o mesmo relógio? O objeto não mudou, mas foi comprometido pelo contexto. Da mesma forma, um garfo de prata pode ter maior ou menor apelo para um colecionador de antiguidades se foi usado por Hitler.

Havia um gato preto e branco chamado Humphrey que morava no número 10 da Downing Street, em Londres, residência oficial do chefe do governo britânico. Humphrey morou na residência, em momentos distintos, com três primeiros-ministros, entre eles a conservadora Margaret Thatcher e o trabalhista Tony Blair. Em um experimento revelador, uma foto de Humphrey foi mostrada aos eleitores britânicos, que então eram indagados se simpatizavam ou não com o gato. Quando descrito como "o gato de Thatcher", Humphrey recebeu um índice de aprovação de 44% entre os eleitores conservadores e de apenas 21% entre os eleitores trabalhistas; como "o gato de Blair", a aprovação de Humphrey mudou para 27% dos eleitores conservadores e 37% dos trabalhistas.[2] Mesmo gato, contextos diferentes.

Se a descrição física de um objeto (ou de um gato) for tomada como uma verdade, os variados contextos possíveis desse objeto serão verdades concorrentes, cada uma das quais capaz de provocar em nós respostas muito diferentes. A maneira mais clara de examinar esse fato talvez seja investigar uma indústria que precifica seus produtos em grande parte de acordo com o contexto: o mercado de arte.

MELHOR DO QUE MATISSE

A Europa dos primeiros anos seguintes à Segunda Guerra Mundial era um lugar caótico. Cidades estavam em ruínas, milhões de pessoas haviam sido desalojadas nos combates, as fronteiras eram outras e a União Soviética assumira o controle de grande parte do leste do continente. Foi uma época de grande provação e sofrimento, mas também uma época de oportunidades.

Em fevereiro de 1947, um homem que afirmava ser um aristocrata húngaro hospedou-se em um hotel em Copenhague. Tinha uma história pessoal trágica: sua família havia sido assassinada pelos nazistas, tendo suas muitas propriedades e objetos confiscados pelos russos. O homem, um judeu homossexual, passara grande parte da guerra num campo de concentração alemão. Tivera uma perna quebrada durante um interrogatório conduzido pela Gestapo e só conseguira sair do bloco soviético subornando guardas da fronteira com alguns diamantes que havia costurado no casaco. Tudo o que lhe restara de valor eram cinco desenhos de Picasso — os últimos remanescentes da riqueza que sua família nobre havia outrora possuído.

Levado ao desespero, ele se viu obrigado a vendê-los.

Um marchand local demonstrou interesse imediato pelos desenhos, que pareciam ser do período clássico de Picasso e agora valeriam muito. A história do nobre porém desafortunado refugiado fazia sentido: muitas obras de arte valiosas haviam sido rapidamente empacotadas e dispersas pela Europa devido a ameaça de pilhagem ou bombardeio nazista. Colecionadores experientes poderiam encontrar verdadeiras pechinchas à medida que essas obras começassem a emergir dos escombros. Em suma, era uma grande oportunidade.

O negociante providenciou que os desenhos fossem avaliados por um especialista, que logo os declarou genuínos, e uma galeria de Estocolmo comprou os desenhos por 6 mil dólares. O refugiado recebeu um cheque, emitido no nome que ele dera: Elmyr de Hory.

Para a infelicidade da galeria sueca — e de um grande número de outros compradores de arte ao longo das décadas seguintes —, Elmyr de Hory era um mestre da falsificação. Os desenhos não eram de Picasso; De Hory os produzira em questão de horas. Ele ainda era novato no negócio, tendo vendido seu primeiro "Picasso" no ano anterior, por acaso, quando um amigo identificou erroneamente um de seus desenhos e fez uma oferta de compra. Essa é a história que sabemos, embora tudo em torno de De Hory, bem como de seu biógrafo, Clifford Irving (outro grande falsificador, mais conhecido por escrever uma inventada "autobiografia" do excêntrico bilionário Howard Hughes), está sujeito a dúvidas.

Supostamente nascido Elemér Albert Hoffmann, em Budapeste, em uma família de classe média perfeitamente comum, De Hory se viu dotado de uma habilidade artística notável e passou a forjar centenas de obras de arte com as assinaturas de Matisse, Picasso, Modigliani, Monet e Degas, entre outros. Ele e seus parceiros embolsaram milhões de dólares de galerias e colecionadores particulares ao longo de uma carreira criminosa que durou quase trinta anos. Após mais de uma década nos Estados Unidos, ele se autointitulou "barão de Hory", para acrescentar brilho à sua história de aristocrata des, possuído. "Nunca um museu deixou de comprar uma pintura ou desenho que ofereci", afirmou De Hory. "Eles nunca recusaram — jamais."[3] Apesar de ter suas práticas criminosas expostas por marchands americanos cheios de suspeita e de ter sido caçado pelo FBI, ele continuou, ainda por muito tempo, a criar falsificações em sua luxuosa casa na ilha espanhola de Ibiza, onde seu charme, talento e notoriedade lhe renderam a companhia de celebridades como Marlene Dietrich e Ursula Andress.

De Hory não copiava obras existentes. Seu método era criar algo novo, porém que artistas famosos *poderiam ter* desenhado ou pintado. Sempre teve o cuidado de usar suportes envelhecidos, por vezes comprando uma pintura antiga apenas para reutilizar a tela, ou arrancando páginas em branco de livros antigos para produzir esboços. Sua capacidade de imitar o estilo dos mestres modernistas era tamanha que poucos especialistas percebiam a diferença. Um artista vivo, Kees van Dongen, estava convencido de que ele próprio havia pintado uma obra criada por De Hory. O dono de uma galeria em Nova York declarou: "Quando se tratava de Matisse, De Hory era melhor do que Matisse". Acredita-se que muitas das obras de De Hory ainda hoje se encontram expostas em galerias de todo o mundo, atribuídas aos mais famosos artistas.

"Se meu trabalho ficar pendurado em um museu por tempo suficiente, ele se torna autêntico", declarou De Hory.[4]

Isso é discutível, porém a diferença física absolutamente mínima entre um Picasso verdadeiro e um Picasso De Hory não está em questão. Apesar disso, um deles vale milhões de dólares, o outro bem menos. Como o próprio De Hory questionou, por que suas falsificações deveriam ser consideradas inferiores aos desenhos e pinturas dos artistas que ele imitava, quando a maioria dos especialistas não conseguia distingui-los? Os connaisseurs apreciavam suas pinturas de Matisse tanto quanto apreciavam as verdadeiras pinturas de Matisse, até descobrir sua origem real. Então, onde é que se encontra o verdadeiro valor de um grande mestre?

Em outras palavras, imagine que você recebeu uma réplica exata, átomo por átomo, de *Les femmes d'Alger* (Versão O) de Picasso. O original foi vendido em leilão em 2015, por 179,3 milhões de dólares. A pintura em suas mãos não é a original, e você nunca poderá revendê-la como original, mas é fisicamente idêntica à original. Quanto você pagaria por ela?

Provavelmente, não muito. Talvez ofereça alguns milhares de dólares se tiver um saldo bancário saudável e realmente gostar da pintura. Certamente não mais de 300 mil. Isso implica que o imenso valor da obra original não está no próprio objeto físico, mas no contexto desse objeto — sua proveniência, sua história, sua marca, sua raridade, sua singularidade. Enquanto a tela e a pintura valem no máximo alguns milhares de dólares, o contexto vale mais de 179 milhões de dólares.

Isso não é tão bizarro quanto parece. Temos de fato mais prazer com a arte que acreditamos ter sido criada por um artista respeitado do que aquela criada por alguém que imita sua habilidade. Desenvolvimentos recentes em neurociência permitiram a pesquisadores monitorar a atividade em partes do cérebro associadas ao "valor hedônico". Uma equipe pediu aos participantes do teste que avaliassem uma série de quadros abstratos enquanto estavam em um scanner de ressonância magnética. Metade dos quadros tinha a etiqueta de uma prestigiada galeria de arte, enquanto a outra metade tinha uma etiqueta informando ter sido gerada pelos pesquisadores no computador.

Ninguém se surpreendeu com o fato de que, em média, os participantes deram às fotos da "galeria" uma classificação subjetiva mais alta que às fotos do "computador", embora as etiquetas tivessem sido colocadas aleatoriamente. Seria difícil para qualquer pessoa não ser influenciada por tais indicadores contextuais ao fazer um julgamento estético. Mas a verdadeira descoberta estava nos dados do scanner de ressonância magnética. As partes do cérebro associadas ao valor hedônico mostraram uma maior atividade sempre que os participantes olhavam para as fotos da "galeria": eles realmente tinham mais prazer em observar obras de arte que acreditavam ter sido pintadas por artistas reais do que aquelas criadas pelos pesquisadores.

Portanto, se o preço inflacionado de *Les femmes d'Alger* (Versão O) acontece devido a toda uma gama de fatores — entre os não menos importantes, o valor que o comprador acredita que poderá obter numa eventual revenda —, parte desse preço deve ser o prazer adicional que obtemos olhando para qualquer imagem que pensamos ter sido pintada por Picasso. Nesse sentido, não é despropositado que galerias paguem mais por obras de artistas cujos nomes os visitantes reconheçam. O contexto do nome acrescenta valor hedônico mensurável à tela e à tinta.

Falsificadores como De Hory já levantaram a questão de onde está o valor de uma obra de arte. O progresso nas técnicas de manufatura aditiva — comumente conhecidas como impressão 3-D — pode tornar a questão rotineiramente pertinente. O que acontecerá com nossa compreensão do valor da arte se pudermos imprimir réplicas perfeitas da *Vênus de Milo* ou da *Noite estrelada* de Van Gogh? Com a mudança no contexto, será que os objetos idênticos às pinturas e esculturas que as pessoas atualmente fazem fila para ver nos museus se tornarão tão inúteis quanto os pôsteres de arte pregados nas paredes dos quartos de estudantes?

Quanto a Elmyr de Hory, ele foi de certa forma legitimado em sua provocativa pergunta sobre o valor inferior das falsificações de alta qualidade. Hoje em dia, seus Picasso, Modigliani e Monet falsos são vendidos, em seu nome, por milhares de dólares. Ironicamente, falsificações De Hory falsificadas apareceram em vários cantos do mercado de arte, mostrando que seu nome é um contexto suficientemente famoso para motivar réplicas. Colecionadores de arte agora perguntam: "Sim, mas é um De Hory *verdadeiro?*".

Infelizmente, De Hory não viveu para provar do próprio veneno. Diante da possibilidade de extradição para a França em 1976, por acusações de fraude, ele tomou uma overdose de barbitúricos e morreu em Ibiza.

Ou pelo menos a isso somos levados a acreditar.

DE MONET AOS BOIS

Apesar de todo o seu valor hedônico, a arte continua sendo uma preocupação mínima para muitos. Muito mais premente é a questão de como nos alimentamos, mas também nesse item o contexto pode vir a desempenhar um papel crucial.

Nosso consumo atual de carne é insustentável. Por mais deliciosa e nutritiva que seja, a carne de criação impõe um alto custo ao meio ambiente, assim como aos próprios animais. Cerca de um terço da colheita de grãos e 8% do suprimento da água doce do mundo são consumidos por animais de criação, que também são responsáveis por 15% das emissões de gases de efeito estufa geradas pelo homem.[5] Grandes partes da Floresta Amazônica foram destruídas para dar lugar a fazendas de gado. As modernas "operações de alimentação animal concentrada" (*concentrated animal feeding operations*, CAFOs), que mantêm os animais confinados em áreas diminutas ou sem janelas e sem vegetação por semanas a fio, são consideradas por alguns como o equivalente animal dos campos de concentração. O sistema foi desenvolvido nos Estados Unidos e está se proliferando em todo o mundo, garantindo vidas permanentemente infelizes para números inimagináveis de mamíferos apáticos. As imensas quantidades de urina e fezes produzidas nessas megafazendas poluem águas subterrâneas e causam florescências de algas insalubres. À medida que milhões de novas pessoas na Ásia são incorporadas à classe média, a demanda por carne deverá aumentar substancialmente, exacerbando o impacto no meio ambiente e no bem-estar animal.

Esse é o contexto dos deliciosos bifes e hambúrgueres que saboreamos hoje.

Muitos de nós fazemos compras, cozinhamos e comemos sem considerar esse contexto. Preocupamo-nos com as verdades mais imediatas da qualidade da carne, do valor nutricional e do preço, ignorando — talvez deliberadamente — as verdades concorrentes do sofrimento animal e da degradação ambiental. Pessoalmente, sou tão culpado disso quanto qualquer outro apaixonado por carne. Nossa cegueira às verdades concorrentes menos atrativas dos nossos hábitos de consumo é incentivada pelas mensagens que vivenciamos no dia a dia — a maior parte destacando a suculência de tal produto derivado de carne ou o risco de tal tipo de carne para as nossas artérias. De vez em quando surge um problema no abastecimento, mas tais alarmes são rapidamente esquecidos na enxurrada de novas informações sobre receitas de dar água na boca ou preços irresistíveis. O contexto ambiental e o do bem-estar animal ficam quase inteiramente escondidos de nós.

Para qualquer pessoa preocupada com a saúde do planeta ou com o sofrimento de bilhões de animais, o mais urgente é familiarizar as pessoas com o contexto mais amplo da carne que consumimos.

No entanto, um dia esse contexto pode vir a ser muito diferente. Cientistas e empresários começaram a *cultivar* carne.

Em 2013, uma equipe de pesquisadores da Universidade de Maastricht, liderada pelo professor Mark Post, criou um hambúrguer de carne bovina que foi cultivada a partir de uma pequena amostra de células-tronco (o modelo do qual as células especializadas se desenvolvem) de vaca. A equipe holandesa manipulou as células de modo que gerassem fibra muscular e gordura. O primeiro hambúrguer do mundo feito com carne que não precisou ser um pedaço cortado de um animal exigiu suco de beterraba para adquirir a cor correta e custou cerca de 300 mil dólares para ser produzido, mas foi um feito extraordinário, que talvez venha a representar a fundação de uma indústria de alimentos inteiramente nova.

A produção de carne cultivada, ou "carne limpa", como alguns Defensores têm chamado, poderá exigir a metade do consumo de calorias que sua versão normal e apenas uma pequena fração da água e da terra, ao mesmo tempo que produz muito menos gases de efeito estufa e resíduos. E também é mais segura, porque é cultivada em ambiente estéril, sem risco de contaminação antibiótica, bacteriana ou fecal.

Várias startups já estão tentando tornar a carne cultivada economicamente viável. A americana Memphis Meats, por exemplo, está desenvolvendo almôndegas cultivadas. Na inauguração de seu primeiro produto, a CEO Uma Valeti declarou: "Esta é a primeira vez que uma almôndega é cozida com células de carne sem precisar que uma vaca fosse abatida".[6] A israelense SuperMeat está desenvolvendo equipamentos para cultivar carne de frango, e sugeriu que eles poderiam ser usados em restaurantes ou supermercados, até mesmo em casa.

Teremos que esperar alguns anos, se não décadas, até que a carne cultivada possa vir a ser produzida a um custo que rivalize com a de fazenda, e ainda teremos que decidir se o sabor é equivalente. Mas, por enquanto, imaginemos que um dia você seja presenteado com um hambúrguer de carne cultivada que tenha o mesmo custo e o mesmo sabor de um hambúrguer comum. Em outras palavras, o produto é idêntico, porém o contexto é completamente diferente. Você comeria esse hambúrguer?

Sua resposta pode ser um retumbante *Sim!* Se você adora carne mas abriu mão de comê-la por motivos éticos, essa pode ser a resposta para suas preces. Ou então você pode achar tão bizarra essa história de carne cultivada dentro de uma fábrica que não quer nem chegar perto. Ou a sua resposta pode depender de como esse novo contexto é explicado, como você vê os outros reagirem, ou como a mídia aborda a questão. Para os Defensores da carne cultivada (que deve incluir qualquer pessoa preocupada com o bem-estar animal e o meio ambiente), será crucial comunicar esse novo contexto da maneira correta. O futuro do planeta pode depender disso.

Eu comecei a discussão sobre carne cultivada falando sobre as ameaças ao meio ambiente relativas à ampliação da produção de carne. Outro escritor poderia ter começado falando sobre teologia: quem somos nós, ele poderia ter perguntado, para brincar de Deus com a biologia? Ele poderia também ter apontado os perigos morais ou espirituais de interferir nos domínios divinos. Um terceiro escritor poderia ter começado com uma discussão sobre o ideal da natureza: podemos todos concordar que a comida natural é melhor do que a comida artificial? E poderia ter mencionado tecnologias alimentares problemáticas já presentes nos supermercados, como, por exemplo, olestra, nitratos e gorduras hidrogenadas.

Nós três estaríamos definindo diferentes contextos, ou "molduras", para a discussão subsequente da carne cultivada. Ao enfatizar um deles e desconsiderar os outros, estamos efetivamente ajustando o mindset do nosso público antes que ele comece a pensar sobre o assunto em questão. Se um grupo selecionado aleatoriamente fosse solicitado a avaliar o valor da carne cultivada, provavelmente chegaria a conclusões diferentes dependendo de a qual desses contextos fossem expostos. Um grupo influenciado por qualquer um desses outros dois escritores poderia estar muito menos inclinado a comer ou divulgar a carne cultivada do que se tivesse se concentrado nos benefícios ao ambiente e aos animais.

Estratégia de contexto #1
Enquadramento

Esse *efeito enquadramento* pode assumir muitas formas, mas estabelecer um contexto que favoreça seus interesses é uma estratégia de comunicação particularmente poderosa. Oradores talentosos podem ganhar uma discussão antes mesmo de seu início efetivo, apenas definindo um contexto que predetermine como as pessoas vão reagir à questão. Os pais que desejam incentivar a generosidade nos filhos por vezes falam sobre crianças menos afortunadas que não têm brinquedos ou o suficiente para comer — logo antes de darem a mesada. Políticos que defendam a concessão de maiores benefícios assistenciais podem começar descrevendo a terrível situação de um determinado cidadão. Líderes empresariais introduzem o anúncio de corte de empregos ou de congelamento salarial descrevendo a concorrência acirrada ou pressões sobre os preços que a empresa tem enfrentado.

Definir o contexto certo cria a moldura para um argumento convincente. E a moldura influencia em como as pessoas processarão as informações apresentadas.

Mas o enquadramento também pode obstruir um acordo. Se ambas as partes abordarem um problema complexo com molduras completamente diferentes uma da outra, é improvável que encontrem um terreno comum para negociação. Um exemplo trágico é o conflito entre palestinos e israelenses, em que muitos judeus veem a questão em termos da terra sagrada que acreditam ter sido prometida a eles por Deus, ou em termos da segurança conquistada a duras penas em território hostil. Os palestinos, por outro lado, enfocam a questão em termos da injustiça que sofreram quando foram forçados a sair de suas casas e terras. Cada lado traz seu próprio contexto, sua própria verdade concorrente, e a incompatibilidade dos enquadramentos torna o acordo praticamente impossível. Às vezes, temos que nos esforçar até mesmo para escutar informações que não se encaixam em nossa moldura.

Podemos não estar realmente conscientes das molduras que plasmam nossos pensamentos e comportamentos. Elas são parte de nosso mindset, construídas ao longo de anos de informações recolhidas e experiências vividas. Algumas pessoas chamam isso de visão de mundo ou *Weltanschauung*. Eu venho de um contexto ocidental e onívoro, por isso foi bastante natural para mim escrever sobre carne bovina no trecho anterior. Se eu fosse hindu ou vegano, talvez tivesse escolhido outro exemplo. Se algumas das ideias ou histórias deste livro lhe causarem dissonância, talvez seja porque temos visões de mundo diferentes.

Por vezes, inconscientemente aplicamos molduras a nós mesmos, de acordo com mudanças de contexto. Converse com um homem na arquibancada de uma partida de futebol da escola do seu filho e ele dirá algo como: "Oi, eu sou o pai do Danny", mesmo que ele seja um renomado cirurgião ou um apresentador de TV. O contexto mudou, e, assim, a autoimagem do homem também mudou.

Molduras são essenciais para nos ajudar a interpretar acontecimentos, mas também podem ser usadas para nos manipular e persuadir. Se não gostarmos da forma como um debate ou uma conversa está se desenrolando, poderemos alterar seu curso reformulando o enquadramento para nós mesmos e para os outros envolvidos. Podemos introduzir um contexto diferente — e utilizar diferentes verdades — para redirecionar uma negociação ou uma disputa. Saber fazer um reenquadramento (alteração do contexto) é vital na resolução de conflitos, na inovação e na gestão de mudanças.

TODOS OS RAPAZES

No verão de 2014, uma imagem que circulou nas mídias sociais provocou rapidamente uma enxurrada de escárnio e protesto. À primeira vista, a imagem parecia bastante banal: mostrava um painel de palestrantes em uma conferência, algo que normalmente não causaria a ira da grande comunidade do Twitter. A questão foram alguns detalhes que, combinados, tornaram a postagem uma dinamite viral. A placa acima do painel dizia "Cúpula Global das Mulheres 2014"... e todos os conferencistas eram homens.

"Uma imagem vale mais que mil palavras", escreveu a participante que originalmente postou a imagem no Twitter.[7] Mesmo assim, as muitas mulheres e homens indignados que compartilharam a mensagem acrescentaram opiniões. "Isso é uma piada? Só pode ser uma piada", foi um dos comentários mais brandos. "Porque os homens sabem mais do assunto. Um verdadeiro absurdo", lia-se em outra.[8] O fato de que todos os homens eram senhores brancos em ternos escuros não ajudou a amenizar a situação. "Eu não sei se rio ou se choro", escreveu a romancista feminista Kathy Lette.[9]

Eu me lembro de ter a mesma sensação de desdém e consternação quando vi a foto. Mas essa primeira impressão foi logo dissipada porque reconheci um dos homens no painel. Era Michel Landel, CEO da Sodexo, empresa francesa de serviços corporativos e gestão de facilidades. Eu havia trabalhado com ele algumas semanas antes, em um grande programa de transformação organizacional, e ele tinha sido insistente em que enfatizássemos na nossa comunicação a importância e o valor da diversidade. Eu sabia que ele era um homem com uma sincera crença na igualdade de gêneros. Seis dos treze membros de seu comitê executivo eram mulheres. Nem por um segundo acreditei que Michel Landel pudesse fazer parte de qualquer tipo de "mansplaining" patriarcal em eventos.

Fui verificar o contexto.

A Cúpula Global das Mulheres é organizada pela GlobeWomen, uma organização "concebida com a missão de unir todos os setores — público, privado e sem fins lucrativos — sob a visão comum de expandir globalmente as oportunidades econômicas para mulheres".[10] Como seria de esperar, a organização é dirigida por mulheres e suas conferências são organizadas por um comitê de planejamento composto exclusivamente por mulheres. A maioria dos oradores são mulheres, assim como a maioria dos participantes. Se houver alguma disparidade de gênero no evento, é justamente a falta de homens. A seguir, reproduzo o primeiro item da newsletter distribuída pela GlobeWomen em 18 de dezembro de 2013, seis meses antes da foto incriminadora:

I. *Vozes de executivos homens na Cúpula Global das Mulheres 2014*
Em resposta à questão levantada por um CEO da Taj France, Gianmarco Monsellato, de ser um desafio trazer mais homens a eventos femininos, como parte

de um "aprendizado contínuo" quanto às relações de gênero, a Cúpula Global das Mulheres de 2014 convidou vários executivos homens, em sua maioria franceses, para o encontro que ocorrerá em Paris entre os dias 5 e 7 de junho, onde mil mulheres de mais de setenta países estarão presentes.[11]

O objetivo do painel era justamente ouvir homens de negócios com experiência em apoiar o avanço de causas femininas. Uma atitude sensata e inclusiva para trazer homens para o debate sobre igualdade de gênero deveria ter sido bem-vinda.

Estratégia de contexto #2
Ignorar contexto relevante

A maioria das pessoas que reagiu com indignação e desprezo ao painel exclusivamente masculino da Cúpula Global das Mulheres eram Desinformantes que desconheciam o contexto da foto. Elas deveriam ter checado os fatos antes de opinar, mas não são culpadas de deturpação deliberada da verdade. Infelizmente, porém, muitos comunicadores profissionais manipulam ou ignoram o contexto com o intuito proposital de enganar.

Os políticos gostam de deturpar as posições dos oponentes citando-as fora de contexto, pois assim é mais fácil refutá-las. Às vezes, isso é chamado de argumento *espantalho*: o político cria um espantalho (uma deturpação deliberada do ponto de vista de outra pessoa) para depois derrubá-lo. Por exemplo, um político trabalhista britânico pode citar seletivamente uma fala do ministro da Saúde conservador discorrendo sobre a terceirização da administração de instalações hospitalares, de modo a sugerir que ele é a favor da privatização do Serviço Nacional de Saúde — praticamente um crime hediondo no Reino Unido. Ou um político do partido de extrema direita alemão Alternativa para a Alemanha (AfD) poderia citar a chanceler alemã fora de contexto para sugerir que sua intenção é permitir que *todos* os imigrantes estrangeiros permaneçam no país, em vez de apenas os refugiados desesperados.

Um truque semelhante é alegar apoio para um argumento citando alguma figura respeitada fora de contexto. Tal uso do *apelo à autoridade* é um dos primeiros dispositivos retóricos que as crianças aprendem: "Mas a mamãe disse que eu posso ver TV depois do banho", o garotinho, muito sério, avisa sua babá confusa, deixando de fora o contexto de que essa concessão só se aplica aos sábados. Os consultores de negócios fazem algo semelhante quando falam com clientes em potencial sobre a mais recente pesquisa em neurociência, afirmando que ela sustenta sua estratégia de desenvolvimento de liderança e ignorando solenemente o fato de que a pesquisa se aplica apenas a prisioneiros, crianças ou ratos.

Quando estava concorrendo à nomeação como candidato presidencial do Partido Republicano, Ted Cruz aprovou um anúncio de televisão que incluía Donald Trump dizendo que "A Planned Parenthood faz um bom trabalho".[12] A Planned Parenthood é uma organização americana sem fins lucrativos que fornece uma gama de serviços de reprodução, incluindo contracepção e exames de detecção de doenças sexualmente transmissíveis, mas é mais conhecida por realizar cerca de metade dos abortos de todo o país. Para muitos eleitores conservadores, o aborto é anátema, portanto o anúncio de Cruz pode ter custado muitos votos a Trump. Só que a equipe de Cruz estava deliberadamente tentando enganar os espectadores em vários níveis. Em primeiro lugar, isto foi o que Trump de fato disse, numa entrevista de 2015 à Fox News:

Muitas mulheres republicanas conservadoras vieram a mim e disseram: "A Planned Parenthood faz um bom trabalho, com exceção daquele aspecto [do aborto]".

Ao selecionar apenas sete das palavras de Trump, a equipe de Cruz mudou completamente o significado de sua fala. Foi tão enganador quanto se tivessem pego só o trecho "Muitas mulheres republicanas conservadoras vieram a mim" — o que ao menos teria sido divertido.

O anúncio de Cruz era duplamente enganoso, visto que não só omitia o contexto imediato da citação de Trump, como também deixava de fora o contexto mais amplo da entrevista. Antes de proferir as palavras usadas pela equipe de Cruz, Trump fez questão de reforçar suas credenciais antiaborto:

De certa forma, há duas Planned Parenthoods. Uma delas funciona como uma clínica de aborto — tudo bem que é apenas uma pequena parte do que eles fazem, mas é uma parte brutal, e eu sou totalmente contra [...]. Eu sou totalmente contra o aspecto do aborto da Planned Parenthood, mas muitas mulheres... muitas mulheres republicanas conservadoras...

Independente de nossa opinião sobre Donald Trump, que tem, ele próprio, uma relação atroz com a verdade, não há dúvida de que nesse caso ele foi retratado de maneira deliberadamente deturpada pela equipe de Ted Cruz.

COMPETÊNCIA CONTEXTUAL

Hoje em dia damos preferência por receber nossa informação em pequenas doses. O jornalismo de formato longo deu lugar a notícias curtas e feeds do Twitter. Se antigamente o discurso de um político teria sido relatado na íntegra, agora ele terá sorte caso conquiste dez segundos no noticiário da noite. Estamos ocupados demais para digerir artigos extensos ou analisar explicações detalhadas de política ou acontecimentos internacionais. No trabalho, relatórios são jogados na lixeira sem nem serem lidos, caso venham a exigir muito de nossa atenção. Não há tempo para absorvermos nem uma fração de toda a informação disponível.

A consequência inevitável é que perdemos o contexto. Vemos e processamos eventos, comentários, anúncios e boatos sem saber realmente o que está acontecendo. Nosso mundo em constante aceleração e a diminuição da nossa capacidade de concentração estão nos munindo de uma velocidade perigosa para agir em situações que não compreendemos por completo. Para evitar que ridicularizemos pessoas injustamente ou que sejamos ludibriados por políticos e formadores de opinião enganosos, ou que prejudiquemos a nós mesmos fazendo escolhas mal informadas, precisamos nos certificar de que estamos cientes do contexto mais relevante.

Na prática:

- Sempre verifique o contexto!

- Fortaleça seus argumentos enquadrando-os com o contexto mais relevante.

- Transforme seus posicionamentos em relação a objetos, pessoas e assuntos mudando o contexto.

Mas cuidado com...

- Desinformantes que compartilhem notícias aparentemente chocantes sem compreender todo o contexto.

- Enganadores que deliberadamente suprimam algum contexto crucial, sobretudo ao citar terceiros.

4. Números

Torture os números, e eles confessarão qualquer coisa.
Gregg Easterbrook

ESTATÍSTICAS SINISTRAS

Ser canhoto nem sempre é fácil. Descascadores de batata e tesouras são projetados para destros. Lutadores canhotos causam problemas específicos em aulas de boxe.* Escrever em um talão de cheques ou fichário pode ser uma luta. Tente tomar sopa com a mão esquerda em uma mesa de jantar apertada, e você poderá causar um acidente. Até o zíper das calças favorece os destros.

Mas os canhotos pareciam enfrentar uma desvantagem de magnitude maior quando, em 1991, dois psicólogos de renome publicaram uma pesquisa sugerindo que pessoas canhotas morrem, em média, nove anos mais cedo que os destros.

A dra. Diane F. Halpern, da Universidade Estadual da Califórnia de San Bernardino, e o dr. Stanley Coren, da Universidade da Colúmbia Britânica, no Canadá (Canadá), analisaram a morte de mil californianos e descobriram que, em média, os destros morriam aos 75 anos e os canhotos, aos 66. No

---

* O autor se refere especificamente ao *southpaws*, posição particular do lutador canhoto. (N. T.)

artigo intitulado "Left-Handedness: A Marker For Decreased Survival Fitness" [Sinistralidade: Um indicador que reduz a aptidão para a sobrevivência], eles alegaram que "alguns dos elevados riscos que os canhotos sofrem devem-se, aparentemente, a fatores ambientais que elevam sua suscetibilidade a acidentes".[1] Visto que ferramentas e veículos são normalmente projetados para os destros, a lógica da conclusão do estudo foi, portanto, que os canhotos são mais propensos a sofrer acidentes com carros ou motosserras. Uma observação sombria veiculada no *New York Times*: "A proporção de canhotos é de 13% entre as pessoas de vinte a trinta anos, mas de apenas 1% na faixa etária dos oitenta".[2] Ser canhoto parecia ser tão ruim para a saúde quanto fumar.

A ideia de que os canhotos estão condenados a uma morte prematura espalhou-se rapidamente, e só em 2013 a BBC sentiu que era preciso rever a questão: "As pessoas canhotas realmente morrem jovens?".[3]

A resposta é não. Isso é uma total insensatez. Coren e Halpern interpretaram errado a verdade que encontraram em seus números. Tornaram-se Desinformantes.

Como sou da geração liberal dos anos 1970, fui positivamente encorajado a abraçar meu canhotismo. As gerações anteriores não tiveram a mesma mente aberta sobre o tema. Há superstições ligadas aos termos "sinistros" e "gauche", que antigamente se acreditava serem pessoas tocadas pelo demônio. Os canhotos eram evitados e discriminados. Consequentemente, pais tentavam criar seus filhos como destros. Bebês que fossem flagrados comendo ou escrevendo com a mão errada eram imediatamente repreendidos. Embora a taxa natural de canhotos esteja em torno de 10% a 12%, uma proporção muito menor da população se identificava como canhota no século XIX e início do século XX. Apenas há pouco tempo a maioria dos canhotos naturais pôde crescer utilizando a mão esquerda livremente.

Como resultado, a população de canhotos em 1991 era, em média, mais jovem que a população destra. Os que morreram eram, portanto, provavelmente mais jovens do que seus vizinhos destros no cemitério. Isso é mais fácil de entender através de uma analogia moderna: os nativos digitais que já morreram tinham uma idade média mais jovem do que os nativos não digitais. Isso é obrigatoriamente verdade, porque as pessoas nascidas no sistema de uso generalizado de internet hoje têm menos de 25 anos. E isso não significa que ser um nativo digital faça mal à saúde.

É verdade que, em 1991, os canhotos que morriam tinham uma idade significativamente menor que os destros, mas essa verdade foi amplamente mal interpretada, causando alarme desnecessário a canhotos de toda parte. Qualquer canhoto que ainda esteja preocupado com sua longevidade deve se reconfortar com a verdade concorrente de que canhotos e destros da mesma idade gozam mais ou menos da mesma expectativa de vida.

Os números são incríveis. Propiciam uma clareza sobre o nosso mundo que as palavras muitas vezes não conseguem fornecer. Eles nos permitem comparar e avaliar coisas, medir mudanças, resumir uma galáxia em uma única figura. Conseguem se comunicar com qualquer pessoa de qualquer cultura. São uma linguagem universal. O problema dos números é eles serem mal interpretados com frequência por tanta gente. Se até dois cientistas com conhecimento de estatística não conseguem entender o que seus próprios números estão dizendo, por que deveríamos nos surpreender com o fato de que tantas pessoas fiquem confusas quanto ao seu significado?

Não é uma questão de habilidade matemática. Hoje em dia, poucos são os que têm alguma necessidade de fazer contas de multiplicação ou divisão de cabeça. Realmente não faz diferença se você não sabe o que é uma equação quadrática. O que importa, para quem administra um orçamento familiar ou pretende eleger um governo responsável, é entendermos o *significado* de um número específico.

Mas como muitos de nós temos dificuldade em entender estatísticas, ou os custos públicos de criar uma escola ou o tamanho de uma população e saber o que realmente significa, os Enganadores têm a oportunidade de moldar a realidade sugerindo seu próprio significado. Os números deveriam, por direito, ser a forma mais transparente de comunicação existente e, portanto, a mais difícil de manipular. Em vez disso, em todas as esferas da vida encontramos verdades concorrentes que cooptam números.

MAÇÃS, LARANJAS E ASSASSINATOS EM CHICAGO

Antes de chegarmos aos números em si, precisamos verificar o que eles realmente representam. Uma empresa que se vangloria de seu histórico de emprego está falando sobre funcionários em tempo integral, terceirizados, funcionários não remunerados ou "equivalentes a tempo completo" (FTEs).* O demagogo estaria citando números de migrantes, migrantes ilegais, migrantes econômicos ou refugiados? Todas essas pessoas que recebem benefícios do governo são desempregadas ou apenas têm a opção de receber o auxílio aqueles com filhos ou famílias de baixa renda? Sete em cada dez pessoas realmente preferem o Produto Y, ou será que 70% das pessoas entrevistadas em uma única cidade foram recentemente inundadas com anúncios do Produto Y? As estatísticas oficiais referem-se ao milho cultivado ou ao milho vendido, a famílias ou indivíduos, a contribuintes ou residentes? Enormes variações podem ser encontradas nessas distinções, e aí existem oportunidades para verdades concorrentes.

Canadá e Austrália têm os maiores índices de sequestro do mundo. Sério, é verdade. Não porque esses países sejam mais perigosos do que o México e a Colômbia, mas porque seus governos incluem disputas de família sobre a custódia dos filhos nas estatísticas de sequestro. Da mesma forma, a Suécia tem a segunda maior incidência de estupros no mundo, com mais de sessenta casos por 100 mil habitantes a cada ano (na Índia são dois por 100 mil).[4] Isso reflete não apenas a maior facilidade na denúncia de crimes sexuais na Suécia, mas também uma definição mais ampla de estupro.

Em 2001, o vice-presidente Dick Cheney tentou defender a exploração de petróleo no Arctic National Wildlife Refuge [Refúgio Nacional da Vida Selvagem do Ártico] argumentando que apenas oitocentos hectares seriam afetados, o equivalente a "um quinto do tamanho do aeroporto de Dulles". Verificou-se que ele estava incluindo apenas a terra na qual as "instalações de produção e apoio" seriam construídas, não as áreas necessárias para estradas e infraestrutura relacionada, nem terras próximas às perfurações que teriam a vida selvagem perturbada ou contaminada. Além do mais, nas partes em que o oleoduto fosse construído acima do solo, apenas a área na qual os suportes estivessem apoiados no solo foram incluídos no cálculo, mas não a área abaixo do restante do oleoduto. O número final de Cheney era altamente enganador, e a proposta foi mais tarde rejeitada pelo Senado.

---

* FTE (Full Time Equivalent) sistema de cálculo empregatício em que múltiplos funcionários equivalem a um único em tempo integral. (N. T.)

> **Estratégia numérica #1**
> *Escolher as unidades mais convenientes*

Quando o presidente Donald Trump afirmou ao Congresso, em 2017, que "94 milhões de americanos estão fora da força de trabalho",[5] ele deu a impressão de que todas essas pessoas estavam involuntariamente desempregadas. No entanto, essa cifra da Secretaria de Estatísticas Trabalhistas dos Estados Unidos inclui todos os estudantes com mais de dezesseis anos, bem como os aposentados, além de todos aqueles que optaram por não trabalhar. O desemprego real — pessoas que queriam trabalhar, mas não conseguiam encontrar emprego — nos Estados Unidos no início de 2017 era de aproximadamente 7,6 milhões, menos de um décimo do valor apresentado por Trump.[6]

Da mesma forma, quando Trump afirmou: "Lugares como o Afeganistão são mais seguros do que algumas de nossas zonas urbanas",[7] ele não estava muito bem lembrado ou estava deliberadamente deturpando uma comparação entre os homicídios de Chicago e a morte de *americanos* no Afeganistão. Entre 2001 e 2016, 7916 assassinatos foram registrados em Chicago, no mesmo período, 2384 americanos foram mortos no Afeganistão.[8] O número *total* de mortes violentas no Afeganistão foi muito maior (uma estimativa acadêmica sugere que mais de 100 mil pessoas foram mortas na guerra desde 2001),[9] e a proporção de mortes violentas entre o número relativamente pequeno de americanos no Afeganistão superou significativamente a de Chicago. A afirmação de Trump só era verdadeira em apontar que mais americanos foram mortos em Chicago (onde vivem muito mais americanos) do que no Afeganistão. Com essa lógica, ele poderia ter dito que era mais seguro viver no Sol.

ISSO É UM NÚMERO ALTO?

O material de marketing para uma propaganda de um gel de banho afirma que "o Original Source Mint and Tea Tree contém 7927 folhas frescas de hortelã". O número 7927 aparece em letras grandes na embalagem. Por acaso 7927 folhas de hortelã é muita coisa? Eu não faço a menor ideia. São necessárias milhares de rosas para fazer alguns mililitros de seu óleo essencial, então a resposta talvez seja não. No entanto, é clara a intenção de sugerir que esse é um *número alto*.

No contexto de um conceito de branding leve e divertido, isso não importa muito. Mas e quanto às seguintes declarações?

Estamos contratando mil novos enfermeiros.

Nossos novos veículos para entregas utilizam 1 milhão de galões de combustível a menos por ano.

Esses números são altos? Claramente pretendem ser. Mas, a menos que conheçamos o contexto, não podemos saber. Mil novos enfermeiros seriam uma adição altamente significativa na Estônia, que tem cerca de 8 mil desses profissionais. Na Alemanha, com uma força de trabalho de enfermagem de cerca de 900 mil, tal recrutamento mal seria notado. Para uma grande empresa como a UPS, que tem mais de 100 mil veículos de entrega, 1 milhão de galões de combustível por ano seria um mero erro de margem.

Atualmente, é muito difícil para os jovens comprarem uma casa no Reino Unido, em grande parte devido à escassez de construção de residências a um "custo acessível". Durante um importante discurso em outubro de 2017, a primeira-ministra Theresa May declarou: "Vou me dedicar a resolver esse problema".[10] Ela prosseguiu: "Hoje, posso anunciar que investiremos mais 2 bilhões de libras na construção de moradias acessíveis". Era para soar como um grande número, mas a mídia foi rápida em acabar com a festa de Theresa May: 2 bilhões de libras seriam suficientes para construir 25 mil novas casas, uma gota no oceano em um país com 1,2 milhão de famílias aguardando auxílio para moradia.[11]

> **Estratégia numérica #2**
> *Fazer números parecerem maiores ou menores*

Quando alguém tentar persuadi-lo de que um número é especialmente significativo, a primeira coisa a fazer é transpor a cifra a uma verdade mais reveladora e que incorpore o contexto relevante. Porcentagens costumam ser mais informativas do que números absolutos. Você se impressionou com o investimento de 1,4 bilhão de dólares da Total na fabricante de painéis solares SunPower Corp? Não se apresse em prever uma revolução na gigante francesa de petróleo e gás: essa participação representa menos de 1% dos ativos da Total. O estado americano de Wyoming contabilizou apenas 145 mortes nas estradas em 2015, em comparação com o Texas, onde 3516 pessoas morreram em acidentes com veículos. Mas com uma população de apenas 586 mil habitantes, o Wyoming teve um índice anual alarmante de 24,7 mortes na estrada por 100 mil pessoas, bem mais do que os 12,8 no populoso Texas.[12]

Em 2010, dezoito funcionários chineses da fabricante de eletrônicos Foxconn tentaram suicídio; catorze deles faleceram. A história ganhou as manchetes no Ocidente porque a Foxconn fabricava o iPhone, da Apple, e uma gama de produtos para marcas globais como Samsung, Dell e Sony. Imediatamente, acusações de exploração e más condições de trabalho foram lançadas contra a Foxconn e a Apple. Os suicídios são uma tragédia, mas sugerem indicativos de um problema real na Foxconn? A empresa empregou perto de 1 milhão de pessoas em 2010, do que se calcula uma proporção anual de suicídios de cerca de 1,5 por 100 mil. A taxa média de suicídio na China era de 22 por 100 mil.[13] Em outras palavras, a taxa de suicídio na Foxconn foi inferior a 7% da média nacional. Catorze mortes altamente visíveis obscureceram uma verdade concorrente muito mais positiva.

Barack Obama foi criticado por dizer que o terrorismo causa menos mortes nos Estados Unidos do que banheiras, mas ele estava totalmente certo. Segundo o Conselho Nacional de Segurança, 464 pessoas se afogaram em banheiras no país em 2013; 1810 se afogaram em água natural, 903 foram acidentalmente sufocadas ou estranguladas na cama e mais de 30 mil morreram em consequência de quedas.[14] Nesse mesmo ano, apenas três pessoas foram mortas nos Estados Unidos por terroristas islâmicos (na maratona de Boston[15]), ou seja, menos de 1% das mortes na banheira.

Mas também podemos nos enganar com números relativos. Os Enganadores que pretendem disfarçar uma grande soma podem caracterizá-la como uma proporção pequena de algo maior. É fácil descartar algo que é apenas uma pequena fração, mesmo quando o número absoluto é substancial.

"Três por cento dos serviços de saúde da Planned Parenthood são abortos", declarou a organização americana sem fins lucrativos em seu site.* A grande maioria de seus serviços, de acordo com o relatório anual de 2014-5, está relacionada a testagem e tratamento de doenças sexualmente transmissíveis (DST) (45%) e contracepção (31%).[16] "Três por cento" faz o aborto parecer uma atividade marginal para a Planned Parenthood. Mas como eles chegaram a esse número? Seu relatório anual registra 9 455 582 "serviços" realizados em 2014-5. Quase 1 milhão desses serviços são fornecimento de kits de contracepção de emergência; mais de 1 milhão são testes de gravidez; mais de 3,5 milhões são testes de detecção de DSTs. Nenhum desses serviços é remotamente comparável ao aborto, seja em termos de custo, trabalho ou impacto sobre o indivíduo. Aparentemente, embora o substancial número total dessas atividades rotineiras minimize os 323 999 procedimentos de aborto conduzidos no mesmo ano, o número** representa quase 50% de todos os abortos registrados nos Estados Unidos.[17]

O governo britânico gasta 0,7% do Rendimento Nacional Bruto em Assistência ao Desenvolvimento Internacional. Essa é uma meta da ONU para todos os países desenvolvidos desde 1970, mas o Reino Unido é um dos únicos seis países a atingi-la. Os contribuintes britânicos deveriam se orgulhar dessa generosidade, ou será que estariam pagando demais? Como porcentagem, 0,7% do RNB soa como uma despesa inofensiva. Só que isso se traduziu em 13,6 bilhões de libras em 2016.[18] É realmente um número bem alto. É mais do que o governo do Reino Unido gastou em universidades. É mais do que o gasto com sua polícia.

A soma de 13,6 bilhões de libras pode até ser apropriada para um país rico gastar todos os anos com as necessidades substanciais de saúde, nutrição e infraestrutura de outras nações, porém a questão é que poucos analistas parecem ter dedicado alguma atenção ao valor absoluto de dinheiro, em vez de à porcentagem do RNB. Durante a eleição em 2017 no Reino Unido, houve um interminável debate sobre o plano dos conservadores de reduzir as refeições escolares gratuitas para os alunos de quatro a sete anos (economia prevista de 650 milhões de libras) e substituí-las por um café da manhã escolar gratuito

---

* Essa cifra já foi removida do site, mas continua presente no relatório anual de 2014-5.
** Presumindo que cada "procedimento abortivo" efetivamente resulte em um aborto.

(custo previsto: 60 milhões de libras), mas não se viu praticamente nenhuma discussão sobre a despesa muito maior de 13,6 bilhões de libras para ajuda externa.

Como se já não tivéssemos problemas suficientes com números básicos, os políticos, profissionais de marketing e jornalistas se tornaram hábeis em fazê--los parecer maiores ou menores do que realmente são. Um truque favorito para minimizar a percepção do gasto governamental é focalizar no custo por dia em vez de ano, ou mesmo o custo por contribuinte ou por cidadão. "Que barganha! A família real custa apenas 56 pence por ano", dizia uma manchete do leal *Daily Express*[19] (custo total para os contribuintes naquele ano: 35,7 milhões de libras). Uma droga contra o câncer "custa apenas 43 pence por dia por paciente", segundo um jornal aparentemente desinteressado no custo total para o Estado.[20] "O ensino superior de quatro anos gratuito a todos os americanos custaria aos contribuintes apenas setenta centavos por dia", afirma um defensor dos números.[21] Para fazer um número parecer maior, basta usar uma escala temporal mais longa: "O governo reafirmou recentemente seu compromisso em apoiar o ciclismo e caminhar investindo mais de 300 milhões de libras durante o mandato deste parlamento"[22] soa mais generoso do que 60 milhões de libras por ano. "O governo federal anuncia 81 bilhões de dólares adicionais para a infraestrutura"[23] é uma manchete mais empolgante do que "Canadá deve investir 7,36 bilhões de dólares anuais durante onze anos".

Alternativamente, os comunicadores podem fazer algo parecer barato ou caro convertendo-o a alguma unidade de medida não relacionada, como enfermeiras ou bebidas quentes. "Pelo preço de um café e um pedaço de bolo a cada semana, você pode ter o nosso seguro de tratamento hospitalar", prometeu uma recente oferta de seguro de saúde. Ou por que não usar os próprios hospitais como sua unidade de medida? O deputado europeu Daniel Hannan afirmou que a quantia de dinheiro que foi desperdiçada pela UE em 2013 foi "o suficiente para construir dez hospitais de última geração".[24]

Deixando de lado a enorme variação no preço de bolo e de hospitais, essas conversões financeiras engenhosas podem ser usadas para nos confundir. Uma coisa custa o que custa em dólares, euros, libras. Qualquer adaptação desse custo é uma verdade concorrente, provavelmente servindo a um interesse específico.

BREXIT POR NÚMEROS

Um número dominou o referendo Brexit: "A Grã-Bretanha envia 350 milhões de libras por semana para a União Europeia". Boris Johnson, um dos principais defensores da saída da Grã-Bretanha da UE, até viajou pelo país em seu "ônibus de batalha" com essa afirmação estampada na lateral do veículo. Era uma mentira pura e simples. Não há mais nada a dizer sobre isso neste livro sobre a verdade.

Mas outros números, números mais verdadeiros, foram inteligentemente usados para enganar. O então chanceler do Tesouro, George Osborne defendeu o grupo Remain, favorável à permanência na UE, com um número particularmente impressionante. O Tesouro publicou um prognóstico sugerindo que até 2030 o PIB britânico seria reduzido em 6% caso o país saísse da UE. Osborne informava que "a renda na Grã-Bretanha diminuiria em 4300 libras por ano por domicílio" caso saísse da UE".[25]

O que há de errado nessas afirmações? Em primeiro lugar, o comunicado de imprensa de Osborne dava a impressão de que a Grã-Bretanha estaria "em pior situação" do que *no presente*. De fato, a previsão do Tesouro mostra que a Grã-Bretanha terá um PIB significativamente maior em 2030, seja dentro ou fora da UE. Uma manchete mais completa e honesta seria a seguinte: "A Grã-Bretanha ficará *menos abastada do que poderia, mas ainda assim estará em melhor situação do que atualmente*".

Além disso, há a questão das famílias. O comunicado de imprensa implica (embora não diga explicitamente) que cada família britânica terá 4300 libras a menos para gastar (os jornais que interpretaram o comunicado noticiaram exatamente isso). Porém, a análise do Tesouro não se refere à renda familiar — o PIB não funciona assim, pois inclui fatores como investimentos corporativos e gastos do governo. Com o PIB em 1,869 bilhão de libras e 27 milhões de lares, o PIB do Reino Unido em 2015 por família foi superior a 69 mil libras. Visto que o rendimento médio disponível das famílias em 2014-5 era praticamente um terço desse valor, pouco mais de 25 700 libras, é imediatamente aparente que o próprio conceito de PIB por agregado familiar é bastante insignificante. George Osborne e sua equipe do Tesouro estavam cientes disso tudo; a manchete por eles produzida era uma verdade, mas uma verdade deliberadamente enganosa.

O QUE HÁ DE NOVO?

Em 2016, a instituição de caridade Children with Cancer UK emitiu um comunicado de imprensa angustiante: "Casos de câncer em crianças e jovens aumentaram 40% nos últimos dezesseis anos".[26] Em consequência, lemos uma manchete simplesmente absurda no em geral sério *The Telegraph*: "A vida moderna está matando nossas crianças".[27] Aparentemente desconhecendo que as taxas de mortalidade infantil por câncer no Reino Unido haviam caído impressionantes 24% na década anterior,[28] a publicação citava o "conselheiro científico" da instituição responsabilizando a estatística a um bom número de fatores, de eletricidade doméstica a secadores de cabelo.

É verdade que o número de casos de câncer na infância no Reino Unido subiu, mas há duas razões fortes para isso. O número total de crianças britânicas aumentou no mesmo período; havendo mais crianças, imagina-se que haverá mais casos. Além disso, os diagnósticos tiveram uma melhora substancial, permitindo que muitos mais casos fossem diagnosticados e tratados mais cedo.[29] Anteriormente, o câncer infantil muitas vezes não era identificado ou registrado nas estatísticas de saúde até a idade adulta. A instituição de caridade está ciente desses dois fatos, portanto, a manchete jornalística deve ser considerada enganosa, ainda que verdadeira. A Cancer Research UK, uma outra instituição, estima que as taxas de incidência de câncer em crianças aumentaram em 11% desde o início dos anos 1990, número mais realista.[30]

Algumas de nossas verdades mais significativas derivam da maneira pela qual números importantes mudam com o passar do tempo. Uma questão social está melhorando ou piorando? Um governo está gastando mais ou menos? Uma empresa está crescendo ou declinando? Os números deveriam nos fornecer uma resposta direta. Mas um Enganador pode contar uma história diferente, escolhendo um outro número que tem alguma relação com o assunto. Mais adolescentes estão sendo presos? Se a população está crescendo, talvez a *proporção* de detenções na adolescência esteja, na realidade, diminuindo. E o número de menores de dezesseis anos? Ou a proporção de adolescentes negros? Ou o número de detenções de adolescentes por crimes violentos? Ou prisões de adolescentes em uma cidade específica? Reincidentes? Alguma dessas métricas estará na direção certa.

Escolher um ano inicial diferente para o período em consideração pode alterar a verdade sobre qualquer transformação observada. Em janeiro de 2011, empresas americanas poderiam comemorar dois anos de crescimento no mercado de ações, com o índice Standard & Poor 500 (S&P 500) subindo 36% desde janeiro de 2009. Ou poderiam amargar três anos de declínio no mercado de ações, com o S&P 500 caindo 10% desde janeiro de 2008.

"As estatísticas criminais desta semana foram péssimas", admitiu Lance Price, estrategista do Partido Trabalhista Britânico, em seu diário pessoal, em 20 de janeiro de 2000. Price era um membro-chave da equipe de Tony Blair em seu período como primeiro-ministro. "Tivemos uma reunião preventiva surreal, na qual alguém observou que, com exceção das áreas onde o crime estava aumentando, o crime estava diminuindo! Ocorreu-me que poderíamos aplicar o mesmo princípio às listas de espera de hospitais."[31]

Dois anos depois, um grupo de pesquisadores examinou um conjunto de "indicadores" estatísticos publicados pelo Partido Trabalhista, sob o título "O que o Partido Trabalhista fez no seu distrito eleitoral". Os pesquisadores mediram o progresso em áreas como educação, saúde, policiamento e economia. "O que chamou a nossa atenção", disseram os pesquisadores, "foi a impressão dada pelos números trabalhistas de que tudo parecia estar melhorando em todos os aspectos."[32] Nenhum governo é tão bom assim, certo? Os pesquisadores examinaram cada um dos indicadores detalhadamente para descobrir como os trabalhistas conseguiram fazer com que tudo parecesse estar melhorando:

> Se um indicador não tivesse melhorado em um intervalo específico de tempo, o intervalo era, para aquele grupo, substituído por um período durante o qual as condições melhoraram. Os indicadores por vezes eram baseados em diferentes regiões geográficas [...]. No caso de dados criminais, por exemplo, para alguns redutos eleitorais os números utilizados se referem à média de toda a Inglaterra e Gales, caso esses redutos estejam em áreas onde o crime aumentou. Desse modo, de acordo com o site do Partido Trabalhista, sob seu governo, o crime havia diminuído em todas as localidades.

A "reunião surreal" em Downing Street, ao que parece, acabou se traduzindo em uma valorosa política de comunicação.

> **Estratégia numérica #3**
> *Disfarçar ou destacar tendências*

Em termos visuais, os Enganadores podem transformar verdades alterando a escala de um gráfico ou usando eixos que não começam em zero. Tendências de queda se tornam planas, e um crescimento insignificante pode parecer substancial se os dados forem traçados em um eixo favorável. Se o número de leitos hospitalares disponíveis em sua região passou de 15134 para 15326, esse aumento trivial de 1% pode ser apresentado como uma conquista magnífica em um gráfico cujo eixo y começa em 15 mil.

As vendas fracas do seu produto principal podem ser disfarçadas para a incômoda reunião de investidores se você destacar o montante acumulado de vendas — o número total de produtos já vendidos desde seu lançamento, não apenas este ano. Para os Enganadores, a vantagem dos gráficos cumulativos é que eles não podem diminuir. É impossível ter vendido menos produtos cumulativamente neste ano do que no ano passado, a menos que você opere uma política de devoluções muito generosa. Tim Cook, CEO da Apple, apresentou um gráfico de "vendas cumulativas de iPhone" em 2013, ocultando assim dois trimestres de declínio nas vendas. Ele fez a mesma coisa um mês depois, para as cifras do iPad, que também caíram por dois trimestres. O site de notícias de negócios Quartz concluiu: "A Apple ou é péssima na elaboração de gráficos, ou acha que não vão notar a diferença".[33]

Existe um divertido gráfico na internet que mostra o declínio do número de piratas em relação ao aumento da temperatura média global desde 1820. A correlação é estranha: à medida que o total de piratas diminuiu, a Terra esquentou. Obviamente, a diminuição do crime em alto-mar permitiu mais comércio intercontinental, o que causou o aquecimento global!

Essa conclusão é ridícula, claro. Como qualquer um pode ver, é justamente o contrário: o aumento da temperatura fez com que o álcool no rum viesse a evaporar, enfraquecendo o moral dos piratas e portanto induzindo-os a negócios mais honestos.

Essa análise debochada nos adverte contra a suposição de que uma correlação observada entre dois conjuntos de números implica algum tipo de relação causal. Foi notado que quanto mais sorvetes são vendidos em cidades litorâneas, mais pessoas se afogam. Isso não significa que o sorvete esteja causando cãibras fatais. As pessoas tendem a tomar sorvete quando faz calor, e as pessoas também tendem a nadar quando o tempo melhora. Não há causa entre o consumo de sorvete e o aumento dos casos de afogamento — ambos são causados por um terceiro fator.

Essa é uma armadilha fácil para Desinformantes. Um preocupante fenômeno recente é a aparente ligação entre pobreza e obesidade em nações desenvolvidas. "Hoje em dia podemos inferir a experiência de uma pessoa apenas considerando seu peso", disse a ministra da Saúde Pública do Reino Unido, Anna Soubry, em 2013.[34] As crianças mais pobres do Reino Unido têm quase o dobro de chances de serem obesas do que as mais ricas. Será que isso significa que a pobreza causa obesidade e, portanto, coloca vidas em risco?

Alguns políticos sugeriram isso, citando o baixo custo de junk food, e muitos ativistas usaram a correlação para defender políticas de redução da pobreza, mas a causalidade não é clara. Alimentos baratos não precisam necessariamente ser ricos em açúcar e gordura; a obesidade pode ser causada mais por fatores educacionais e culturais que são associados a comunidades carentes. Simplesmente aumentar o apoio financeiro às famílias pobres não necessariamente vai tornar mais saudável a dieta alimentar dessa parcela da população, o dinheiro pode ser mais benéfico gasto em campanhas de conscientização pública, instalações esportivas ou refeições escolares nutritivas. Medidas de alívio à pobreza podem até ser necessárias, mas defendê-las com base na correlação com a obesidade é, provavelmente, um uso inadequado de uma verdade concorrente.

MENTIRAS E MENTIRAS DESLAVADAS

Assim diz o ditado popular: "Há três tipos de mentiras: mentiras, mentiras deslavadas e estatísticas". No entanto, dependemos de estatísticas para fazermos escolhas corretas em saúde, política, investimentos, educação e várias outras áreas. Estatísticas não são mentiras, mas, assim como as verdades, podem ser muito mais maleáveis do que se poderia esperar de simples números.

Uma das estatísticas mais conhecidas é a média. Para estimar a altura média de uma população, podemos medir a altura de 75 pessoas e tirar a média da amostra. Pode-se pensar que não é possível gerar verdades concorrentes em torno de algo tão simples quanto a média — mas há mais de um tipo de média. Existe a *média* que obtemos somando todas as alturas de nossa amostra e dividindo por 75. E há a *mediana*: se alinhamos as 75 pessoas em ordem de altura, a pessoa no meio da linha é a altura mediana. Essas duas médias serão números diferentes.[*]

A escolha entre a média e a mediana pode ser explorada por Enganadores ao se dirigirem a audiências que não conhecem a diferença entre uma e outra. Em 2014-5, a renda *mediana* bruta (sem o desconto de impostos) no Reino Unido foi de 22 400 libras. A renda *média* bruta para o mesmo ano foi de 31,8 mil libras (ambos os valores se aplicam apenas a contribuintes).[35] O fato de que a média é mais alta do que a mediana não deveria ser surpresa em uma sociedade em que um pequeno número de pessoas ganha muitos milhões: elas quase não fazem diferença para a mediana, mas seus vastos pacotes de compensação distorcem e elevam substancialmente a média.

Desse modo, em 2015, as duas afirmações seguintes seriam verdadeiras:

Um professor com um salário de 28 mil libras está ganhando abaixo da renda média.

Um professor com um salário de 28 mil libras está ganhando acima da renda média.

A maioria dos comentaristas não se dá ao trabalho de especificar o tipo de média que estão usando. Políticos astuciosos, líderes sindicais e ativistas escolherão o tipo de média que melhor se conforme a seus interesses.

---

[*] Existe uma terceira média, menos comum, chamada *moda*, que identifica o valor de incidência mais frequente dentro de uma amostra.

> **Estratégia numérica #4**
> *Estatísticas escolhidas a dedo*

A média também tem outros potenciais traiçoeiros. Muitos pais estão preocupados com a quantidade de alunos por classe na escola de seus filhos, geralmente preferindo turmas menores, nas quais os professores têm mais tempo para se dedicar a cada criança. Em consequência, os políticos estão ávidos por demonstrar que as classes são, em média, pequenas. Isso não significa que a maioria das crianças esteja em uma turma pequena.

Para ilustrar esse fenômeno contraintuitivo, imagine que há apenas duas turmas na escola de sua cidade. Uma tem dez alunos; a outra, cinquenta. O tamanho médio das turmas é trinta, o que parece razoável, mas a maioria das crianças está na classe com cinquenta estudantes. Assim, a criança "média" estará na turma grande. Para ser mais preciso, o número médio de crianças em uma turma será de pouco mais de 43.

Então, quando os políticos falam com sinceridade sobre o tamanho médio das turmas em um estado ou país, esse número será menor do que o número de crianças que geralmente encontramos na classe da criança média. O mesmo truque pode ser aplicado à superlotação nas prisões, nos trens, nos hospitais e assim por diante. A média nacional ou estadual sempre subestimará a experiência da pessoa média.

Considere esta charada: um homem com cabelo mais longo do que a média entra em um bar e o comprimento médio de cabelo no bar diminui. Como isso é possível?

É um enigma simples, mas revela um aspecto problemático da estatística conhecido como Paradoxo de Simpson. É problemático porque os mesmos números podem transmitir duas verdades muito diferentes. Antes de matarmos a charada, vejamos um exemplo do mundo real.

Entre 2000 e 2012, o salário mediano nos Estados Unidos, ajustado pela inflação, subiu 0,9%.[36] Isso pode parecer uma boa notícia. No entanto, no mesmo período, o salário mediano para os que abandonaram o ensino médio declinou em 7,9%, o salário mediano dos que completaram o colégio declinou em 4,7%, o salário mediano para as pessoas com formação universitária parcial caiu 7,6%, e o salário mediano para as pessoas com pelo menos um diploma diminuiu em 1,2%.

Em termos simples: todos os grupos econômicos nos Estados Unidos tiveram declínio salarial, embora, no geral, a média dos salários tenha subido.

Por aí você pode ver por que chamam de paradoxo.

Voltemos à nossa charada. A resposta depende do que queremos dizer com "mais que a média". Não estamos falando de "média" para toda a população; o homem tinha cabelo mais longo que a média *dos homens*. Mas é claro que também haviam mulheres no bar, e o cabelo do recém-chegado é mais curto que a média das mulheres. O comprimento médio de cabelo para o subgrupo de homens no bar aumentou e a média para o subgrupo de mulheres não mudou, portanto a média geral diminuiu.

A chave para entender o Paradoxo de Simpson é entender a diferença entre grupo e subgrupo.

Analisemos novamente aqueles declínios salariais. Você pressupôs que cada subgrupo (os que têm ensino médio incompleto, os que têm curso superior etc.) se manteve fixo ao longo do tempo? Isso não é verdade: hoje, muito mais trabalhadores americanos têm formação universitária. Em outras palavras, se compararmos com o cenário no ano 2000, atualmente os subgrupos mais bem pagos são maiores em relação aos subgrupos menos favorecidos. Assim, embora o salário médio do grupo diplomado tenha diminuído, seu maior número puxou a média geral para cima.

Isso é importante porque, como as conclusões obtidas são diferentes se analisarmos separados o grupo e o subgrupo, os políticos americanos podem argumentar com toda a veracidade que os salários subiram *e* que os salários caíram. A maioria das pessoas nunca ouviu falar do Paradoxo de Simpson e não tem prática suficiente em estatística para entender que duas verdades contraditórias podem coexistir. Como resultado, elas acreditarão na versão que ouvirem, ou, se ouvirem ambas, podem simplesmente parar de acreditar em estatísticas.

Os salários subiram, tenho dados que comprovam!

Os salários baixaram, tenho dados que comprovam!

Ambas verdadeiras.

Fácil entender por que as pessoas se tornam céticas.

BRUTALMENTE ENGANOSO?

Quando se trata de entender a saúde econômica de uma nação, não há indicador mais atentamente analisado do que o Produto Interno Bruto (PIB). Um único número deve capturar o tamanho e o desempenho de uma economia formada por bilhões de transações e investimentos. O PIB mede o valor produzido em uma economia, ajustado pela inflação. Ele é usado para determinar taxas de juros, avaliação de crédito, pagamentos de aposentadorias, alíquotas de impostos e gastos governamentais. Se o PIB aumenta, presumimos que o padrão de vida das pessoas comuns vai melhorar; se cai por dois trimestres consecutivos, declaramos uma recessão e cortamos gastos importantes. O PIB afeta a todos.

Em 2015, o PIB da Irlanda cresceu 26%. Uma conquista e tanto, pode-se concluir, para o pequeno país da zona do euro. O crescimento do PIB da Índia foi de 7,6% e o da China foi de 6,9%. A média dos países da zona do euro foi de apenas 1,7%. Como os irlandeses conseguiram isso?

Infelizmente, o povo da Irlanda teve pouco a ver com o crescimento do PIB. Eles não foram responsáveis por esse aumento, e não vão se beneficiar muito disso. O que aconteceu foi que, por razões fiscais, um pequeno número de empresas estrangeiras transferiu algumas fichas da mesa de jogo global, e um conjunto de ativos financeiros valiosos pousou na Irlanda, onde agora estão gerando uma renda substancial. A Irlanda impõe uma alíquota de impostos corporativos de apenas 12,5%, sendo por isso uma jurisdição extremamente atraente para empresas globais que tenham a possibilidade de mudar sua sede por meio de inversões corporativas e outros acordos. Mais de setecentas empresas dos Estados Unidos estão agora oficialmente sediadas na Irlanda. Trezentos bilhões de euros de ativos produtivos foram transferidos para a Irlanda em 2015, dos quais 35 bilhões de euros estão em aviões pertencentes à empresa de locação holandesa AerCap e numa gama de propriedades intelectuais de gigantes da tecnologia como a Apple.

O que todos esses ativos adicionais e essa renda nacional extra significam para o povo da Irlanda? Não muito, ao que parece. Oficialmente, as exportações subiram, em 2015, de 220 bilhões para 295 bilhões de euros, mas a maioria dos bens e serviços que constituem esse incremento não foram produzidos no país. As operações e o gerenciamento de empresas americanas que realocaram sua sede para a Irlanda tendem a permanecer nos Estados Unidos. Houve um aumento nas receitas fiscais das empresas, aliviando um pouco os orçamentos governamentais atingidos por uma crise de austeridade, porém os salários da maioria dos cidadãos irlandeses não foram afetados. De acordo com o Escritório Central de Estatísticas da Irlanda, o nível de empregos não sofreu alteração significativa. A riqueza e as perspectivas da maioria de seus habitantes continuam a ser praticamente as mesmas de antes.

De que serve a métrica do PIB, então? Se é possível um país ver um crescimento tão significativo no papel e não ter melhorias materiais para a maioria de seus cidadãos, podemos realmente dizer que a medida do Produto Interno Bruto é adequada? No caso da Irlanda, existe a possibilidade de esse indicador se tornar claramente enganoso. Celebrou-se a queda da relação dívida interna/PIB: de mais de 125% em 2013 para menos de 100% no início de 2016. Essa conquista parece vazia no contexto de um PIB artificialmente inflacionado. A Irlanda ainda é a segunda nação com maior dívida per capita do mundo.

A Irlanda é um caso extremo de distorção do PIB, mas o indicador é problemático para todos nós. Quando uma motociclista no Colorado sofre uma queda e quebra uma perna, pode ser ruim para ela, mas é uma boa notícia para o PIB: ela ou sua seguradora de saúde terá que pagar uma ambulância, tratamento médico, um leito de hospital, fisioterapia, talvez até advogados e uma nova moto. Seu infortúnio gera um aumento da atividade econômica, o que impulsiona o PIB. Da mesma forma, se uma comunidade rural africana sofre uma seca e precisa comprar alimentos em vez de produzi-los, o PIB aumenta como resultado direto de suas dificuldades. E se uma floresta primária for explorada para a extração de madeira, ou se um terremoto vier a exigir novas construções, o PIB aumentará. Por outro lado, se um fabricante de automóveis inventar um carro mais barato e eficiente, os gastos com veículos e combustível cairão, causando um declínio no PIB. Assim, embora o PIB seja visto como o melhor indicador que temos da saúde econômica de uma nação, um aumento no PIB não implica necessariamente o aumento da felicidade e do bem-estar da população. Sim, é verdade que o PIB subiu, porém essa verdade pode muito bem coexistir com a verdade concorrente de que muitas pessoas se encontram em pior situação em termos de saúde e felicidade.

Essa discrepância entre o PIB e o bem-estar humano está se tornando cada vez mais importante à medida que a tecnologia muda a maneira que vivemos e as coisas que valorizamos. Há vários anos o PIB se encontra estagnado na maioria dos países desenvolvidos, e os analistas sugerem que, em decorrência, nosso padrão de vida também estagnou. No entanto, nesse período, a qualidade de nossas máquinas, comunicações e medicamentos teve uma melhora substancial, e obtivemos acesso a recursos praticamente ilimitados de conhecimento, música, TV, livros, networking e jogos. Os jovens, que antes desejavam possuir um carro ou muitas roupas, agora podem estar mais interessados em adicionar amigos no Facebook ou postar selfies no Instagram. Damos enorme valor ao streaming de música, acesso a informações e jogos on-line, a buscas por empregos e parceiros, à construção de redes de relacionamentos, mas porque podemos fazer tudo isso sem gastar um centavo, muito desse valor é ignorado nas estatísticas do PIB. Um aplicativo que ajuda a promover o compartilhamento de veículos ou a oferecer troca de serviços provavelmente aumentará sua qualidade de vida, mas também é provável que diminua o PIB, pois reduz suas despesas com táxis e, digamos, babás.

Em 2016, reconhecendo o problema, o vice-diretor do Escritório Nacional de Estatística da China solicitou que os serviços oferecidos gratuitamente fossem incluídos nos relatórios do PIB. "A economia digitalizada dá origem a novos modelos de negócios e cria uma grande quantidade de transações não monetárias", argumentou Xu Xianchun. "A maior parte de sua receita vem de anúncios on-line e não dos usuários que usufruem desses serviços. Assim, o valor dos serviços finais, gratuitos para os consumidores, é frequentemente subestimado ou negligenciado."[37] A Agência Nacional de Estatística da Grã--Bretanha foi encarregada de investigar uma maneira de incluir a economia compartilhada nas estimativas do PIB. A questão de como quantificar de forma adequada o valor real das mensagens de WhatsApp, mapas do Google ou vídeos do YouTube ainda está para ser resolvida.

Mesmo que os analistas encontrem uma maneira de incorporar bens digitais gratuitos e serviços de economia compartilhada ao PIB, ainda precisamos reconhecer as limitações existentes na próxima vez em que escutarmos um político comemorar um leve aumento desse indicador. Como Robert F. Kennedy disse em 1968 a respeito do Produto Nacional Bruto, parâmetro diretamente relacionado ao PIB: "Ele não mede nossa inteligência, nem nossa coragem, nem nossa sabedoria, nem nosso aprendizado, nem nossa compaixão, nem a devoção que temos por nosso país; em suma, mede tudo exceto o que faz a vida valer a pena".[38]

FEITAS AS CONTAS

Pesquisadores que analisaram os indicadores do desempenho do Partido Trabalhista inglês em 2002 chegaram à seguinte conclusão:

É correto afirmarmos que nada do que encontramos no site do Partido Trabalhista é falso no sentido estrito da palavra. Porém, a maneira como as estatísticas foram organizadas — mesclando e equiparando anos e domínios específicos com o objetivo de apresentar o melhor resultado possível — é, de modo geral, desonesta.

Essa manipulação de estatísticas é tão comum que já é considerada uma prática inofensiva. Alguns podem argumentar que, se você for ingênuo a ponto de acreditar nos números publicados por uma organização partidária, então você merece ser enganado. O problema é que muitas pessoas se sentem tão desconfortáveis com números que acabam suspendendo o senso crítico. Se, por exemplo, o funcionário de um organismo oficial nos apresenta um conjunto de números, quem somos nós para questioná-los? Se estrategistas políticos rivais nos apresentam números contraditórios, como vamos distinguir quais são os mais corretos?

A maneira como compreendemos o mundo depende de como o mensuramos. Essa compreensão, por sua vez, determina nossos votos, nossas ações e nossas posturas. Números são importantes. Não devemos perder a confiança neles. Precisamos, isso sim, aprimorar nossa capacidade de interpretação dos números e denunciar Enganadores quando fizerem uso de mentiras produzidas a partir de verdades numéricas.

Na prática:

• Aprofunde-se na compreensão do significado de cada número mencionado em um debate.

• Certifique-se de que você está utilizando as unidades de medida mais apropriadas e comparando-as adequadamente.

• Coloque os números em seu devido contexto, comparando-os a outros números relevantes para enxergar sua verdadeira dimensão.

Mas cuidado com...

• Enganadores que tentem fazer um número parecer maior ou menor, ou uma tendência parecer mais significativa do que é de fato.

• Desinformantes que presumam uma relação causal entre dois conjuntos de dados correlacionados.

• Enganadores que escolham estatísticas a dedo ou não especifiquem o tipo de média utilizado.

5. Narrativas

Que se danem os fatos! Precisamos de histórias!
Ken Kesey

A HISTÓRIA MAIS COMPLICADA DO MUNDO?

Com a tarefa de explicar a crise financeira global de 2008, o ex-diretor do Banco da Inglaterra, Mervyn King, intitulou seu texto "A história da crise".[1]

"Devemos começar", escreveu ele, "por um momento crucial: a queda do Muro de Berlim." Lord King relata como a "extinção do modelo socialista de uma economia planejada" encorajou a China, a Índia e outros países a aderir ao sistema de comércio internacional, e o resultado foi que a quantidade de mão de obra alimentando esse sistema mais do que triplicou. Ele explica como isso levou a grandes superávits comerciais na Ásia, o que por sua vez provocou um excesso global de poupança. Como as taxas de juros de longo prazo são determinadas pelo balanço global entre poupança e investimento, a "fartura de poupança" fez as taxas de juros caírem e os preços dos ativos subirem. Pegar empréstimos tornou-se muito barato, incentivando as empresas a investir em mais projetos incertos. Ao mesmo tempo, tanto os gestores de ativos como os bancos correram para encontrar oportunidades de investimento que dessem um retorno melhor do que os títulos e empréstimos a juros baixos.

King conta como isso resultou em balanços patrimoniais bancários que rapidamente se expandiram, inflados por investimentos cada vez mais arriscados, muitas vezes em instrumentos financeiros recém-desenvolvidos e que poucas pessoas realmente conseguiam entender. Adicione a isso o desequilíbrio na economia mundial, e a consequência foi um barril de pólvora econômico altamente instável, apenas esperando uma faísca. E a faísca foi quando os bancos pararam de confiar na capacidade uns dos outros de pagar empréstimos, devido à montanha de investimentos duvidosos e de alto risco que haviam assumido. As instituições financeiras não mais tinham a segurança de que seus pares seriam capazes de levantar fundos quando necessário, e, consequentemente, começaram a suspender empréstimos umas às outras, o que só agravou o problema de liquidez. O que se seguiu — a quebra do Lehman Brothers, a queda vertiginosa nos mercados de ações e os multibilionários planos de resgate econômico do governo — deixou marcas em todos nós.

OS TRÊS COMPONENTES ESSENCIAIS DE UMA HISTÓRIA

Por que Mervyn King denominou de "história" esse relato de eventos tão graves que abalaram o mundo? Para responder a essa pergunta, precisamos entender o que é uma história. Muitas pessoas, ao ouvirem a palavra, pensam inicialmente em contos de fadas e ficção, ou então em dragões, espiões, romances. "Conta uma história", pedem com frequência as crianças pequenas. Histórias são divertidas, para as crianças, para o cinema, para o escapismo e para jornalistas em busca de um furo. Histórias, para muitos, têm apenas uma vaga relação com a verdade.

Depois de uma década escrevendo histórias para empresas e organizações governamentais, eu gostaria de oferecer uma definição diferente:

Uma história é um relato coerente e seletivo de um processo de transformações com ênfase nas relações causais entre situações e eventos.

Eu sei... parece que estraguei um conceito divertido com a minha terminologia chata. Mas é que as histórias são tão importantes para o modo como nos comunicamos que vale a pena tentar entender como elas funcionam. Estes são os elementos indispensáveis de qualquer história:

Um processo de mudança

Se nada muda, não há história. Se o protagonista acaba exatamente como começou, não há história. Michael Corleone passa de honesto soldado ao mais cruel chefe da máfia. Dorothy consegue voltar para casa, mas é uma outra pessoa depois de Oz. Os processos que culminaram na crise financeira de 2008 nos levaram de um período de equilíbrio econômico global e bancos oferecendo balanços patrimoniais conservadores para uma época de crescente desequilíbrio e balanços incertos e arriscados. Por outro lado, se fôssemos falar de bancos tomando os mesmos depósitos e fazendo os mesmos empréstimos ano após ano, não seria uma história.

Relações causais

Causa e efeito são o cerne de qualquer narrativa. Porque Tintim encontra um pergaminho escondido em um modelo de navio, ele embarca em uma caça ao tesouro no Caribe. Porque os troianos decidem trazer um cavalo de madeira gigante para dentro de suas muralhas, os gregos conseguem invadir a cidade. Porque as taxas de juros estavam tão baixas, os investidores assumiram riscos maiores na busca por rendimentos. Este é o fator que torna uma narrativa lógica e, portanto, confiável para o público: o narrador deixa claro *por que* as coisas acontecem.

Gatilho

Misture causa e mudança e você gera o que os roteiristas chamam de "incidente instigante": a razão pela qual um processo de mudança começa. Mervyn King chama isso de "momento crucial" em sua história: a queda do Muro de Berlim. Toda história precisa desse primeiro gatilho que coloca em movimento os acontecimentos. Drácula contrata um escritório de advocacia para supervisionar a compra de uma propriedade inglesa. O amigo do sr. Darcy aluga uma casa perto de Elizabeth Bennet. A princesa Leia obtém os planos da Estrela da Morte e os esconde no robô R2-D2. É claro que há fatos anteriores (como em um filme mais recente da série *Star Wars* que ilustra justamente o roubo desses planos), mas estamos falando do ponto que marca o início da história propriamente dita. O gatilho é a causa original no relato de múltiplas causas e efeitos.

Há muitos outros elementos que contribuem para uma boa história — um herói, um vilão, um mentor, trapaceiros, aliados, contratempos e obstáculos, reviravoltas e revelações dramáticas —, mas esses três itens mencionados são os fundamentais. Como exemplo, veja quais são eles em *Hamlet*, de Shakespeare:

O gatilho: a aparição do fantasma do pai de Hamlet, revelando que foi assassinado pelo tio de Hamlet, Cláudio, agora em posse do trono e da rainha.

Relações causais: porque tem dúvidas sobre a afirmação do fantasma, Hamlet elabora um teste para verificar se Cláudio é realmente culpado; porque o pai de Ofélia é morto pelo homem que ela ama, ela enlouquece e se afoga; porque teme Hamlet, Cláudio trama sua morte; porque Ofélia morreu, seu irmão busca vingança.

Processo de mudança: Hamlet descobre a verdade sobre a morte do pai; Ofélia enlouquece; a maioria dos personagens principais é morta; o trono dinamarquês passa para o príncipe herdeiro norueguês.

Processo de mudança, relações causais e gatilho: o relato de Mervyn King sobre as origens da crise financeira de 2008 inclui todos os três.

DANDO SENTIDO AO NOSSO MUNDO

Mas por que uma história? O que há nessa antiga estrutura cognitiva que leva o ex-diretor do Banco da Inglaterra a escolhê-la para comunicar um assunto tão complexo?

A resposta está nas relações causais. Os seres humanos anseiam por explicação. Se algo importante acontece, queremos entender o *porquê*. As narrativas mostram como uma coisa leva a outra, e, com isso, elas nos ajudam a entender nossa realidade caótica. Muitas coisas aconteceram durante a crise financeira, muitas delas assustadoras, destrutivas e confusas. A história de King desenha um fio coerente e compreensível de lógica através do redemoinho de acontecimentos.

Nas histórias mais simples existe uma única causa para cada efeito, e cada efeito, por sua vez, passa a ser a causa do próximo. A história de King não é assim tão simples. Ele cita múltiplas causas para múltiplos efeitos, e sua história de complexas inter-relações econômicas e bancárias se estende por várias páginas. No entanto, um leitor atento terminará a leitura com a sensação de ter entendido a razão da crise. Esse é o valor real das histórias como recurso de comunicação: infundir coerência e clareza em um material complexo.

Porém, nós pagamos um preço por essa clareza e coerência. O problema das narrativas é que elas são altamente seletivas. Narrativas não fornecem uma imagem completa. São verdades parciais. Podemos ver isso com clareza nos filmes, com os cortes entre cenas que por vezes saltam através de longos períodos de tempo e ângulos de câmera que excluem parte da ação. Roteiristas, diretores e editores escolhem o que mostrar a partir de diversas opções. Charles Dickens, escrevendo sobre a vida de David Copperfield, relata apenas alguns episódios. David Nicholls, em seu romance *Um dia*, pinta um retrato de duas vidas ao longo de duas décadas narrando apenas os eventos de um único dia a cada ano.

O mesmo acontece com histórias de não ficção. Quando descrevemos uma sequência de eventos, fazemos escolhas: nosso ponto de partida, os momentos que relatamos, as maneiras de retratar as pessoas. E o que é crucial, simplificamos causa e efeito. As histórias são bem sistemáticas nisso: *porque* Paris rouba Helena de Menelau, a Grécia declara guerra a Troia; *porque* ouve Cathy dizendo que se casar com ele seria degradante, Heathcliff sai de casa e ganha a fortuna que o tornará senhor do Morro dos Ventos Uivantes. A vida real raramente acontece assim, preto no branco. Em geral, os acontecimentos têm várias causas. Pode ser que X seja uma das causas de Y, mas também o são U, V e W. Políticos a todo momento explicam a crise da dívida ou o surgimento do Estado islâmico com simples histórias de causa e efeito, que favorecem seus próprios interesses. Políticos rivais contam histórias alternativas, com elos causais diferentes, que no entanto podem ser igualmente verdadeiros. Estudiosos como Nassim Nicholas Taleb falam até mesmo de uma "falácia narrativa": nossa "capacidade limitada de olhar para sequências de fatos sem tecer uma explicação ou, similarmente, forçar uma conexão lógica".[2]

A HISTÓRIA DE KATRINA

Em seu polêmico livro *The Shock Doctrine* [A doutrina do choque], Naomi Klein conta uma história sobre a reação ao furacão Katrina.[3] O governo do presidente George W. Bush entendeu o Katrina como uma oportunidade para implementar políticas neoliberais como privatização, desregulamentação, redução do Estado e livre-comércio na deteriorada infraestrutura pública de New Orleans, segundo ela. O devastador furacão (gatilho de sua história) causou tal reviravolta na demografia e nas operações municipais da cidade que alguns viram a situação como um cheque em branco para testar suas ideias de livre mercado. "Em poucas semanas a Costa do Golfo virou um laboratório doméstico" de um "governo administrado por empreiteiros."

Inspirado pelo trabalho do economista Milton Friedman, ganhador do prêmio Nobel, o governo Bush reteve fundos emergenciais para as organizações do setor público, optando por direcionar 3,4 bilhões de dólares para contratos privados com o "capitalismo desastroso" de empresas como Halliburton, Bechtel e Blackwater. A cidade de New Orleans, despida de sua base tributária pela catástrofe, foi obrigada a despedir 3 mil funcionários. Em seu lugar, o governo federal contratou consultores privados para planejar a reconstrução, claramente favorecendo as construtoras sobre os cidadãos de New Orleans. Unidades habitacionais públicas situadas em terras privilegiadas havia muito cobiçadas pelas construtoras foram demolidas assim que seus moradores foram evacuados. Escolas públicas foram convertidas em escolas tipo charter, escolas públicas independentes que não são administradas por um distrito escolar, de "livre mercado". O presidente Bush introduziu novos incentivos fiscais para as grandes empresas da região e desativou regulamentações que protegiam trabalhadores e salários.

Por causa do furacão, a população pobre (em sua grande maioria negros) de New Orleans se encontrava por demais traumatizada para se opor a essas medidas descaradamente neoliberais. Usaram o estado de choque deles para que aceitassem. E assim, "pessoas que não acreditam em governos", como Klein caracteriza os entusiastas do livre mercado, conseguiram usar um desastre natural para construir um "estado-sombra corporativo", financiado "quase exclusivamente por recursos públicos". As classes média e alta, ela sugere, vão prosperar dentro de condomínios fechados, atendidas por serviços privados de segurança, educação e saúde, enquanto os pobres serão desalojados ou levarão vidas miseráveis sob a proteção enfraquecida de um setor público cada vez mais reduzido.

O livro de Klein é uma obra admirável e bem embasada, e não é minha intenção contestar sua história de New Orleans. Até onde sei, os fatos que ela apresenta são verdadeiros, mas há fatos alternativos sobre o Katrina que podem ser usados para contar uma história bem diferente:

A resposta do setor público ao furacão Katrina foi completamente inadequada. A Fema (Agência Federal de Gestão de Emergências) foi desorganizada e lenta em sua atuação. Centenas de bombeiros voluntários de outras cidades estavam ociosos em Atlanta. O prefeito de New Orleans, Ray Nagin, só foi ordenar a evacuação menos de 24 horas antes da chegada do furacão e não permitiu que uma frota de ônibus escolares fosse usada para transportar idosos e deficientes para fora da cidade. A polícia não conseguiu controlar os saques generalizados. As unidades da Guarda Nacional na Louisiana estavam com suas tropas limitadas e tiveram seu foco desviado pela necessidade de proteger o próprio quartel-general contra enchentes e de resgatar soldados que não sabiam nadar. No geral, de acordo com relatórios oficiais de 2006, a resposta do governo foi marcada por "debilidade, desnorteamento e paralisia organizacional". Felizmente, o setor privado estava equipado e pronto para intervir e executar o trabalho que estava além das capacidades do setor público. Empresas como a Halliburton, a Bechtel e a Blackwater tinham a mão de obra capacitada, a experiência e a liderança necessárias para responder com agilidade e eficiência em um ambiente muito difícil. Elas conseguiram organizar a distribuição de alimentos e água, serviços médicos, abrigo temporário e uma operação de limpeza muito mais rápida do que as deficientes autoridades locais ou a Fema seriam capazes. A holandesa De Boer foi contratada para fornecer um gigantesco necrotério temporário, pois as instalações do Estado eram insuficientes para o número esperado de vítimas. O Corpo de Engenheiros do Exército contratou quatro empresas para limpar os destroços, em negócios no valor de 2 bilhões de dólares, porque eles mesmos não tinham condições de fazê-lo. É um mérito do governo Bush o fato de que eles estivessem dispostos a fazer uso da iniciativa privada para atender à grande necessidade pública. Inclusive, foram tomadas as medidas apropriadas para garantir que fundos federais fossem gastos de modo sensato: trinta investigadores e auditores do Departamento de Segurança Interna foram acionados para monitorar o trabalho dos empreiteiros na Costa do Golfo. Ao recorrer a todos os recursos disponíveis, a administração Bush mostrou flexibilidade e pragmatismo imprescindíveis após a lamentável resposta pública inicial ao desastre.

Ambas as histórias apresentam um conjunto de fatos mais ou menos precisos, porém o tom e a mensagem não poderiam ser mais diferentes. Conspiração neoliberal ou pragmatismo bem-intencionado? É difícil saber ao certo sem entrar na cabeça de George W. Bush e seus conselheiros. Desse modo, na ausência de uma verdade definitiva, só podemos recorrer às verdades parciais que essas narrativas representam.

Você pode estar mais propenso a aceitar uma das histórias, dependendo de seu posicionamento em relação ao governo Bush, à privatização ou a teorias conspiratórias. Seu mindset ou sua visão de mundo podem induzi-lo a acreditar em uma das versões dos eventos, mas ambas as histórias são verdades na medida em que os fatos que apresentam são verdadeiros. Agora, como esses fatos são conectados dentro de um conjunto de relações causais que se aglutinam para formar uma mensagem final... bem, isso é contar histórias.

> **Estratégia de narrativa #1**
> *Conectar fatos para implicar causalidade*

Enquanto a "história da crise" de Mervyn King soa verdadeira e faz sentido, outras pessoas contam uma história diferente. Se King começa sua história com a queda do Muro de Berlim, outros escolhem como gatilho a desregulamentação da indústria de serviços financeiros, a invenção de obrigações de dívida colateralizada ou a bolha imobiliária americana. Alguns se concentram na ganância dos banqueiros, outros na imprudência dos consumidores, outros ainda na incompetência dos políticos ou na corrupção das agências de classificação de risco. Esses contadores de histórias escolhem gatilhos e priorizam relações causais que sustentam seus argumentos. Alguns, como King, culpam estrategistas políticos e descrevem efeitos desastrosos resultantes da desregulamentação que tanto King como funcionários de outras autoridades monetárias supervisionavam. Em contrapartida, a história de King sobre inevitáveis tendências macroeconômicas sugere que nem os órgãos reguladores tinham poder suficiente para impedir o desastre que se aproximava. A enorme complexidade da crise financeira permite contar uma série de narrativas que serve a todos os tipos de interesses.

Não estou sugerindo que as histórias são necessariamente distorções da verdade ou inerentemente enganosas. A maioria de nós recorre a elas para narrar qualquer coisa, de modo consciente ou não; a estrutura de nossas apresentações ou relatos de eventos em geral toma a forma de uma história, com um gatilho, relações causais e um processo de mudança. Somos programados a agir assim depois de milênios contando histórias sobre deuses, monstros, inimigos e relacionamentos.

Mas se vamos contar uma história, que seja a certa. Precisamos estar cientes das diferentes maneiras possíveis da construção de uma história a partir dos fatos disponíveis e das diferentes conclusões que podemos suscitar em nossa audiência.

O PROPÓSITO DE UM JARDIM

Os Reais Jardins Botânicos de Kew são uma instituição britânica dedicada à pesquisa e à conservação de plantas e fungos. Talvez você já tenha ouvido falar do Kew Gardens, talvez até já os tenha visitado. Nesse caso, minha primeira frase pode tê-lo surpreendido, afinal, a Kew não é apenas um charmoso parque no sudoeste de Londres?

Isso é o que muitas pessoas pensam. E, mais importante, é também o que muitos políticos britânicos pensam. Isso é um fato importante porque a Kew é parcialmente dependente de financiamento público: ela recebe cerca de 20 milhões de libras por ano do governo do Reino Unido. Isso parece um pouco demais para um mero parque, ainda mais se esse parque atrai uma sólida multidão de visitantes pagantes. Por outro lado, se a Kew ajuda a conservar a biodiversidade, a mitigar os efeitos das mudanças climáticas, a garantir a produção global de alimentos e a reduzir o risco de pandemias, então 20 milhões de libras anuais é um preço ridiculamente pequeno a pagar.

Em 2015, a Kew enfrentou um déficit orçamentário de mais de 5 milhões de libras anuais, e os cortes orçamentários do período de austeridade no governo pareciam destinados a reduzir ainda mais o apoio público à organização. Funcionários foram demitidos e investimentos críticos em infraestrutura foram suspensos. Richard Deverell, diretor da Kew, precisava esclarecer a função vital de sua organização internacional e defender a continuidade do financiamento público.

Como ex-diretor da BBC, Deverell entendia bem o poder das histórias, e me convidou para ajudar a criar uma nova narrativa para a Kew. Em nosso primeiro encontro, ele começou contando sobre os primórdios dos jardins. Um entusiasta de história, falou de forma apaixonada sobre a princesa Augusta, mãe de George III, que criou os jardins reais ao redor do Palácio de Kew. Em 1841, George III fundiu a propriedade real dos Jardins Richmond à dos Jardins Kew e a cedeu à nação. Esse relato histórico ocupou os primeiros quinze minutos de nosso encontro de uma hora. Não fiquei surpreso. A equipe de Deverell já havia me fornecido as transcrições de dois recentes discursos seus para organizações importantes, e ambos começavam com a história da Kew.

Minha mais importante contribuição para a Kew em 2015 foi salientar que uma organização cujo objetivo era se posicionar como um centro de pesquisa de ponta do século XXI não deveria ancorar sua narrativa numa história no passado. Tudo que Deverell falou sobre a princesa Augusta e George III era verdade, mas contava a história inadequada. Relembrar propriedades reais e heranças apenas reforçava a imagem do "jardim histórico" da qual a Kew estava justamente tentando se livrar. É claro que, em seus discursos, Deverell também falava de conservação, das coleções únicas de plantas e das parcerias científicas com importantes instituições, mas o risco era que, até chegar a esse momento, sua audiência já tivesse depositado a Kew em uma caixa mental marcada "Glórias Passadas".

Nossa nova narrativa para a Kew começava muito longe dos jardins no sudoeste de Londres.

A primeira parte nem sequer mencionava a Kew, descrevendo a essencial importância das plantas para vários dos nossos maiores desafios globais, entre eles mudanças climáticas, fornecimento de energia sustentável e segurança alimentar, bem como a triste realidade de que muitas das espécies que podem conter o código-chave para novos alimentos, materiais, remédios e combustíveis estão sendo eliminadas antes mesmo que possamos descobri-las. Em suma, as plantas são imensamente importantes, e é fundamental que venhamos a aprender mais sobre elas antes que sejam extintas, em prol de nossa própria sobrevivência.

Só então a história se dirigia à Kew. E a Kew descrita não era o tesouro de museu dos relatos históricos — era um recurso científico global de importância singular, com o maior conjunto de dados botânicos do mundo: uma coleção viva em seus jardins, um acervo de espécimes preservados, uma coleção de DNA e um arquivo de sementes, no renomado Millennium Seed Bank. Em um mundo que passou a idolatrar o big data, esses recursos representam um valioso patrimônio para a Grã-Bretanha e para a ciência internacional. Juntamente com seus conjuntos de dados, a Kew também possuía em seus quadros alguns dos melhores profissionais em ciências botânicas, com especialistas em identificação e cultivo de plantas. Finalmente, as relações que a Kew construíra com instituições de pesquisa de todo o mundo tinham o potencial de beneficiar as relações diplomáticas que o governo britânico decidisse estimular.

Em outras palavras, a Kew estaria perfeitamente posicionada para o desafio de pesquisa e conservação de plantas que contribuiriam para a sobrevivência de nossa espécie.

O restante da história indicava como a Kew pretendia enfrentar esse desafio: digitalizar as coleções para que o mundo inteiro pudesse acessar os dados, orientar esforços internacionais de conservação e direcionar recursos para projetos de biodiversidade com relevância para o bem-estar e o desenvolvimento humanos. Isso levaria, em última instância, a uma melhor compreensão e proteção da diversidade genética e a novas descobertas de alimentos, materiais, combustíveis e medicamentos.

A história começava com o gatilho da extinção de espécies; descrevia um percurso de mudanças para a Kew, bem como para a biodiversidade do mundo; mostrava relações causais entre os esforços da Kew e um melhor futuro para a humanidade. Foi coerente e acima de tudo seletiva, descrevendo apenas os aspectos da Kew que posicionassem a organização como um patrimônio científico moderno.

> ### Estratégia de narrativa #2
> *Utilizar narrativas para definir identidades*

Gostaria de destacar alguns pontos nessa narrativa.

Ela apresenta apenas uma versão da Kew. A Kew emprega alguns dos melhores jardineiros do mundo. Ao conhecer a história apresentada, eles poderiam, com toda a razão, sentir-se depreciados pelo foco narrativo dirigido à ciência: a Kew *também* é um refinado e belíssimo jardim, graças a habilidade e dedicação de seus jardineiros. Além disso, a Kew tem alguns edifícios históricos notáveis, incluindo a Victorian Palm House, o Pagode Georgiano e o Palácio de Kew. Para uma plateia de jardineiros ou historiadores, seria contada uma história bem diferente, possivelmente começando com a princesa Augusta e seu célebre jardineiro William Aiton, ou então focando na satisfação e no valor educacional que os jardins trazem a mais de 1 milhão de visitantes todos os anos. Cada uma dessas histórias possíveis é uma verdade concorrente sobre a Kew.

Faz ligações causais que minimizam outros possíveis elos causais. A essência da narrativa é a existência de uma conexão entre a grande necessidade de pesquisas sobre plantas para resolver desafios da humanidade, os recursos de dados científicos e a capacidade de investigação científica que a Kew apresenta. A implicação é que existe uma necessidade global, e a Kew está melhor colocada para suprir essa necessidade. Alguém poderia escrever uma história semelhante, porém concebendo outra instituição botânica como seu personagem principal. Outro alguém poderia argumentar que, como essa necessidade ainda não foi satisfeita pelas instituições existentes, os países deveriam se unir para formar uma *nova* organização de pesquisa botânica. Diferentes histórias, com outras relações causais, constituem verdades concorrentes.

Visa o futuro. A história começa no presente, com os desafios das mudanças climáticas e da segurança alimentar, e continua em direção ao futuro, traçando um caminho no qual a Kew ajuda a resolver alguns desses desafios. As pessoas pensam que histórias acontecem no passado, mas, em realidade, a maioria das histórias corporativas que eu escrevo traça uma trajetória futura de negócios. É uma poderosa maneira de motivar acionistas, evidenciando a perspectiva do direcionamento da organização e descrevendo como ela poderá atingir seus objetivos. Ao mesmo tempo, essa estratégia introduz um maior potencial para verdades concorrentes, já que, olhando para o futuro, podemos contar uma variedade de narrativas diferentes e igualmente válidas sobre para onde podemos estar nos direcionando.

Há muitas coisas que *poderiam* ser ditas sobre a Kew. O importante é o que *deve* ser dito. Para uma audiência de deputados e servidores públicos, que já estão predispostos a ver a Kew pela perspectiva da ancestralidade, a resposta, definitivamente, não é adicionar mais história antiga. Pelo contrário, deveria centrar-se na ciência e em dados científicos, realçando o futuro e não o passado. Os jardins em si representavam apenas uma pequena parte de uma história que retratava a Kew mais como um departamento de ciências de uma universidade renomada do que uma coleção de arbustos, edifícios elegantes e árvores centenárias. No ano seguinte, a Kew obteve um novo acordo financeiro, no qual o governo renovou sua doação anual de 20 milhões de libras para os quatro anos seguintes, apesar dos cortes generalizados de austeridade, e obteve ainda um adicional de 50 milhões para investir em seus projetos principais.

HISTÓRIA CURTA, LONGO ALCANCE

O storytelling corporativo é atualmente uma indústria considerável, graças, em parte, ao trabalho pioneiro da The Storytellers, uma empresa britânica com a qual trabalhei por muitos anos. Mas as narrativas comerciais, em sua maior parte, adotam formatos diferentes para as histórias organizacionais orientadas para o futuro, exemplificadas pelo caso da Kew. Quando executivos de RH ou marketing falam sobre contar histórias, geralmente se referem ao uso de anedotas ou histórias de origem para compartilhar boas práticas, encorajar comportamentos específicos ou construir uma marca.

As histórias sobre as origens das empresas são dispositivos populares para aproximar funcionários ou cativar clientes. As marcas North Face e Patagônia são fortalecidas por histórias que relatam a inventividade de seus fundadores ao criar equipamentos e roupas que atendessem às suas próprias necessidades de aventura. O Barclays Bank orgulha-se do fato de que seus fundadores têm origem quacre, cujos princípios de honestidade, integridade e transparência são como palavras de ordem dirigidas aos funcionários atuais do banco. Essas são, é claro, histórias seletivas, recontando apenas elementos de um passado corporativo e provendo um aspecto positivo à organização atual.

A Nike construiu uma grande mitologia em torno de um de seus fundadores, o treinador de corridas Bill Bowerman. De acordo com o que se conta, ele despejava borracha derretida na máquina de waffles da família para melhor produzir calçados esportivos para sua equipe. Na década de 1970, a Nike lançou um programa de relatos de narrativas e encarregou seus executivos do alto escalão de serem "contadores de narrativas corporativas". Como parte de seu treinamento, esses embaixadores, conhecidos como "Ekins" ("Nike" de trás para a frente), faziam visitas a lugares importantes para as origens da empresa e iam correr na pista de Hayward Field, onde Bowerman treinava.

As anedotas são uma ferramenta poderosa em qualquer organização. São verdades parciais sobre pessoas ou eventos específicos, com a pretensão de mudar mindsets e comportamentos de maneira geral. Veja um exemplo de um típico caso corporativo:

Sally Fauset conheceu o casal idoso hospedado no quarto 406 enquanto fazia a limpeza e notou que o sr. Bradshaw precisava tomar injeções de insulina. Na terça--feira pela manhã, Sally viu o casal indo na direção do cais para um passeio à Ilha da Tartaruga. Quando foi limpar o quarto, Sally notou um kit de insulina na cama. Será que o sr. Bradshaw planejava levá-lo consigo e esquecera? Ela não quis correr o risco de deixá-lo na ilha sem sua medicação essencial.

Então, Sally pegou o kit e correu para o cais. O barco já havia partido, porém ela tinha um amigo na praia vizinha que possuía um barco. Ela pegou emprestado o carro de seu supervisor e convenceu seu amigo a levá-la à ilha. Eles chegaram à ilha e encontraram o casal procurando nervosamente pelo kit. "Estou incrivelmente agradecido pela iniciativa demonstrada por Sally e pelos esforços que ela dispendeu em prol de meu bem-estar", declarou o sr. Bradshaw mais tarde. O casal já reservou duas semanas de estadia no Golden Sands para o próximo ano.

Essa história é fictícia, porém segue claramente o modelo dos relatos utilizados por muitas empresas para inspirar seus funcionários e orientar comportamentos. Ela ilustra as virtudes de se colocar no lugar do cliente, ter iniciativa, utilizar recursos de maneira criativa e ir além das obrigações normais. A história também traça uma linha direta entre um serviço cuidadoso de atendimento ao consumidor, o sucesso da empresa e o reconhecimento do empregado. Ao relatar a história de Sally para os funcionários, a intenção dos supervisores é encorajá-los a seguir seu exemplo. Um crítico literário poderia não gostar da banalidade da história, porém, dentro de um contexto empresarial, uma narrativa direta e verdadeira como essa serve a um útil propósito motivacional.

> **Estratégia de narrativa #3**
> *Utilizar histórias exemplares para inspirar*
> *ou transformar comportamentos*

Você pode estar pensando que essas histórias simples e literais só influenciariam mentes em ambientes de nível mais baixo de formação, mas saiba que eu já escrevi histórias semelhantes sobre cientistas que usam cristalografia de proteínas para projetar compostos farmacêuticos, sobre especialistas em investigação de fraudes bancárias em Hong Kong, sobre profissionais da saúde criando novos caminhos terapêuticos e até sobre especialistas em energia nuclear de reprocessamento de plutônio. Todas foram bem-sucedidas em inspirar e orientar profissionais altamente sofisticados. Anedotas simples podem ser altamente poderosas, mesmo nos campos mais complexos.

Mas as anedotas assumem uma ressonância diferente quando usadas por políticos e jornalistas com o intuito de fundamentar um argumento controverso:

Na segunda-feira 23 de janeiro, pouco depois das três da tarde, a algazarra comum de crianças na saída da escola Capital Academy, no noroeste de Londres, foi interrompida por um súbito silêncio. "As crianças estavam correndo como de costume", contou um vizinho, "e de repente tudo ficou quieto. Eu me levantei para abrir as cortinas e vi crianças correndo e gritando."

Quamari Barnes, um estudante de quinze anos, havia sido esfaqueado várias vezes. Ele caiu a poucos metros do portão da escola. Uma mulher o pegou em seus braços até uma ambulância chegar ao local para levá-lo ao hospital.

Assim começa um importante artigo do *Guardian* de 2017 sobre crimes com facas cometidos por adolescentes na Grã-Bretanha.[4] Quamari Barnes não sobreviveu aos ferimentos. Sua morte pelas mãos de outro menino foi uma tragédia, mas nesse artigo sua história serve a uma função específica: um jovem esfaqueado na própria escola é uma introdução muito mais interessante do que uma exposição equilibrada e seca de fatos sobre crimes cometidos com facas.

Mas será que essa abordagem emotiva é uma maneira responsável de enquadrar esse assunto tão difícil e politicamente carregado? O autor da matéria, Gary Younge, continua seu texto culpando os cortes no financiamento governamental de serviços para jovens, serviços de saúde mental infantil, policiamento e educação pela então recente onda de esfaqueamentos e a posse de facas por adolescentes. "Esforços para fazer uma intervenção positiva são ofuscados por tudo que o governo está realizando e que, como consequência, apenas pioram a situação", escreve ele. Será que a história de Quamari Barnes sustenta de alguma forma essas afirmações?

Você pode ler o artigo on-line ("Beyond the Blade: The Truth About Knife Crime in Britain") e decidir por si próprio, mas, na minha opinião, a história da introdução tem pouca relação com os principais argumentos de Younge. Ele não estabelece qualquer ligação causal entre o assassinato de Barnes e os cortes nos serviços públicos. É apenas um evento trágico, cooptado para excitar nossas emoções por tempo suficiente para nos convencer do ponto de vista do jornalista.

Abrir um texto com anedotas é uma técnica jornalística tão comum que mal a notamos. Escolhi esse artigo em particular porque é bem escrito, ponderado e cheio de nuances; há milhares de outros artigos que recorrem ao mesmo expediente. E não são apenas os jornalistas que utilizam anedotas como ferramenta de convencimento. O guia da BBC "Writing to Persuade, Argue and Advise" [Escrevendo para persuadir, argumentar e aconselhar], para crianças em idade escolar, fornece um "kit de ferramentas de persuasão" cujo item principal é *Anedotas*.[5] As palestras do TED começam com uma história que destaca o tema do palestrante; angariadores de fundos contam a história de um único beneficiário cuja vida foi transformada pela caridade recebida.

Políticos adoram contar histórias de cidadãos em circunstâncias terríveis antes de defender uma nova política. Tony Blair transformou a ideologia e o caráter do Partido Trabalhista de esquerda com base em uma anedota sobre um único eleitor:

Encontrei um homem que estava polindo seu Ford Sierra. Seu pai sempre votou no Partido Trabalhista, ele me disse. Ele também costumava votar no Partido Trabalhista. Mas agora ele tinha comprado uma casa. Estava melhorando de vida. "Então agora sou [eleitor do Partido] Conservador." Aquele homem polindo seu carro foi muito claro. Seu desejo era progredir na vida. E ele achava que nosso desejo era evitar que isso acontecesse.[6]

Este livro é cheio de histórias, utilizadas como apoio aos meus vários argumentos. Alguns dos mais bem-sucedidos escritores de não ficção de nossa época escreveram livros inteiros sobre uma base de histórias convincentes. Autores, palestrantes do TED, políticos, instituições de caridade e jornalistas que pretendem discutir seus pontos de vista estão agindo em função de uma característica fundamental da psicologia humana: pessoas adoram histórias e — mais importante — *as pessoas consideram histórias convincentes*.

> **Estratégia de narrativa #4**
> *Posicionar histórias como provas*

Mas narrativas não são prova de nada. Na melhor das hipóteses, são dados individuais que, em número suficiente, constituem um tipo de evidência para um argumento. Uma única anedota não diz mais sobre a condição humana, as tendências eleitorais ou os crimes com faca cometidos por adolescentes do que um único evento o faria. É uma falácia lógica extrapolar um caso específico para construir uma regra geral.

Então, quando seria legítimo um Defensor usar uma história em apoio a um argumento? A melhor aplicação de uma história é mostrar como algo *pode* ser, em vez de tentar provar que realmente *é*. Uma história verdadeira ilustra uma possibilidade. A história da mortalidade precoce dos canhotos demonstra como os números *podem* ser mal interpretados, não prova nada além disso. Não demonstra, de forma alguma, que todos os cientistas são péssimos em estatística ou que todos os especialistas estão errados.

Eu sou um contador de histórias. Histórias permeiam e esclarecem minha escrita. Mas procuro usá-las apenas como dados pontuais e recurso ilustrativo, nunca como a base de um argumento. Ao longo destes capítulos, busquei sugerir ideias interessantes e ilustrar essas ideias com histórias, porém procurei ater-me aos números e à frieza dos fatos quando quis provar alguma premissa.

UM FINAL FELIZ?

Histórias têm um poder imenso. Elas convencem com facilidade, por vezes indevidamente. Como nos ajudam a compreender um mundo complexo e como sua estrutura explora padrões psicológicos ancestrais, temos a tendência de aceitá-las como *a verdade* quando geralmente são apenas *uma verdade*.

Nós nos comunicamos através de histórias o tempo todo. Seria difícil passar um dia inteiro sem usar tal formato para relatar algum evento, explicar alguma circunstância ou prever algum resultado. Portanto, quando ouvimos e contamos histórias, sempre vale a pena lembrar quão flexível pode ser a verdade que retratam.

Na prática:

• Use histórias quando quiser esclarecer por que certas coisas aconteceram ou como podem vir a acontecer.

• Selecione com cuidado a história de uma organização quando quiser ajudar a definir sua identidade.

• Conte histórias de boa conduta quando quiser inspirar outras pessoas a agir de modo semelhante.

Mas cuidado com...

• Enganadores que insinuem uma causalidade inexistente em histórias de acontecimentos reais.

• Desinformantes que utilizem anedotas individuais como evidências de uma afirmação mais ampla.

Segunda parte

Verdades subjetivas

6. Moralidade

*É proibido matar. Portanto, todos os assassinos são punidos, a menos
que matem em grande número e ao som de trombetas.*
Voltaire

QUANDO EM ATENAS...

Por volta do século IV ou V a.C., um notável documento foi escrito na Grécia.
"Para os espartanos, é evidente que garotas jovens devem praticar atletismo
e andar com os braços nus e sem túnica, mas para os jônios isso seria vergonhoso", observa o autor desconhecido. "Para os trácios, tatuagens em garotas
são adornos, mas, para outras culturas, marcas de tatuagem são uma punição."
Bem, as culturas variam. Até aqui nenhuma surpresa.

Mas o autor continua:

Os citas acham que quem matar um homem deve escalpelá-lo e usar o couro cabe-
ludo no freio de seu cavalo, e tendo dourado seu crânio ou forrado de prata, deve
dele beber e fazer uma libação para os deuses. Entre os gregos, porém, ninguém por
livre vontade entraria na casa de um homem que tivesse se comportado dessa forma.

Os massagetas retalham seus pais e os comem, pois acreditam que ser sepul-
tados em seus filhos é o mais belo dos túmulos imagináveis. Na Grécia, porém,

se alguém fizesse isso, seria expulso do país e teria uma morte ignominiosa por cometer ato tão vergonhoso e terrível.

E não para por aí. Na Pérsia, relata o autor, os homens são livres para fazer sexo com a mãe, as irmãs e as filhas, enquanto na Lídia é normal que as jovens ganhem dinheiro através da prostituição antes de se casarem. Tais atos, na Grécia, seriam repulsivos.

O *Dissoi Logoi* não é um levantamento antropológico de peculiaridades culturais do mundo antigo, é um exercício de retórica, destinado a ensinar os alunos a explorar os dois lados de uma discussão. O autor considera que o bem e o mal não são absolutos, e o que é bom para uma pessoa pode ser ruim para outra. A evidência dessa visão está nos valores morais divergentes encontrados em diferentes culturas. Podemos pensar que o canibalismo filial é abominável, mas os massagetas discordariam; a prostituição carrega um estigma em muitas sociedades, mas era corriqueiro e aceito na Lídia.

Ainda segundo o autor: "Se alguém ordenasse a todos os homens que reunissem em uma única pilha tudo que cada um deles considera infame e que retirassem dali o que cada um deles considera aceitável, nada restaria".

Filósofos, teólogos e políticos há muito falam sobre *verdades morais*. "A América continuará sendo um símbolo de liberdade para o mundo enquanto se mantiver apoiada nas verdades morais que encontramos no âmago de sua experiência histórica", declarou o papa João Paulo II.[1] "A religião cristã", declarou a primeira-ministra britânica Margaret Thatcher, "incorpora muitas das grandes verdades espirituais e morais do judaísmo."[2] "As verdades morais que devem governar uma sociedade justa são acessíveis a todos", disse Rick Santorum, pré--candidato republicano à presidência dos Estados Unidos em 2012 e 2016.[3]

Pessoas comuns podem não fazer uso frequente desse termo grandiloquente, mas somos inclinados a pensar que certas visões morais têm sua verdade automaticamente comprovada:

Roubar é errado.
Doar para caridade é bom.
Devemos ajudar pessoas passando por dificuldades.

Mas como o *Dissoi Logoi* ilustra muito bem, a verdade moral de uma pessoa pode ser a aberração cultural de outra. Hoje em dia, vemos isso com muito mais contundência nos diferentes valores morais mantidos de diferentes culturas. Sociedades em todo o mundo têm opiniões fortemente opostas sobre questões como suicídio assistido, sexo e aborto, vestimentas apropriadas às mulheres, o que podemos comer, distribuição de recursos e tratamento dispensado aos criminosos. E as verdades morais se transformam com o tempo: nas últimas décadas, vimos uma enorme mudança de opinião sobre a homossexualidade e o ateísmo. O bem e o mal não estão gravados em pedra.

O psicólogo social Jonathan Haidt identifica seis "fundamentos" morais que diferentes grupos ou culturas enfatizam em graus variados. Os liberais, ele observa, estão mais preocupados com *justiça, cuidado e liberdade*, enquanto os conservadores contrapõem esses valores com *autoridade, lealdade e santidade*. De acordo com Haidt, todos nascemos com os mesmos fundamentos morais, mas as sociedades nos encorajam a desenvolvê-los em diferentes combinações. Embora existam ideias morais comuns, nós as aplicamos de maneiras marcadamente diferentes.

Podemos ver uma ideia moral que está sujeita a evolução ou variação cultural como uma verdade concorrente. E como outras verdades concorrentes, as verdades morais podem ser manipuladas. Comunicadores habilidosos, em especial aqueles que orientam a direção moral de uma sociedade, podem remodelar a realidade para o resto de nós lançando uma luz moral diferente sobre coisas, eventos ou mesmo pessoas.

EXTRATOS VEGETAIS TÓXICOS

Ada Lovelace foi uma célebre matemática e um ícone feminista. Por causa de seu trabalho sobre a máquina analítica de Charles Babbage, alguns a reconhecem como a primeira programadora de computadores. Ela também era viciada em drogas. Após crises de asma e problemas digestivos, seus médicos lhe prescreveram ópio e láudano como analgésicos, e assim Lovelace desenvolveu um vício que duraria pelo resto de sua breve vida. Ela não foi a única — o láudano, uma forma de ópio, era amplamente usado como analgésico no século XIX. Mary Todd Lincoln, esposa do famoso presidente norte-americano, também era viciada, assim como o poeta Samuel Taylor Coleridge. Outros usuários regulares do láudano incluíam Charles Dickens, Lewis Carroll, George Eliot e Bram Stoker. Já o abolicionista William Wilberforce preferia o ópio como paliativo para suas dores gastrointestinais. Produtos à base de ópio eram administrados até a bebês, como o xarope calmante Mother Bailey. Enquanto isso, a rainha Vitória e o papa Leão XIII eram supostamente apreciadores da bebida Vin Mariani, que continha seis miligramas de cocaína a cada trinta mililitros de vinho. Uma bebida não alcoólica à base de cocaína lançada em 1886 recebeu o atrativo nome de Coca-Cola. Na década de 1890, a Sears Roebuck vendia por 1,50 dólar kits que incluíam um frasco de cocaína e uma seringa hipodérmica.

Ópio e cocaína simplesmente não eram considerados nem um pouco problemáticos moralmente. Quase todas as culturas do planeta faziam uso habitual de substâncias intoxicantes e alucinatórias derivadas de plantas havia milênios.

Avancemos para a segunda metade do século XX, e não encontraremos pior vilão para um filme de Hollywood do que um traficante de drogas. Até mesmo Don Vito Corleone, um chefe da máfia que extorquia, chantageava, aterrorizava, torturava e assassinava tinha como limite moral não vender drogas. Em relação aos usuários, a aprovação não era muito melhor: o então chefe da polícia de Los Angeles, Daryl F. Gates, disse em uma audiência do Senado, no ano de 1990, que usuários recreativos de drogas deveriam ser mortos a tiro, acrescentando que era um ato de "traição".[4] Em questão de poucas décadas, esses extratos de plantas tradicionais deixaram de ser substâncias moralmente neutras com significativo valor farmacêutico e recreativo para se tornar a personificação do mal absoluto.

Por que isso aconteceu? *Como* isso aconteceu?

A legislação inicial na Grã-Bretanha reconheceu os muito reais riscos para a saúde associados a tais substâncias e introduziu regulamentações para que opiáceos e cocaína fossem rotulados como veneno, embora nenhum deles fosse proibido. No final do século XIX, altas taxas de dependência química nos Estados Unidos levaram a uma maior compreensão das consequências do abuso de drogas, mas em 1906 a Associação Médica Americana ainda considerou razoável aprovar para uso medicinal uma recém-inventada substância conhecida como heroína. Na sociedade em geral, o uso de opiáceos e cocaína era considerado apenas insensato, em vez de imoral.

Então tudo mudou.

Ao longo das primeiras décadas do século XX, surgiram legislações e tratados internacionais para controlar a produção, o comércio e o uso de drogas. "Ao mesmo tempo", escreve Julia Buxton, professora de política comparada na Universidade Centro-Europeia, "governos deram início a uma campanha conjunta para demonizar as drogas e seus usuários, fortemente apoiada pelo rádio e pela imprensa [...]. Assim como nos Estados Unidos, a propaganda antidrogas na Europa enfatizava a relação entre uma substância perigosa, a ameaça de 'grupos marginalizados' e criminalidade."[5]

Essa associação de narcóticos com "grupos marginalizados" — minorias étnicas, homossexuais, artistas e, mais tarde, antibelicistas — é um período particularmente desagradável na história da proibição das drogas. "Vagabundos negros da cocaína são a nova ameaça do Sul" foi a manchete de uma matéria publicada no *New York Times* em 1914, detalhando o "assassinato e insanidade" que estavam tomando conta dos "negros de classe inferior".[6] "A maioria dos ataques às mulheres brancas do Sul é resultado direto do cérebro negro enlouquecido pela cocaína", declarou Christopher Koch, chefe do Conselho Estadual de Farmácia da Pensilvânia.[7] O comissário responsável por opiáceos dos Estados Unidos alegou que a cocaína estava sendo "usada por pessoas envolvidas no tráfico de escravas brancas para corromper jovens".[8] A revista *Good Housekeeping* aterrorizou suas leitoras ao alardear que "homens idosos de cor" estavam vendendo cocaína "para crianças durante o recreio, chamando-a de 'floco' ou 'coca'".[9]

Durante as décadas de 1920 e 1930, escreveu Susan Speaker no *Journal of Social History*, "autores muitas vezes descreviam drogas, usuários e vendedores como 'perversos', muitas vezes afirmando ou sugerindo haver uma grande e sombria conspiração para minar a sociedade e os valores americanos através da dependência tóxica".[10] Relação semelhante foi insinuada sobre os marxistas na Europa.

Os Estados Unidos continuaram a liderar a propaganda contra as drogas, com notáveis picos de paranoia sob as presidências de Nixon e Reagan. "Traficantes criminosos são ardilosos [...]. Empenham-se diariamente em novas maneiras de roubar a vida de nossos filhos", afirmou Nancy Reagan durante sua campanha "Just Say No".[11] Em um artigo de 2016 na *Harper's Magazine*, Dan Baum citou John Ehrlichman, conselheiro de política doméstica de Richard Nixon, em uma admissão extraordinária:

O governo Nixon [...] tinha dois inimigos: a esquerda pacifista e os negros. Entende o que estou dizendo? Nós sabíamos que não tínhamos como tornar ilegal ser contra a guerra ou ser negro, mas se fizéssemos o público associar os hippies à maconha e os negros à heroína, e depois criminalizássemos ambos pesadamente, poderíamos desarticular essas comunidades. Seria possível prender seus líderes, invadir suas casas, irromper em suas reuniões e caluniá-los noite após noite nos noticiários. Se sabíamos que estávamos mentindo sobre as drogas? Claro.[12]

Enormes esforços foram dispendidos por políticos, policiais e jornalistas para transformar narcóticos em substâncias malignas. Em 2017, quando uma crescente crise de opiáceos atingiu os Estados Unidos, o procurador-geral Jeff Sessions declarou que seu novo e mais rígido regime de condenação para os usuários de drogas era "moral e justo".[13] Ao longo de décadas, milhões de pessoas foram presas, com terríveis consequências para suas perspectivas de trabalho, suas famílias e sua saúde mental. Grande parte dessas pessoas, principalmente nos Estados Unidos, foi presa por nada mais que posse de drogas.

> **Estratégia de moralidade #1**
> *Demonização*

Não obstante a posição da administração Trump em relação às drogas, há uma espécie de reversão social em andamento. Os defensores da legalização das drogas estão fazendo uma campanha para reformular o conceito de vício como um problema de saúde que requer tratamento, em vez de uma falha moral que demanda punição. Os mais de 2 milhões de americanos atualmente dependentes de opiáceos necessitam de ajuda, não de condenação. Essa mensagem foi adotada pelo secretário antidrogas do presidente Obama, Gil Kerlikowske, em 2013: "Passei toda a minha carreira impondo a aplicação da lei. Durante a maior parte desses 37 anos, acreditei, como a maioria, que uma pessoa viciada em drogas tinha um problema moral: uma falha, falta de força de vontade. Eu estava errado. O vício não é uma falha moral".[14]

Em resposta, os defensores da proibição estão experimentando novas e modernas maneiras de designar os usuários de drogas como fracasso moral. Ao comprar drogas, dizem eles, os usuários estão perpetuando um comércio que causa grandes danos sociais e ecológicos nos países fornecedores e de trânsito. A responsabilidade do consumidor por fomentar uma prejudicial cadeia de fornecimento global é apenas o mais recente campo de batalha sobre o qual é travada a guerra moral contra as drogas.

BOM OU MAU?

É difícil imaginar que alguém tenha considerado o canibalismo moralmente aceitável, mas isso aconteceu. É difícil imaginar que pessoas pudessem ser condenadas à morte por homossexualidade (e, em alguns lugares, ainda podem), mas foram (e são). Nossos ancestrais teriam ficado perplexos com nosso pânico moral a respeito de drogas, e é bem possível que nossos descendentes venham a sentir o mesmo. Verdades morais distintas são encontradas em diferentes épocas e em diferentes sociedades.

Nesse ponto, você pode estar se sentindo moralmente extenuado por meu relativismo moral. "Hoje nós sabemos que a homossexualidade não é moralmente errada e nunca foi!", você poderia dizer. Ou, se você mora em certas sociedades, pode estar dizendo o exato oposto. Em qualquer um dos casos, você poderia se opor fervorosamente à ideia de uma visão moral alternativa como sendo "verdadeira". Mas esse é o problema da moralidade: quer acreditemos que seja uma adaptação psicológica, um constructo social ou uma lei universal estabelecida por Deus, o fato é que estamos vivendo em um mundo onde as pessoas têm verdades morais muito diferentes de nós, e, para elas, suas verdades morais são tão válidas quanto as nossas são para nós.

Pode ser difícil contemplar verdades morais alternativas até mesmo em questões há muito estabelecidas. Se você tiver um mindset definido de que as drogas são tóxicas, provavelmente não há muito o que fazer para convencê-lo do contrário. Podemos mais facilmente observar a flexibilidade potencial das verdades morais em um assunto sobre o qual ainda não temos uma opinião fixa.

A doação de órgãos, em especial a doação altruísta a um estranho, parece um ato moralmente admirável. Mas e quanto à doação de órgãos via mídias sociais? Até há pouco tempo, quem tomasse a decisão profundamente generosa de oferecer um rim ou parte do fígado a um estranho não tinha a possibilidade de escolher quem o receberia, mas atualmente, utilizando-se do Facebook ou de plataformas especializadas, como o site em inglês Matching Donors, é possível pesquisar on-line por pacientes compatíveis que estejam precisando do órgão e selecionar um candidato. Os doadores podem escolher um destinatário em função de sua situação familiar, sua história de vida, sua profissão, sua etnia, seu credo ou apenas em função da aparência. E por que não? Se você vai sacrificar um rim seu, por que não poderia oferecê-lo à bela jovem cristã branca que acabou de ganhar uma bolsa para estudar em Harvard?

Talvez porque seria injusto para os pacientes menos fotogênicos ou com histórias menos tocantes ou que tenham uma presença mais fraca na mídia social, ou, ainda, para aqueles que não se sentem confortáveis em se promover na internet. Talvez porque o formato concurso de beleza seja profundamente inadequado para questões de vida e morte. Talvez porque um vídeo emotivo no YouTube possa levar alguém a fazer algo do qual se arrependeria mais tarde. Talvez porque mina um sistema de transplantes estabelecido que tem, por décadas, correspondido com eficiência a receptores e doadores.

Os profissionais da saúde sem dúvida parecem considerar que esse é um sistema moralmente problemático. Já houve vários casos de equipes clínicas se recusarem a realizar um transplante entre doador e receptor compatíveis que haviam entrado em contato via mídia social. Essa recusa é moralmente justificável? E se tal posição, ainda que baseada em princípios, custar a vida de um possível beneficiário?

Essa é uma nova e difícil questão moral. É provável que cada sociedade venha a resolvê-la tomando como base uma verdade moral e que a maioria das pessoas aquiesça. Qual verdade moral será, ainda não sabemos, mas há grandes chances de que ela seja moldada por verdades concorrentes apresentadas em campanhas de mídia ou de mídias sociais.

MEU GRUPO, CERTO OU ERRADO

A maioria das pessoas pertence a grupos — partidos políticos, empresas, instituições acadêmicas, clubes esportivos, comunidades residenciais, organizações religiosas —, e tendemos a nos adaptar às verdades morais predominantes em nossos grupos. Quando surge uma controvérsia moral, normalmente seguimos a reação do grupo majoritário. Se outros membros de nossa afiliação política publicarem tuítes em apoio a muçulmanos que foram impedidos de entrar no país ao chegarem ao aeroporto, provavelmente faremos o mesmo. Se crescemos em uma comunidade que considera o aborto assassinato, provavelmente nos uniremos aos protestos pró-vida. Verdades morais unificam um grupo — aliás, a biologia evolutiva tende a ver a moralidade como um conjunto de adaptações psicológicas que evoluíram para encorajar a cooperação interna dos grupos. Se membros de um grupo começam a adotar verdades morais diferentes, a função cooperativa da moralidade evapora e o grupo é minado, daí a pressão pela conformidade às verdades morais grupais ser forte em todas as culturas.

Quando o posicionamento do nosso grupo em relação a uma questão moral é contestado, defendemos nossa posição como uma maneira de defender o grupo e justificar nossa participação, mesmo que estejamos começando a ter dúvidas sobre a questão. Podemos até passar a definir nosso grupo em oposição a outros grupos, de acordo com nossas verdades morais conflitantes. Tais distinções morais, do tipo *nós contra eles*, distanciam ainda mais as sociedades envolvidas, especialmente quando vemos outros grupos como "imorais" e, portanto, nos julgamos no direito de atacá-los.

Os grupos podem vir a adotar verdades morais diferentes das que prevalecem em sua sociedade. Esse deslocamento moral pode acontecer através de uma deriva gradual em grupos relativamente isolados, porém em geral é arquitetado deliberadamente por líderes ou influenciadores que queiram, por algum motivo, conduzir o grupo em determinada direção moral. O cristianismo foi construído sobre um conjunto de histórias em que Jesus convence seus seguidores a ver as coisas de maneira diferente de como a sociedade judaica via. O "olho por olho" parecia uma filosofia muito justa antes que Jesus, oferecendo a outra face, colocasse o perdão à frente da justiça. Comunicadores eficazes podem incentivar grupos inteiros a adotar novas verdades morais.

> ## Estratégia de moralidade #2
> *Moldar moralidades de grupos*

Uma verdade moral que tem a pretensão de ser uma lei moral universal é que não devemos matar. No entanto, a maioria das sociedades depende de um grupo de pessoas dispostas a matar. Chamamos essas pessoas de soldados e tentamos incutir nelas a verdade moral de que matar é correto em determinadas circunstâncias. Não é fácil. Pesquisas conduzidas pelo brigadeiro-general S. L. A. Marshall durante a Segunda Guerra Mundial sugerem que menos de um quarto dos soldados americanos dispararam suas armas em combate. "O medo de matar", escreveu ele, "mais do que o medo de ser morto, é a causa mais comum de derrota em batalha."[15]

Hoje em dia, os soldados são condicionados de várias maneiras a matar. Em treinamentos, agridem e atiram repetidamente em imagens de possíveis inimigos. Também são submetidos a exercícios agressivos e expostos a condições brutais. Mas o reenquadramento moral é feito com palavras. Eles usam um vocabulário diferente: matar em campo de batalha não é assassinato — geralmente não é nem "matar", é "derrubar" o inimigo. Matar um soldado inimigo que pode matar você é enquadrado como autodefesa. E é um ato, acima de tudo, de dever público: "Não só é moralmente permissível aos soldados matar inimigos em combate", escreve Pete Kilner, instrutor de filosofia na Academia Militar dos Estados Unidos (West Point), "mas também moralmente obrigatório usar a força necessária para defender os direitos daqueles que deles dependem."[16]

Funcionários de saúde pública seguem verdades morais diferentes daquelas seguidas pela maioria dos médicos e enfermeiros. Esses funcionários têm de pensar em epidemias e outros desafios relacionados a saúde, precisam tomar decisões relativas a riscos e utilização de recursos que visem ao interesse de toda a população, enquanto os profissionais de saúde clínicos estão focados na saúde e no bem-estar individuais. Consequentemente, um funcionário de saúde pública pode optar por racionar medicamentos caros, suspender a distribuição de antibióticos, limitar liberdades pessoais e colocar em quarentena pacientes expostos a doenças infecciosas, mesmo que tais medidas causem sofrimento a alguns pacientes. Um médico-hospitalar, ao contrário, fará todo o possível para evitar causar dano ou angústia a um paciente, mesmo que isso traga algum custo ou risco para a comunidade. A resistência dos organismos aos antibióticos não teria se tornado um problema tão sério caso os médicos priorizassem a comunidade sobre o paciente.

Milhares de pessoas trabalham para a Organização Mundial da Saúde, Centros de Controle e Prevenção de Doenças e órgãos equivalentes de saúde pública em todo o mundo. Para realizar bem seu trabalho, elas precisam seguir — ou adotar — verdades morais que coloquem os interesses da população acima dos interesses de qualquer indivíduo. Em circunstâncias extremas — um surto de Ebola, por exemplo —, talvez seja preciso permitir que algumas pessoas morram para proteger a maioria. Mas ninguém iria se sentir confortável com um médico de família que apoiasse essa verdade moral utilitária.

Uma equipe de pesquisadores de Harvard, liderada pelo psicólogo Joshua Greene, fez um teste com profissionais da saúde pública sobre a sua postura em relação a uma série de dilemas éticos e descobriu que, em geral, eles adotam uma abordagem mais utilitária do que os médicos, ou mesmo do que o restante da população. Os profissionais de saúde pública estão mais dispostos, nos cenários hipotéticos apresentados, a prejudicar ou matar uma pessoa para salvar várias outras.

Mesmo dentro da comunidade da saúde pública coexistem verdades morais concorrentes. Entre as maiores ameaças à saúde pública no mundo desenvolvido estão o tabagismo e a má alimentação. Algumas autoridades acreditam ser moralmente correto impor medidas para coibir esses males, como criar impostos e negar recursos públicos a fumantes ou obesos. Outros seguem a orientação moral do filósofo liberal John Stuart Mill, que argumentou: "O único propósito que permite o uso legítimo do poder sobre um membro de uma comunidade civilizada contra sua vontade é evitar prejuízos a outros. Seu próprio bem, seja físico ou moral, não é justificativa suficiente".[17] Esse grupo defende que haja proibições para reduzir o fumo passivo, mas não para salvar as pessoas de seus próprios maus hábitos. Eles não apoiariam nenhuma medida compulsória para mudar os hábitos alimentares de adultos, enquanto seus colegas mais autoritários poderiam apoiar um imposto sobre o açúcar ou a existência de um preço mínimo de bebidas alcoólicas. Outras diferenças morais existem a respeito da justiça social, questionando se políticas públicas deveriam procurar reduzir desigualdades na saúde ou simplesmente otimizar a saúde pública em geral.

Podemos entender por que soldados e autoridades precisam aceitar verdades morais diferentes do restante da população. Nós até exigimos isso deles. Em outros casos, certas verdades morais adotadas por grupos são abominadas pela sociedade mais ampla.

A polícia de South Yorkshire foi duramente criticada por uma moralidade de grupo que aparentemente prevalece em muitas forças policiais de todo o mundo. Após o desastre do estádio de Hillsborough, em 1989, quando 96 pessoas morreram durante uma partida de futebol, a polícia local encobriu repetidamente as falhas cometidas por seus oficiais durante o evento e tentou colocar a culpa pela tragédia em cima dos torcedores bêbados e indisciplinados. A força policial pareceu valorizar a lealdade aos outros oficiais acima da verdade e da justiça. Nos Estados Unidos, esse código moral de lealdade policial acima da verdade é conhecido como "Muro Azul do Silêncio".

Talvez seja ingênuo atribuir qualquer tipo de moralidade a policiais que mentem, mas eu não acredito que as pessoas abracem essa profissão perigosa e essencial para serem más. Uma explicação mais provável é que alguns policiais acreditam ser sua principal obrigação moral — o certo a se fazer — proteger outros policiais, seja qual for o sacrifício moral que isso possa acarretar.

Mentir, mesmo sob juramento, também parece ter se tornado moralmente aceitável para alguns policiais caso isso os ajude a capturar supostos criminosos. "O perjúrio do policial no tribunal para justificar a busca ilegal de drogas é comum [...] é procedimento rotineiro em todo o país", afirmou Peter Keane, ex-comissário da polícia de San Francisco.[18] Uma cultura moral, que aparentemente tinha em sua origem a sincera ambição de garantir que criminosos fossem presos, oferecendo ao mesmo tempo proteção ao difícil e perigoso trabalho de outros policiais, degenerou-se a tal ponto que, para alguns policiais, a verdade moral é que a verdade simplesmente não importa.

> ## Estratégia de moralidade #3
> *Tornar a moralidade irrelevante*

Moralidades de grupos igualmente preocupantes existem no âmbito profissional, com a diferença de que nesse caso não é tanto uma questão de saber se uma virtude moral supera outra, mas se alguma moralidade é necessária. Algumas empresas, ao que parece, encorajam seus funcionários a acreditar que certas ações condenáveis pela maioria da sociedade são moralmente neutras. Não são moralmente boas, mas também não são moralmente erradas.

"Todos nós sabíamos que estávamos fazendo algo ilegal", disse Reinhard Siekaczek, um gerente da Siemens sentenciado como culpado por corrupção, depois de admitir a criação de fundos secretos para pagar subornos. "Eu não via isso do ponto de vista ético. Fazíamos pela empresa."[19]

Executivos da Enron enganaram acionistas e autoridades fiscais, e prejudicaram o fornecimento de energia elétrica. Engenheiros da Volkswagen sabotaram testes de emissões cujo propósito é proteger nossa saúde. Executivos da Odebrecht subornaram políticos. Uma equipe da Rolls-Royce dedicou-se a práticas de vendas corruptas durante mais de duas décadas. Funcionários da Wells Fargo criaram mais de 3 milhões de contas não autorizadas. Gerentes da Kobe Steel falsificaram dados de controle de qualidade relativos a produtos de metal usados em aeronaves, trens, carros e até em um foguete espacial. Presume-se que as pessoas que trabalhavam para essas conceituadas empresas não se propuseram a fazer o mal, mas que de alguma forma passaram a acreditar que suas ações eram permissíveis dentro de um contexto corporativo.

Embora em geral os funcionários de bancos de investimento procurem obedecer à lei e sigam miríades de complicadas regras estabelecidas por reguladores financeiros, vários deles não acreditam ter qualquer obrigação moral além disso. Se puderem ganhar dinheiro legalmente às custas de seus clientes, muitos o farão. "Fico enojado de ver como as pessoas falam de maneira insensível sobre enganar seus clientes", escreveu o banqueiro Greg Smith, sobre seus próprios colegas, em um artigo de 2012 do *New York Times* intitulado "Why I Am Leaving Goldman Sachs [Por que estou deixando o Goldman Sachs]".[20] Joris Luyendijk entrevistou centenas de empregados de diferentes bancos de Londres: "Funcionários de bancos que trabalham com risco e conformidade, em departamentos jurídicos e em auditoria interna me disseram que uma pergunta frequente é: como podemos burlar o sistema dentro das regras? [...]. Os banqueiros querem saber se determinada coisa que eles fazem é legal, e, em caso afirmativo, fim de conversa".[21]

Cada um desses grupos desenvolveu um conjunto de verdades morais distintas do restante da sociedade, portanto verdades morais são subjetivas e mutáveis, e grupos que mudam suas verdades morais passarão a agir de maneira bem diferente. É necessário que nossos soldados estejam dispostos a matar e nossos funcionários de saúde pública priorizem os interesses da comunidade, mas ficamos naturalmente preocupados quando outros grupos dos quais dependemos apresentam divergências significativas em relação a nossas verdades morais.

Líderes empresariais também deveriam se preocupar com ganhos de curto prazo que possam ser obtidos através do encorajamento de verdades morais alternativas entre seus funcionários. Se a percepção geral de uma empresa é de que ela está se afastando das verdades morais adotadas pelo restante da comunidade, ela acabará pagando um preço elevado em valor da marca, re-crutamento e relações governamentais. Ainda mais na era das mídias sociais, em que a reputação de uma organização pode ser rapidamente destruída caso seus funcionários sejam vistos como pessoas que desprezam as verdades morais predominantes na sociedade.

Quando verdades morais prejudiciais de um grupo emergem, é preciso um trabalho árduo para mudá-las.

MODELANDO A MORALIDADE

O Centro LGBT de Los Angeles introduziu uma estratégia pioneira de campanha que consiste em envolver pessoas em diálogos e incentivá-las a assumir a perspectiva de indivíduos diferentes delas. A eficácia dessa abordagem foi validada cientificamente. Em um levantamento, 56 coletores de dados conversaram com 501 chefes de família por cerca de dez minutos, discutindo como transexuais são tratados injustamente e comparando suas experiências com ocasiões em que os próprios entrevistados haviam sofrido injustiças. Após as entrevistas, os pesquisadores descobriram uma mudança significativa e duradoura nas atitudes em relação às pessoas transexuais.

Ao encorajar a empatia em seus pesquisados, o Centro LGBT de Los Angeles está transformando verdades morais. É uma técnica bem mais antiga que o movimento LGBT. Filósofos e clérigos há muito buscam mudar as próprias verdades morais colocando-se no lugar dos outros. Segundo o filósofo do século XX John Rawls, a única maneira justa de estabelecer princípios de justiça é através de um "véu de ignorância": se não soubermos qual o papel que ocuparemos na sociedade — homem ou mulher, negro ou branco, condenado ou carcereiro, rico ou pobre —, estaremos em melhor posição para decidir as regras que devem governar a todos. O "véu de ignorância" é um experimento que nos leva a imaginar como seria nossa vida se fôssemos outra pessoa. Como escreveu o diretor de teatro Richard Eyre, "a mudança começa com a compreensão, e a compreensão começa por identificar-se com outra pessoa: em uma palavra, empatia".[22]

A empatia é uma ferramenta essencial para qualquer líder que queira mudar a cultura moral de uma organização. Um chefe de polícia determinado a alterar a prevalência da lealdade sobre a honestidade deve incentivar seus policiais a refletir sobre as consequências de suas mentiras para as pessoas que deveriam proteger. Um policial forçado a pensar e falar durante um período de tempo prolongado sobre como seria a sensação de ter sido injustamente preso ou condenado ao ostracismo em consequência de falsas evidências fornecidas por policiais será menos propenso a mentir no futuro, mesmo em apoio a um colega. Isso não é infalível; sempre haverá aqueles que não conseguirão ter empatia com suas vítimas ou que genuinamente não se importam o suficiente para mudar seu comportamento, porém, mesmo uma minoria que mude de comportamento pode fazer a diferença, além de estimular a mudança das verdades morais de outros. Filmes como *Pride: O orgulho de uma nação*, *Fábrica de sonhos* e *Advinhe quem vem para jantar* ilustram como apenas um ou dois indivíduos podem modificar preconceitos — ou verdades morais — de um grupo.

Outra abordagem é redefinir o que é considerado admirável dentro de um grupo. Bancos de investimento, gestores de ativos e traders tendem a cultuar o desempenho acima de tudo. Isso pode ser manifestado em métrica simples:

a dimensão de um negócio, o valor de um fundo, a relação entre risco e retorno. Mas o desempenho também pode ser definido como vitórias — vencer concorrentes ou, o que seria preocupante, autoridades reguladoras. Quando banqueiros admiram colegas que tiveram sucesso em driblar uma norma, a instituição está a caminho de problemas. Se a análise da cultura de um banco revelar essa tendência, seus líderes precisam trabalhar com afinco para redefinir os valores organizacionais. O desempenho precisa ser repensado em termos das qualidades éticas que o banco deseja promover. Os funcionários precisam ser persuadidos a comemorar um grande negócio quando conquistado de maneira ética, em vez do lucro obtido ao assumir riscos imprudentes com o capital dos clientes. No próximo capítulo veremos como as verdades em torno do que é desejável e admirável podem ser alteradas.

Por vezes é possível apresentar um caso direcionando-o a uma nova verdade moral. Podemos persuadir pessoas a se comportarem de maneira diferente se demonstrarmos como sua postura atual está prejudicando seus próprios interesses. Essa costuma ser a abordagem mais eficaz com pessoas analíticas, que são menos suscetíveis a intervenções conduzidas por empatia. Em uma fábrica que passou por um importante programa de mudança de cultura, coletei dezenas de histórias que detalhavam como os funcionários que já haviam aderido às novas verdades morais estavam obtendo resultados melhores. Essas histórias foram os dados que acabaram convencendo os céticos analíticos a adotar novas verdades morais.

Finalmente, para aqueles que não demonstrarem empatia ou não aceitarem novas definições nem argumentos racionais, há uma última técnica, com forte base na ética clássica. "A virtude moral surge como resultado do hábito", escreveu Aristóteles. "Nenhuma virtude moral surge em nós naturalmente [...] nós nos tornamos justos ao praticarmos atos justos, moderados ao praticarmos atos moderados, corajosos ao praticarmos atos de coragem." Em outras palavras, ao praticar uma atividade, podemos nos tornar de fato aquilo que fingimos ser. Isso não acontecerá de imediato, mas se nos forçarmos a ser cooperativos ou generosos dia após dia, esse hábito acabará sendo internalizado como uma verdade moral.

O que isso significa para os líderes de uma organização com problemas morais? Se Aristóteles estiver correto, com o tempo os incentivos para agir de maneira correta levarão os funcionários a pensar de maneira correta. Promoções e bônus oferecidos àqueles que agem de acordo com uma verdade moral almejada começarão a incorporar essa verdade em toda a organização, ainda que alguns inicialmente aquiesçam apenas por "obrigação". Assim, se tudo o mais falhar, incentive as pessoas a agir como se elas realmente concordassem com a verdade moral que você quer encorajar. Virtude simulada pode vir a se transformar em virtude autêntica.

DA GRÉCIA ANTIGA À GRÉCIA ANTIGA

Não nos deveria surpreender que fechamos com Aristóteles o círculo que iniciamos com os *Dissoi Logoi* nesta discussão sobre verdades morais. Os gregos dedicaram muito tempo refletindo sobre o que significa levar uma boa vida. Entendia-se a virtude como parte integrante da felicidade humana. O problema é que, como vimos, nunca houve um consenso claro sobre o que é virtuoso e o que é bom.

Cabe a nós, como sociedade, definir e aceitar nossas verdades morais. À medida que ideias e tecnologias se desenvolvem, à medida que surgem casos complexos ou que interesses minoritários se tornem mais aparentes, as verdades morais são obrigadas a mudar e evoluir. Com uma sociedade cada vez mais conectada e uma proliferação de ferramentas de comunicação à nossa disposição, cada um de nós tem uma oportunidade sem precedentes para ajudar a moldar as verdades morais segundo as quais nossa sociedade vive. Podemos sugerir novas maneiras de encarar velhos dilemas morais, ou podemos oferecer nosso apoio a movimentos dedicados a mudar verdades morais arraigadas. Quando líderes tentam nos levar de volta às verdades morais que descartamos como velhos preconceitos, podemos resistir em voz alta e firme.

As verdades que escolhemos propagar determinarão como as pessoas ao nosso redor vão agir. Para evitar o desperdício insensato de prisões cheias de usuários de drogas, injustiças perpetradas por policiais corruptos, desigualdade financeira causada por banqueiros mercenários e uma série de outros resultados danosos para a sociedade, é fundamental que escolhamos cuidadosamente nossas verdades morais e as comuniquemos com eficácia.

Na prática:

• Reconheça que a moralidade é subjetiva e que moralidades de grupo danosas podem ser modificadas.

• Use empatia, novas definições do que é admirável, argumentos lógicos e incentivos para incutir novas verdades morais.

Mas cuidado com...

• Enganadores que demonizem coisas ou pessoas moralmente neutras.

• Grupos que privilegiem uma verdade moral em detrimento da sociedade.

7. Desejabilidade

O que é alimento para uns, para outros é um veneno amargo.
Lucrécio, "Da natureza das coisas"

UM ARCO-ÍRIS DE GOSTOS

Embora possamos tentar agir de acordo com o que consideramos moralmente bom ou ruim, somos muito mais motivados pelo critério de gostarmos ou não de algo. Queremos comidas saborosas e buscamos roupas da moda, trabalhamos longas horas para fazer uma viagem internacional, atravessamos a rua para evitar certas pessoas e saímos do aposento para escapar de odores desagradáveis. Somos atraídos por coisas que nos evocam prazer, interesse ou excitação, e repelidos pelas que nos evocam ódio, medo ou desgosto. O poder que tais emoções têm para nos motivar excede em muito a maioria das outras forças psicológicas. O ódio pode nos levar a aterrorizar e matar; a excitação pode nos persuadir a assumir riscos impensáveis. O medo pode nos paralisar, enquanto a paixão pode nos fazer lutar além dos limites imagináveis.

Cada emoção nos afeta de uma maneira diferente, mas, para simplificar, podemos agrupar as emoções positivas que nos atraem para um estímulo e descrever tal estímulo como *desejável*. Estímulos que evocam emoções negativas podem ser chamados de *indesejáveis*.

* * *

Muito tempo atrás, os homens usavam sapatos longos. Sapatos muito longos. As poulaines, como eram chamados, tinham bicos que estendiam os dedos em até 50% do comprimento do pé. Alguns bicos tinham que ser presos por fios de seda ou correntes de prata amarradas ao joelho. Os sapatos dificultavam a caminhada, e subir escadas era praticamente impossível. Apesar disso, nobres e comerciantes medievais de toda a Europa estavam dispostos a suportar esses inconvenientes porque, para eles, esses sapatos eram altamente desejáveis.

Por outro lado, alguns de seus contemporâneos tinham uma visão negativa das poulaines. Várias pessoas as viam como evidência de uma extravagância rude e afetação; outros, como símbolos fálicos inapropriados em uma sociedade devota. Consequentemente, elas foram banidas por leis; limitando o comprimento do bico em, no máximo, cinco centímetros. Fosse hoje, zombaríamos de qualquer varejista que oferecesse sapatos assim. Quem, em sã consciência, desejaria calçados que limitassem a capacidade de andar? No entanto, temos nossa estranha afeição por saltos altos — daqui a duzentos anos, o que nossos descendentes pensarão de um salto agulha de quinze centímetros?

A moda é apenas a manifestação mais visível da subjetividade e da mutabilidade do desejo. Os gostos diferem entre as pessoas e ao longo do tempo, para todos os tipos de coisas, de vinagre balsâmico e animais fofinhos a boy bands e pneus faixa branca. Tem gente que adora veículos 4x4, gramados, lobos, armas, Snapchat, aviões, toques de celular divertidos, almoços de trabalho, Anonymous, corrida, celebridades e micro-ondas; outras os odeiam. O que você considera desejável, outros veem como indesejável. O resultado disso é que você se sentirá motivado a comprar, apoiar, fazer campanha ou criar, enquanto outros agirão de forma bem diferente.

Ora, mas existem coisas que são unanimidades absolutas no espectro da desejabilidade, não? Afinal de contas, ninguém gosta do vírus da Zika, e quem poderia resistir a um filhotinho de gato?

Talvez, mas a realidade é que a desejabilidade é muito mais mutável do que se poderia imaginar.

O FRACASSO AGORA É UMA OPÇÃO

Cass Phillipps entende do mercado de eventos corporativos como ninguém. Ela alega que, em todas as conferências que organizou, nunca perdeu dinheiro. Em 2009, Phillipps promoveu uma conferência de um dia em San Francisco que seria impensável em décadas anteriores. A FailCon foi dedicada a celebrar — ou pelo menos estudar — o fracasso.

O Vale do Silício estava repleto de startups da internet, muitas das quais estavam indo bem mal, e Phillipps reconheceu que nesses insucessos havia lições que poderiam ajudar outros empreendedores. A primeira FailCon atraiu mais de quatrocentos participantes, e sua conferência anual tornou-se mais uma história de sucesso na Califórnia, posteriormente exportada para várias cidades ao redor do mundo. Pessoas de toda parte estão cada vez mais atraídas pelo fracasso.

Essa deve ser uma das mudanças mais improváveis de desejabilidade na vida de qualquer pessoa. Por milênios, fracassar sempre foi algo negativo. Mesmo as pessoas que depois se recuperaram teriam preferido não ter falhado em primeiro lugar. No entanto, em muitas organizações e indústrias, o fracasso é agora celebrado por fornecer experiência de vida e desenvolver o caráter.

Recrutadores dão especial atenção a candidatos que falharam em algum empreendimento, encarando-os como "corajosos" por assumir riscos e "inovadores", pessoas que trarão um ponto de vista e uma atitude diferentes a empresas rígidas, que necessitam de uma sacudida. Os fracassados agora são membros de um clube popular; quanto mais espetacular e doloroso seu fracasso, maior seu status dentro do clube. Eles falam sobre "fracasso evolutivo", no sentido de que sua carreira *melhorou* por conta de seu fracasso.

Livros e jornais que antes transbordavam de títulos e manchetes como *Driven: How to Succeed in Business and in Life* [Motivado: Como triunfar nos negócios e na vida] agora incluem toda uma gama de artigos e livros chamados, por exemplo, *The Gift of Failure* [A dádiva do fracasso] e "What If the Secret to Success Is Failure?" [E se o segredo do sucesso for o fracasso?].

O fracasso é reconhecido por conduzir, em muitos casos, a práticas mais bem-sucedidas, a um pensamento mais claro e a soluções criativas. Encorajar funcionários a admitir falhas pode evitar problemas futuros maiores e dar início a processos e desempenhos mais eficazes. Pessoas que já falharam uma vez podem ter menos medo de falhar novamente e, portanto, estão mais dispostas a tentar algo não comprovado.

Essa não é uma ideia nova. A empresa farmacêutica Lilly vem promovendo, desde os anos 1990, "festas do fracasso", para celebrar trabalhos de pesquisa que, embora realizados, não levaram a nada. Mais ou menos na mesma época, o guru da administração Tom Peters começou a incentivar líderes empresariais a "abraçar o fracasso". Winston Churchill observou que "sucesso é tropeçar de fracasso em fracasso sem perder o entusiasmo".

Mas nunca antes o fracasso foi visto de forma tão positiva. Muitos tecnólogos e empresários hoje acolhem o fracasso como um rito de passagem que abrirá portas e acelerará o sucesso. Postagens "post mortem" em blogs tornam-se um atrativo. O lema do Vale do Silício — "fracasse rápido, fracasse sempre" — está se espalhando para outras indústrias e regiões. Uma nova cultura corporativa se desenvolveu em torno do fracasso. Empresas que buscaram um modelo de negócios malsucedido agora se "ajustam" para algo distinto, os produtos são "aperfeiçoados" e formas de trabalhar são "reinventadas". A consultoria de design IDEO adotou o slogan "Fracasse bastante para chegar logo ao sucesso". Ir à falência, para alguns, é um sinal de distinção.

Em muitos lugares, essa nova verdade sobre desejabilidade superou a antiga e dura verdade de que o fracasso muitas vezes impõe enormes custos a múltiplas partes. Normalmente, para cada empreendedor aplaudido por sua sincera exposição na FailCon há uma série de investidores que perderam milhares ou até milhões de dólares no projeto falido. Há desempregados, há clientes que nunca receberão os produtos pelos quais pagaram e sócios que nunca serão indenizados pelos contratos quebrados.

Como observou de forma mordaz John Browne, ex-presidente da British Petroleum (BP), para algumas empresas "o fracasso é apenas uma forma ligeiramente diferente de sucesso".[1] A BP foi, em uma época posterior a Browne, a empresa cujas falhas gerenciais contribuíram para um dos piores desastres ambientais de nossa época, no Golfo do México. O fracasso pode significar destruição, sofrimento e morte. "Fracasse bastante" não é um bom conselho para as profissões de controle de tráfego aéreo ou cirurgia cardíaca.

O fracasso é desejável? Como muitas outras coisas, depende do contexto. Mas nossos antepassados certamente ficariam espantados apenas por fazermos essa pergunta.

A VIDA NA FAZENDA

Se fôssemos desafiados a listar as grandes inovações que tornaram a vida moderna possível, certamente teríamos que reconhecer a importância vital da agricultura para a humanidade, muito à frente da eletricidade e da internet. Embora a maioria dos moradores urbanos raramente se preocupe em pensar nos campos de milho, trigo e arroz que os alimentam, nenhuma de nossas outras conquistas teria sido possível sem a especialização de tarefas e estruturas sociais possibilitadas pela agricultura. Antes de começarmos a plantar, a maioria dos seres humanos era obrigada a dedicar parte de cada dia procurando, colhendo ou caçando comida. Somente com os excedentes de alimentos obtidos pela agricultura tornou-se possível para nossa espécie se multiplicar e, para uma quantidade significativa de pessoas, dedicar-se às atividades de construção, comércio, guerra, invenção, pregação ou comando.

A agricultura é realmente muito desejável.

Não para a maioria dos agricultores, sugere Yuval Noah Harari em seu livro *Sapiens*. Ele, provocativamente, chamou a revolução agrícola neolítica de "a maior fraude da história", porque "a vida dos agricultores tornou-se, de maneira geral, mais difícil e menos satisfatória do que a dos caçadores-coletores".[2] Os agricultores, argumenta ele, eram obrigados a trabalhar mais horas que seus ancestrais e se alimentavam pior. Enquanto os caçadores-coletores desfrutavam de um cardápio diverso de frutas vermelhas, nozes, carne, peixe, frutas, raízes e mel, os fazendeiros basicamente subsistiam de uma única cultura, o que os tornava mais vulneráveis a doenças, variações climáticas e tribos hostis, e qualquer um desses elementos poderia facilmente destruir uma safra vital para eles. O modo de vida caçador-coletor era mais adequado ao corpo e à mente humana; é de nossa natureza subir em árvores e explorar, perseguir e descobrir. Não nos adequamos mental ou fisicamente a escavar terra, remover pedras, transportar estrume e todas as outras tarefas repetitivas, aborrecidas e extenuantes da agricultura manual. Mas é precisamente isso que muitos seres humanos têm feito durante a maior parte dos últimos 10 mil anos.

Vista por essa perspectiva, a agricultura é totalmente indesejável.

Por outro lado, a agricultura permitiu que as elites se desenvolvessem, pois liberou uma minoria de seres humanos do fardo de ter que produzir alimentos, permitindo que se concentrassem em formar exércitos, fundar religiões e patrocinar artistas. Para as elites, que podiam ficar bem longe das plantações, a agricultura sempre foi uma invenção maravilhosa.

Aqueles que hoje levam uma vida de classe média podem ser gratos a nossos ancestrais que passaram por tal sofrimento durante milênios, porque seus esforços tornaram possíveis todos os confortos e prazeres dos quais hoje não abrimos mão. Com a agricultura mecanizada e, na modernidade, a engenharia genética de plantas e os agroquímicos, podemos obter toda a nutrição de que necessitamos a um custo incrivelmente baixo. Porém, ainda há muitas pessoas no mundo realizando agricultura manual e que poderiam estar em melhor situação como caçadores-coletores.

SEGUINDO NOSSOS DESEJOS

Os casos da agricultura e do fracasso demonstram que mesmo as coisas que parecem ter valor universal como desejáveis ou indesejáveis podem ser pintadas com cores bem diferentes. E há outros exemplos: muitos nobres vitorianos celebravam o cavalheirismo da guerra, sonhando com míticos cavaleiros medievais batalhando de acordo com um estrito código de honra, mesmo quando os horrores da Guerra da Crimeia estavam se desenrolando; Piero Manzoni conseguiu tornar o próprio excremento altamente desejável em certos círculos ao rotular noventa latas do material de *Merda de artista* e declarando-as obras de arte; hoje, alguns sugerem que o conhecimento pode se tornar algo ruim se, por exemplo, nos oferecer uma percepção aguçada sobre nossas futuras doenças e morte ou nos revelar o quão melhor outras pessoas estão em algum lugar distante, visto que essas formas de conhecimento têm a capacidade de nos tornar infelizes. Alguns cientistas sugerem que a limpeza doméstica excessiva pode ser responsável por um aumento de doenças autoimunes e alérgicas, como a asma. Se a agricultura, a higiene e o conhecimento podem ser vistos como indesejáveis, enquanto a guerra, as fezes e o fracasso podem ser vistos como desejáveis, parece não haver limite algum para a subjetividade do desejo.

Como diz Hamlet, de Shakespeare: "Não há nada bom nem ruim, mas o pensamento faz com que seja assim".

Em outras palavras, há verdades concorrentes em relação à desejabilidade de praticamente qualquer coisa.

É claro que férias são mais desejáveis do que um acidente de carro, porém as férias podem ser mais desejáveis ou menos de acordo com a sua perspectiva, assim como o acidente de carro. Talvez as férias o estejam afastando de um interessante trabalho num momento crítico. Talvez o acidente de carro o ajude a reorganizar suas prioridades e a aproveitar melhor a vida. A desejabilidade nunca é gravada em pedra.

Visto que é subjetiva, a desejabilidade pode ser alterada com uma verdade concorrente adequada. A marca de artigos de toalete Dove desafiou ideias convencionais de desejabilidade física com sua "Campanha pela real beleza". Em uma série de outdoors, a imagem de uma mulher foi exibida ao lado de duas caixas de seleção com opções como *grisalho/lindo?* para uma mulher mais velha, ou *cheia de pintas?/cheia de pinta?* para uma mulher muito sardenta. A campanha sugere que podemos mudar o que consideramos belo, tanto nos outros como em nós mesmos.

Como nossa visão do que é desejável e indesejável direciona muito do nosso comportamento, a verdade concorrente adequada é capaz de influenciar substancialmente o que fazemos. Isso pode ser muito útil se estamos tentando fazer mudanças em nossas vidas. Em teoria, podemos optar por querer o que é bom para nós — e trazer outros na mesma direção.

QUEM QUER UM BISCOITO?

A obesidade está nos matando.

O mundo inteiro está consumindo quantidades excessivas dos alimentos errados, acelerando o gorduroso caminho para uma catástrofe global de saúde. Mais de 2 bilhões de pessoas estão acima do peso ou obesas. Mais de 340 milhões de crianças e adolescentes com idade entre cinco e dezenove anos têm excesso de peso ou obesidade, o equivalente a 18% da população global nessa faixa etária — cifra que era de apenas 4% em 1975. E não é um problema restrito ao mundo desenvolvido, visto que atinge mais de 10 milhões de crianças na África. Algo como 20% dos gastos globais com saúde são atribuídos à obesidade, seja por meio de medidas para prevenir e tratar o problema ou por enfermidades relacionadas, como doenças cardíacas e diabetes tipo 2. Os orçamentos públicos estão sendo perigosamente esticados tanto quanto as cinturas.

Estamos nos autoinfligindo esse evitável problema ao ingerirmos alimentos com alto teor de gordura e de açúcar. Uma das razões para isso é que esses alimentos costumam ser mais baratos do que os mais nutritivos e menos engordativos. Mas a outra causa é o sabor: achamos esses alimentos mais desejáveis do que lentilhas, couve e aipo. Aliás, pesquisas sugerem que não apenas esperamos um sabor melhor nos alimentos não saudáveis, mas que realmente comemos com mais prazer os alimentos se acreditarmos que eles não são saudáveis.[3]

A estratégia mais comum para combater a obesidade é subornar ou forçar a nós mesmos para evitarmos alimentos desejáveis. Governos de vários países estão considerando introduzir impostos sobre o açúcar e regulamentação na tentativa de persuadir os fabricantes a diminuir o uso de gordura e açúcar nos alimentos. Dietas restritivas têm proliferado nas últimas décadas. Pais tentam convencer os filhos a comer brócolis escondendo-os no molho do macarrão ou prometendo recompensas doces. Nenhuma dessas técnicas parece estar funcionando. As taxas de obesidade continuam aumentando, apesar dos bilhões de dólares gastos a cada ano com dietas, substitutos alimentares e laxantes.

Uma estratégia mais eficiente seria transformar a maneira como avaliamos alimentos nutritivos e com baixo teor de açúcar e de gordura. Precisamos tornar as coisas boas desejáveis.

Estratégia de desejabilidade #1
Persuadir pessoas a gostar do que é bom para elas

Uma fascinante série de experimentos mostra quão prontamente o cérebro humano pode modificar seus gostos quando estimulado de maneira correta. Os pesquisadores davam aos participantes duas taças do mesmo vinho para serem saboreados, mas diziam que cada uma continha um produto de preço diferente. Quando bebiam o vinho que acreditavam ser mais caro, as pessoas relatavam mais prazer do que ao beberem o que imaginavam ser mais barato. Isso não é um truque da imaginação. Quando o mesmo experimento foi realizado em um scanner de ressonância magnética, os indivíduos que beberam o vinho mais caro demonstraram maior atividade neural na região do cérebro associada à experiência do prazer: como no caso das obras de arte "reais", eles genuinamente estavam gostando mais do sabor. Os mesmos resultados foram obtidos com chocolate.

Parece que, quando temos a expectativa do prazer, ficamos mais propensos a realmente sentir prazer, um fenômeno observado em uma série de produtos de consumo, de filmes a cerveja, e referido como "efeito placebo de marketing". Isso acontece porque o prazer não é, biologicamente falando, um fim em si mesmo, mas um mecanismo para nos fazer buscar certos objetivos evolutivamente úteis, como comida e sexo, e esse mecanismo pode ser recalibrado.

"O cérebro codifica o prazer porque é útil para aprender quais atividades devem ser repetidas e quais devem ser evitadas, e a boa tomada de decisões requer boas medidas da qualidade de uma experiência", explicou Antonio Rangel, um dos pesquisadores por trás do estudo do vinho. "Como forma de aprimorar as medições cerebrais, faz sentido acrescentar outras fontes de informação sobre determinada experiência. Mais especificamente, se você tem a certeza cognitiva de que a experiência é boa (talvez por causa de experiências anteriores), é conveniente incorporar esse dado a suas medições atuais de prazer".[4] Nesse caso, um preço alto faz com que as pessoas acreditem que acharão o vinho delicioso — e acham mesmo.

Tudo isso sugere que, se você conseguir se convencer de que vai gostar de comer brócolis, poderá realmente gostar, apresentando uma atividade neural associada ao prazer real no córtex pré-frontal ventromedial. É difícil mudar a atitude de um adulto que tenha uma ideia fixa sobre o brócolis, mas teremos uma chance maior de incentivar as crianças a se alimentarem de forma saudável se aceitarmos as implicações dessa pesquisa. Não nascemos sabendo o que gostamos de comer, aprendemos com nossos pais e com aqueles que nos rodeiam. A técnica-padrão de subornar ou forçar crianças para que comam verduras, ou camuflar legumes em molhos e bolos, apenas reforça a expectativa de que alimentos saudáveis têm sabor ruim, o que acaba se tornando uma profecia autorrealizável. Se, ao contrário, os pais e outros Defensores da alimentação saudável comunicarem uma verdade concorrente — de que alimentos saudáveis são deliciosos —, a experiência do vinho sugere que as crianças poderão realmente achar gostosos esses alimentos e, em consequência, desenvolver hábitos alimentares saudáveis para toda a vida.

Admito que é mais fácil falar do que fazer. Porém, estudos mostram que crianças em idade escolar comem voluntariamente mais vegetais se forem servidos ao lado de imagens de vegetais como personagens de desenhos,[5] ou se escutarem nomes divertidos e atraentes como "Cenouras com visão de raios X".[6] Os pais podem dar o exemplo para os filhos demonstrando entusiasmo com espinafre e arroz integral, associando bonecos favoritos ou brinquedos a couve-flor e caracterizando cogumelos e nozes como recompensas.

Também é possível que exista uma maneira de aplicarmos um pouco dessa mesma magia em nosso próprio cérebro.

Pesquisadores do Departamento de Psicologia da Universidade Stanford investigaram o impacto de nomes e rótulos em nossas escolhas alimentares. Eles atribuíram rótulos "prazerosos" a vegetais selecionados aleatoriamente e servidos no refeitório da universidade, como, por exemplo, "Cenouras trançadas em flambado cítrico ", "Pimenta dinamite com beterraba no limão picante" e "Vagens doces crepitantes". Em outros dias, os mesmos vegetais, preparados exatamente da mesma forma, receberam rótulos-padrão ou que soassem saudáveis, como "Vagem" ou "Vagem low-carb".

Os pesquisadores observaram um aumento significativo no número de pessoas que escolheram vegetais (25% a mais) e no volume total de legumes consumidos (23% a mais) quando os rótulos "prazerosos" foram usados. Legumes com rótulos destacando suas propriedades saudáveis não eram mais populares do que aqueles com rótulos-padrão, uma descoberta que representa um desafio crítico para as estratégias convencionais de saúde pública. Se estudantes intelectuais de Stanford não podem ser persuadidos a comer vegetais por seus benefícios à saúde, é improvável que essa abordagem funcione com o público em geral. Fazer com que vegetais pareçam desejáveis, demonstra o estudo, é muito mais eficaz.

Embora você possa ter lido sobre o eterno desejo dos seres humanos por açúcar e gordura, não há nenhum impedimento neurológico para treinarmos o cérebro a preferir repolho a bolo. Somos onívoros: estamos dispostos a comer todo tipo de alimentos. "Tentamos comer mais legumes, mas não tentamos apreciá-los mais", reflete o jornalista de gastronomia Bee Wilson, "talvez porque há uma convicção quase universal de que não é possível aprender a gostar de novos sabores e rejeitar os antigos. Nada poderia estar mais longe da verdade."[7]

O SENTIDO DA VIDA

A maioria das pessoas precisa trabalhar para ganhar a vida. Mas, tirando o dinheiro que gera, o trabalho é desejável?

A condutora de trens Amy Carpenter diz: "Eu gosto de interagir com os passageiros, usando meus conhecimentos para tornar mais fácil a jornada de alguém, ou acenando para uma criança quando paro na plataforma. Mas, em um nível mais básico, eu realmente adoro dirigir trens".[8] "Eu não gostaria de trabalhar em nenhum outro lugar!", escreve uma enfermeira do Aspen Valley Hospital, no site de análise anônima da empresa Glassdoor.[9] "O melhor trabalho do mundo!", exclama um funcionário da NBCUniversal no mesmo site.[10] "Todo dia eu me levanto animado e pronto para o trabalho, o que para mim é a experiência mais gratificante do mundo", declara o empreendedor de tecnologia Michael Sliwinski.[11]

Esse é o tipo de pessoa sortuda que pode dizer: "Eu amo tanto o meu trabalho que até o faria de graça". Para algumas pessoas, o trabalho é desejável.

Infelizmente, para muitos outros, uma outra verdade prevalece. Em 2013, o Instituto Gallup publicou os resultados de um estudo monumental, realizado em 142 países, mostrando que apenas 13% da força de trabalho global está "engajada no trabalho".[12] Um percentual de 63% dos funcionários se encontram na situação de "não engajados", o que significa que eles "não têm motivação e são menos propensos a se esforçar muito para atingir metas ou resultados organizacionais". Os restantes 24% estão "ativamente desengajados". Isso significa que quase um quarto de todos os trabalhadores basicamente odeia seu emprego. Eles são "infelizes e improdutivos no trabalho e propensos a espalhar negatividade aos colegas". A estimativa é de que 340 milhões de pessoas sofrem terrivelmente em consequência de como passam a maior parte de suas horas acordados. Quase 1 bilhão de pessoas não obtêm praticamente nada além do salário por sua atividade primária na vida. Mesmo nos Estados Unidos e no Canadá, onde encontramos atitudes mais positivas em relação ao trabalho, mais de 70% dos funcionários estão "não engajados" ou "ativamente desengajados.

É um péssimo retrato da situação. Na verdade, considerando os enormes custos psicológico e econômico para a humanidade de todo esse desânimo, é trágico.

Como podemos tornar o trabalho mais desejável? Muitos fatores podem ajudar, desde um ambiente de trabalho agradável até uma maior autonomia, mas talvez o mais importante seja um propósito claro e válido. As pessoas precisam sentir que o que fazem é importante. Como diz o economista John Kay, "lucrar é objetivo de um negócio tanto quanto respirar é o propósito de viver".[13] As pessoas querem ter uma meta além de enriquecer seu empregador.

Se você pedir que executivos descrevam o propósito de sua empresa, além de ganhar dinheiro, o resultado é muitas vezes um olhar vago ou uma frase banal sobre "servir nossos clientes". Alguns líderes chegam a ficar irritados com a ideia de que uma organização comercial precise de qualquer tipo de propósito além do crescente valor para seus acionistas. Não é de admirar, portanto, que tantos funcionários estejam desengajados.

Você pode pensar ou não que há um propósito valioso para um funcionário se empenhar. Mas o propósito, por mais importante que seja, pode ser considerado, até certo ponto, uma invenção da nossa imaginação. Você pode dizer que seu principal objetivo na vida é criar bem seus filhos. Você pode dizer que é espalhar alegria entre aqueles que conhece. Você pode dizer que é para construir uma empresa duradoura, ou ganhar uma medalha olímpica, ou ser o melhor baterista da sua cidade, ou encontrar uma cura para o câncer de pulmão. Na verdade, você pode buscar mais de um objetivo. Você decide qual é sua razão para sair da cama todas as manhãs. Portanto, o propósito pode ser construído — e isso não o torna menos valioso.

Eu ajudei a esclarecer e a comunicar o propósito de dezenas de organizações. Algumas declarações de objetivos eram competitivas: as pessoas adoram sentir que estão ganhando da concorrência, e a luta interminável para superar os rivais pode ser motivação suficiente para alguns funcionários. Para a Pepsi, a simples ambição de "ganhar da Coca-Cola" é incrivelmente motivadora. Outras empresas induzem seus funcionários a serem os primeiros a alcançar algum objetivo ou inovação. Mas a maioria das declarações de propósito efetivas é sobre ajudar, proteger ou tornar a vida melhor para outras pessoas.

Quando o Banco da Inglaterra me pediu que elaborasse uma declaração de propósito para a incipiente Prudential Regulation Authority, o órgão regulador dos serviços financeiros do Reino Unido, nós passamos por cima de toda a complexidade da micropolítica de prevenção e supervisão prospectiva, a Diretiva de Requisitos de Capital da União Europeia, custos de conformidade e avaliações de resolutividade, intervenção proativa e risco de contrapartida, para chegar a um propósito simples, mas crucial: *Protegemos o sistema financeiro do Reino Unido*. Na esteira da catastrófica crise financeira global e do quase colapso de dois grandes bancos britânicos, isso foi suficiente para motivar qualquer regulador financeiro.

Um propósito altruísta não precisa ser grandioso e mudar o mundo. Uma empresa a qual assessorei durante vários anos vende apenas sementes e mudas de plantas ornamentais, como gerânios, amor-perfeito e ciclâmen, algo não vital para a saúde pública ou a paz mundial, mas mostramos uma contribuição real à felicidade de milhões de pessoas que gostam de cultivar flores. A empresa tinha um forte departamento de pesquisa e desenvolvimento, que trabalhava em novas espécies mais resistentes e capazes de suportar desequilíbrios nutricionais e excesso ou insuficiência de irrigação. Isso era ótimo para os compradores de plantas ornamentais que sofriam bastante ao ver suas plantas morrerem por causa de cuidados inapropriados. Desse modo, o propósito que viemos a oferecer aos funcionários foi o de enriquecer a vida das pessoas ao tornar as plantas floríferas não apenas mais bonitas como também mais fáceis de serem cuidadas. Essa contribuição pequena porém real para a felicidade global foi suficiente para injetar ânimo em toda a força de trabalho da empresa.

Qualquer um que sinta certo desagrado ideológico por empresas em geral poderá se surpreender ao saber que muitos funcionários tendem a apreciar mais seu trabalho e a realizá-lo com mais diligência caso sintam que estão de alguma forma ajudando outras pessoas. As empresas podem ser criadas para ganhar dinheiro, mas seus funcionários muitas vezes desejam fazer uma diferença no mundo, e essa tendência parece estar crescendo. Se queremos tornar o trabalho mais desejável, precisamos compreender e atender essa necessidade.

NÃO NOS DEIXE CAIR EM TENTAÇÃO... OU EM REPULSA

Como muitas outras coisas no mundo das verdades concorrentes, manipular a desejabilidade tem um lado sombrio. Vimos como é possível aumentar o apetite por alimentos saudáveis e o engajamento em trabalhos úteis, só que também podemos incentivar o desejo por coisas que prejudicam as pessoas ou a sociedade. A indústria da publicidade vem fazendo isso há décadas.

Comerciais de cigarros ainda são produzidos, glamorizando o fumo e criando um desejo nos jovens por um produto que pode matá-los. Ao nos fazer ter vontade de comer frituras carregadas de gordura e bebidas açucaradas, o marketing de cadeias de fast-food contribui significativamente para nosso problema de obesidade.

Ainda mais insidiosa é a tática de nos fazer se voltar contra algo ou alguém, persuadindo-nos de que determinada organização, indivíduo, objeto ou grupo é indesejável. A imprensa e os políticos exercem essa forma abominável de influência de massa contra alvos tão diversos quanto torcedores de esportes, beneficiários de assistência social, cães da raça pitbull, turistas, mães solo, socialistas, alimentos transgênicos, vegetarianos, muçulmanos e pessoas obesas. No entanto, atualmente, o caso mais pernicioso desse fenômeno é a campanha que está sendo travada contra os imigrantes.

> **Estratégia de desejabilidade #2**
> *Induzir a rejeição a grupos inteiros*

Vimos Donald Trump culpar imigrantes mexicanos e refugiados sírios, enquanto partidos como o UK Independence Party da Grã-Bretanha (UKIP), a Frente Nacional da França, a AfD da Alemanha, o Partido para a Liberdade dos Países Baixos (Partij voor de Vrijheid, PVV) e o Partido da Liberdade da Áustria (Freiheitliche Partei Österreichs, FPÖ) conseguiram grandes avanços de poder demonizando imigrantes. Veículos midiáticos como Breitbart News, *Daily Mail* e *Daily Express* emprestaram apoio considerável à campanha, juntamente com comentaristas famosos como Rush Limbaugh, Ann Coulter e Katie Hopkins. Hopkins chegou a comparar migrantes a "baratas" em um provocativo artigo no jornal *The Sun*.

Que efeito teve essa agressão verbal sobre a visão do cidadão médio a respeito da desejabilidade de imigrantes? Substancial, de acordo com pesquisas de opinião e eventos como o referendo Brexit e as eleições presidenciais da Áustria de 2016. Para obter uma imagem mais clara do efeito da influência política e da mídia na opinião pública, podemos observar a Hungria, um país que, com exceção dos ciganos, tem uma população branca bastante homogênea e pouca interação com outras culturas dentro de suas fronteiras.

O Instituto de Pesquisa Social Tárki tem coletado dados sobre atitudes de húngaros a respeito de imigrantes há décadas. Eles classificaram os entrevistados em três grupos: "xenófilos", "xenófobos" e um grupo intermediário. Entre 2002 e 2011, a proporção de húngaros identificados como xenófobos flutuou entre 24% e 34%. Desde então, esse número aumentou substancialmente, atingindo o recorde de 53% em 2016. No mesmo período de referência, 6% a 12% dos húngaros foram classificados como xenófilos, número que caiu para apenas 1% em 2016.[14]

O que causou esse aumento tão dramático na antipatia e na desconfiança nutridas em relação a estrangeiros? Em 2015, centenas de milhares de pessoas da Síria, do Afeganistão e do Iraque entraram na Hungria, mas a grande maioria passou pelo país o mais rápido possível, a caminho da Alemanha e da Áustria. A Hungria recebeu 177135 pedidos de refugiados naquele ano, a taxa mais alta per capita da população local na Europa, porém aprovou apenas 502 delas. Mais de 90% dos requerentes de asilo deixaram o país antes mesmo de seus casos terem sido decididos. A maioria dos húngaros nunca viu um imigrante em carne e osso. Não houve praticamente nenhuma ameaça, redução de padrão de vida ou inconvenientes como resultado dessa movimentação histórica de pessoas. Os xenófobos "provavelmente viram, em toda a sua vida, mais alienígenas do que imigrantes", observou um húngaro simpático à situação dos migrantes.[15]

Mas tudo que os húngaros podem não ter tido em termos de experiência direta com migrantes foi amplamente compensado pela propaganda do governo. "Você sabia que os ataques terroristas de Paris foram realizados por imigrantes?", dizia um anúncio financiado pelo governo. "Você sabia que, desde o início da crise de imigração, o assédio às mulheres aumentou na Europa?", dizia outro.

O primeiro-ministro Viktor Orbán iniciou a campanha contra imigrantes no início de 2015, e o Tárki registrou um aumento imediato na xenofobia. Sua propaganda disseminou de maneira muito eficaz uma nova verdade concorrente sobre a desejabilidade dos imigrantes. Significativo é que durante o verão de 2015, enquanto a migração em massa ocorria em toda a Hungria, o número de xenófobos registrados pelo Tárki *diminuiu*. Aparentemente, confrontados com imagens diárias de imenso sofrimento na TV, os húngaros adquiriram algumas nuances em suas opiniões por um breve período. Mas a retórica contra os imigrantes continuou após o fim da migração em massa, e a proporção de húngaros registrados como xenófobos subiu novamente, alcançando a maior alta de todos os tempos, embora restassem pouquíssimos migrantes ou requerentes de asilo no país.

Em todo o mundo ocidental, demagogos e a mídia anti-imigração conseguiram forjar uma nova verdade concorrente: onde as gerações anteriores viram imigrantes como uma fonte de novas ideias, empreendedorismo, energia e cultura, eles agora são vistos como indesejáveis. As consequências a longo prazo para a política e a sociedade na América do Norte e na Europa podem ser profundas.

MODIFIQUE O QUE AS PESSOAS DESEJAM E VOCÊ MUDARÁ O MUNDO

Não é fácil mudar preferências, mas é possível. Provavelmente já até aconteceu com você. Todos nós precisamos melhorar em enxergar quando profissionais de marketing, políticos e jornalistas tentam redefinir o que é desejável, de maneiras que podem nos prejudicar ou a outras pessoas. Ao mesmo tempo, temos uma imensa oportunidade de mudar nossas vidas para melhor se reconhecermos e explorarmos a plasticidade de nossos desejos. Quando desejos existentes são destrutivos ou problemáticos, o uso de verdades concorrentes para mudar a desejabilidade das coisas para nós mesmos e para os outros pode ser eficaz e ético. Nós podemos querer o que é bom para nós mesmos se apenas tentarmos.

Na prática:

• Aprenda a gostar de coisas que são boas para você — *é* possível!

• Explore nomes, declarações de propósito e outras verdades concorrentes para ajudar outras pessoas de seu círculo a fazer o mesmo.

Mas cuidado com...

• Demagogos e outros Enganadores que tentem levá-lo a antipatizar com grupos inteiros de pessoas.

8. Valor financeiro

Preço é o que você paga, valor é o que você recebe.
Warren Buffett

FORTUNA FUNGAL

Quanto você pagaria por um pouco de mofo?

Talvez você gostaria de ter mais algumas informações antes de dar seu lance. Tamanho? Cor? Condição?

Bem, tem cerca de três centímetros de diâmetro. A cor é um cinza meio esverdeado. Está entre dois discos de vidro, selados com fita transparente. É antigo e está morto. Não tem qualquer uso prático possível.

Quanto valeria para você?

Muito provavelmente, próximo de zero. Você poderia pagar para *não* ter bolor em sua casa, isso sim.

Em 7 de dezembro de 2016, esse fragmento de fungo não comestível foi vendido em um leilão pela Bonhams de Nova York por 46 250 dólares, como a "cultura de bolor original da penicilina".

Em 1928, o pesquisador médico Alexander Fleming estava estudando a *Staphylococcus*, um tipo de bactéria que causa dor de garganta, furúnculos e sépsis. Ao retornar de suas férias, Fleming notou que uma placa de Petri contendo bactérias havia mofado, uma contaminação acidental. O incrível é que em torno do local do mofo havia um círculo livre de bactérias. Fleming percebeu que o fungo devia estar produzindo algum tipo de substância que estaria matando ou inibindo as bactérias. O fungo era o *Penicillium chrysogenum*, a fonte do primeiro antibiótico descoberto cientificamente.

Fleming ficou famoso por sua descoberta acidental e foi agraciado com o prêmio Nobel de Fisiologia ou Medicina em 1945. Ele parece ter desfrutado de sua fama, enviando amostras do bolor milagroso para outras celebridades da época, incluindo o papa e Marlene Dietrich. O lote leiloado na Bonhams foi oferecido por Fleming a um vizinho em 1955, em agradecimento por ele ter enxotado alguns assaltantes. A amostra é assinada por Fleming e acompanhada por cartas suas e de sua governanta dirigidas ao vizinho. A carta da governanta termina com um alerta: "P.S.: Como se você não soubesse — mas apenas por precaução —, esta coisa redonda é uma amostra do mofo original de penicilina, não vá confundi-la com queijo Gorgonzola!!!".

Pois bem, agora que você conhece o contexto, quanto valeria esse pequeno pedaço de bolor?

Talvez um pouco mais do que sua primeira avaliação. Você pode estar disposto a pagar algumas centenas de dólares para possuir um item histórico da medicina. Talvez, se for um investidor sagaz, pode até pagar alguns milhares. É improvável que pagasse 46 250 dólares. De fato, se a Bonhams trabalhou corretamente, deve haver apenas uma pessoa (ou organização) no mundo que valorize tanto o item: o comprador que venceu o leilão.

Esse comprador estava fazendo lances para o mesmo item que todos os outros proponentes. Todos tinham o mesmo conhecimento do contexto do bolor. Então, por que aplicaram valores financeiros diferentes?

PREÇO NÃO É O MESMO QUE VALOR

No último capítulo, vimos como é possível sermos persuadidos a gostar ou não de quase tudo. Mas se viermos a gostar de algo, *quanto* realmente gostamos? Ou, para colocar de maneira direta, quanto estaríamos dispostos a pagar por esse algo? Qual é seu valor financeiro?

Leilões mostram porque essa não é uma pergunta fácil de ser respondida: diferentes proponentes estabelecem valores diferentes para o mesmo lote. Podemos pensar nessas valorações subjetivas como verdades concorrentes. Ninguém está "errado" em sua valoração apenas porque outro fez um lance mais alto.

Fora dos leilões, tendemos a pensar que um bem ou serviço tem um preço fixo e esse é seu valor. Mas como o preço é decidido? Muitas pessoas pensam, instintivamente, que o preço de, digamos, um carro deve estar intimamente relacionado ao custo dos materiais e da mão de obra necessários para sua produção. Também aceitamos um valor para custos administrativos e de marketing e um adicional para uma margem de lucro razoável. O resultado seria o preço justo para esse carro.

Essa ideia se desfaz quando pensamos em alguns exemplos simples:

Por que um quadro de Picasso, que levou apenas alguns dias para ser criado por um único homem, custa mais do que um avião, que levou milhares de horas de trabalho para ser construído?

Você pagaria mais por uma esmeralda que foi extraída com grande esforço por uma equipe de duzentos engenheiros do que por uma esmeralda idêntica que encontrei por acaso enquanto caminhava pela Zâmbia?

Se mil pessoas trabalham durante um ano para construir uma máquina que une cubos de gelo, o trabalho torna essa máquina valiosa?

Como cada um desses exemplos sugere, o preço não pode ser baseado apenas no esforço de produção. Na verdade, o preço de algo é determinado pelo que coletivamente presumimos que seja seu valor. O que, da mesma maneira que o preço de venda do mofo de Fleming, depende de nossa valoração subjetiva.

Tomemos como exemplo um cadeado de latão padrão de cinquenta milímetros com uma manilha de aço inoxidável. Se eu precisar proteger uma unidade de armazenamento que contenha todos os meus bens, estarei disposto a pagar muito por esse cadeado. Mas o fabricante não venderia muitos cadeados caso o precificasse de acordo com as minhas necessidades pessoais, ele também precisa levar em conta pessoas que compram cadeados para o armário na academia, para guardar uma bicicleta velha no quintal ou para deixar como lembrança em uma ponte parisiense. Ele precisa considerar pessoas ricas e pobres, pessoas com pressa e outras com tempo para pesquisar os produtos. Cada pessoa que procura um cadeado pode estar disposta a pagar uma quantia ligeiramente diferente.

A partir de todas essas diversas valorações subjetivas, os economistas obtêm uma "curva de demanda": quando o preço é baixo, mais pessoas compram; à medida que o preço aumenta, o número de potenciais compradores diminui. Economistas combinam esse conceito com uma "curva de oferta", que mostra a disposição de outros fabricantes em produzir e vender o mesmo tipo de mercadoria a preços diferentes. Em teoria, o ponto em que a curva de oferta e a curva de demanda se encontram é onde está o preço ideal para ajustar oferta e demanda.

Portanto, nossas valorações subjetivas, ou seja, nossas verdades concorrentes sobre o valor desse cadeado ajudam a definir o preço de mercado.

Verdades concorrentes sobre valor financeiro são essenciais para o comércio. A principal razão para trocarmos ou negociarmos objetos é porque lhes atribuímos valores diferentes. Se um produtor de maçãs valorizasse as maçãs em sua loja tanto quanto seus clientes, nunca venderia nenhuma delas. Mas como uma maçã individual vale menos para o agricultor do que para o chef de um restaurante próximo, é possível encontrar um preço que funcione para ambos.

Imagine que você produza cadeiras de balanço e valorize cada item acabado em cinquenta dólares. Abaixo desse preço, você prefere ficar com a cadeira a vendê-la. Eu quero uma cadeira e pagaria até quatrocentos dólares por ela. Uma transação a qualquer preço entre esses dois números nos deixaria em boa situação. Digamos que concordamos com o preço de duzentos dólares. Você ficou com 150 dólares a mais do que sua valoração da cadeira, e eu adquiri o equivalente a quatrocentos dólares em cadeira de balanço, tendo feito uma economia de duzentos dólares. Somando nós dois, obtivemos uma vantagem de 350 dólares como resultado da troca.

A maior parte da riqueza do mundo é criada dessa maneira. O petróleo bruto não é útil para um proprietário de terras na Califórnia, mas ele pode vendê-lo a uma refinaria por muito mais do que a própria valoração subjetiva.

Trezentos milhões de iPads não têm utilidade para os acionistas da Apple, mas eles podem vendê-los por menos do que nossas valorações subjetivas individuais, o que será bom para todos. As verdades concorrentes sobre valor financeiro enriqueceram nossa espécie.

COMO DEFINIMOS VALORES

Como as pessoas chegam a diferentes valorações? Valorizamos um bem ou serviço de diversas maneiras, cada uma delas podendo variar de um indivíduo para outro:

1. Qual é o benefício para mim?

O benefício que obtemos com algo depende de nossos gostos e de nossas circunstâncias. Um serviço de streaming de música pode valer muito para você, caso goste de música, mas não terá valor se você estiver muito ocupado e só puder usá-lo uma vez por mês. Uma escada pode ser exatamente do que você precisa para reparos essenciais no telhado... a menos que você já possua uma. Um carro pode valer muito para você... até que a gasolina se torne cara demais ou uma nova linha de trem torne o transporte público mais conveniente para você. Um ingresso de cinema pode parecer menos valioso se você tiver outras opções de lazer.

O benefício que obtemos ao comprar algo não está necessariamente limitado a sua função imediata. Um pacote de viagem valeria tanto para você sem as fotos para postar no Instagram? O valor de um celular de edição limitada aumenta por lhe dar status? Você terá um custo para manter e armazenar aquele veleiro? Em caso afirmativo, como isso afeta seu valor líquido?

2. Qual é o benefício para outra pessoa?

Podemos não ver nenhum benefício em algo para nós mesmos, mas ainda daremos um alto valor a esse produto se pensarmos que podemos vendê-lo para outra pessoa. É por isso que ativos negociáveis como ouro, vinhos finos e arte valem tanto.

Os traders do mercado de ações geralmente avaliam os valores mobiliários de acordo com o preço que acreditam que alguém vai oferecer. Em teoria, o valor de uma ação de uma empresa é determinado pelo fluxo de receita futuro esperado. Na prática, as ações podem ser negociadas muito acima desse nível, caso os traders acreditem que outros as valorizarão de maneira insensata. Isso acontece nas bolhas do mercado de ações: traders "espertos" sabem que as ações estão acima do preço, mas acreditam que há traders "tolos", que mais tarde as comprarão por um preço ainda mais alto, permitindo que o trader "esperto" lucre com isso. Essa dinâmica tem o delicioso nome de "teoria do mais tolo". É claro que o outro trader pode não ser tão tolo assim, mas pode achar que existe um outro "tolo" ainda maior para justificar o investimento.

3. É raro?

Se comprarmos algo apenas por causa do valor que pensamos que alguém vai colocar nele, é melhor termos a certeza de que é algo único ou que não está amplamente disponível. Certas pessoas podem precisar de água, mas não a comprarão de você se puderem obtê-la gratuitamente em uma torneira. A raridade, isto é, o nível de disponibilidade de um produto, é fundamental tanto para ativos de investimento quanto para bens de luxo. Às vezes, essa raridade é baseada em uma restrição real, mas muitas vezes é imposta artificialmente, para manter altas as valorações.

A disponibilidade também influencia nossa valoração de ingressos para espetáculos ou eventos esportivos. O musical americano *Hamilton* se tornou um sucesso tão grande que os preços oficiais dos ingressos para os melhores lugares chegaram, em 2016, a 849 dólares, um recorde da Broadway. Esses valores ainda são muito mais baratos do que muitos dos ingressos vendidos no mercado paralelo, o que revela o imenso valor que alguns espectadores colocam nesses ativos escassos.

Algumas pessoas sentem prazer em possuir objetos raros ou únicos e pagam altas somas por eles, até mesmo para itens sem valor óbvio. O ator William Shatner vendeu uma pedra de rim por 25 mil dólares. As roupas que ele usou em *Star Trek* foram vendidas por mais de 100 mil dólares, embora em Hollywood isso não seja um marco tão impressionante: o vestido branco que Marilyn Monroe usou em *O pecado mora ao lado* foi vendido por 4,6 milhões de dólares.

4. Quais são os riscos da transação?

Você pode comprar excelentes produtos eletrônicos on-line por uma fração do preço no varejo. São de segunda mão, mas muitos não apresentam o menor sinal de desgaste. Por que essa TV em perfeito estado está tão barata? Porque não sabemos se o dono a deixou cair no chão, se conectou à voltagem errada ou se fez alguma outra coisa que possa ter lhe causado algum dano. Estamos assumindo um risco ao comprá-la, e esse risco diminui seu valor. Da mesma forma, uma construtora pode não ter certeza se uma autorização para uma obra lhe será concedida, e esse risco reduzirá o valor da terra até que a autoridade competente decida sobre o assunto.

Risco e incerteza são difíceis de quantificar objetivamente e por essa razão são fontes importantes de verdades concorrentes. Por exemplo, sua estimativa é de que a probabilidade de a TV ofertada on-line vir a quebrar depois de um ano é de uma chance em dez, enquanto eu estimo que seja uma chance em duas. Meu pessimismo me levará a uma valoração mais baixa da TV.

5. Quais as perspectivas futuras?

Muitos de nossos julgamentos dependem de nossas previsões para o futuro, e a valoração financeira não é uma exceção. Veículos elétricos da marca Reckon vão proliferar? As ações da empresa de baterias de lítio podem valer mais do que todo mundo acredita. As mudanças climáticas trarão um clima mais volátil? Nesse caso, um seguro residencial mais abrangente soa como uma barganha.

O medo da escassez futura leva as pessoas a colocar um valor atual mais alto em produtos ou serviços. Quando a empresa de alimentos Hostess Brands Inc. anunciou sua iminente falência, em 2012, o pânico se espalhou entre os fãs do produto mais famoso da empresa, o bolinho Twinkie. Apesar de normalmente ter um preço de alguns dólares por caixa, após o anúncio da falência os Twinkies tiveram um aumento de valor no site do eBay.

Nossas valorações subjetivas também dependem de nossa riqueza: quanto mais ricos formos, mais estaremos dispostos a pagar por algo. Segue-se que quanto mais ricos *pensamos que seremos*, mais estaremos dispostos a pagar. Pode ser que você só comece em seu novo trabalho daqui a três meses, mas provavelmente já estará agora mesmo disposto a gastar mais com uma nova geladeira do que antes de receber a resposta da vaga de emprego.

> **Estratégia de valor financeiro #1**
> *Incluir todos os fatores relevantes*
> *na valoração subjetiva*

Em cada um dos itens acima descritos, podemos ser fortemente influenciados por outras pessoas. Isso é importante porque as valorações financeiras dos produtos e serviços que nos são oferecidos impulsionam nosso comportamento como consumidor. Compramos coisas apenas quando as valorizamos mais do que seu preço. No entanto, verdades parciais sobre benefícios, popularidade, disponibilidade, riscos e circunstâncias futuras de qualquer produto ou serviço podem ser empregadas com a intenção de transformar nossas valorações.

Isso abre possibilidades para toda uma indústria de agências de publicidade, executivos de marketing e vendedores cujo trabalho é elevar nossas valorações acima do limite de seus preços. Ao transformar as verdades concorrentes que temos sobre valor financeiro, as empresas orientam nossas ações nas lojas físicas e on-line.

APRENDENDO A GOSTAR DE PEDRAS

Há muito pouco que a maioria das pessoas pode fazer com uma pequena pedra, por mais brilhante que seja. Talvez seja por isso que os diamantes não foram amplamente valorizados durante a maior parte da história da humanidade. Um diamante bem lapidado é algo lindo, por isso sempre teve um lugar nos porta-joias dos ricos, mas até o século XX quase ninguém havia visto um diamante.

Quando os diamantes eram raros, não importava que poucas pessoas os valorizassem. Isso mudou depois que um adolescente encontrou uma pedrinha brilhante no rio Orange, na África do Sul, em 1867, e a levou para casa, para a alegria de suas irmãs. Sua descoberta acabou por ser um diamante de 22 quilates, e desencadeou uma extraordinária corrida por essas pedras. Garimpeiros começaram a vascular depósitos aluviais na área e em poucos anos estavam extraindo uma grande quantidade de diamantes nas redondezas de Kimberley. Anteriormente, a maioria dos diamantes do mundo vinha da Índia, cujas minas estavam praticamente esgotadas. Em pouco mais de uma década, a África do Sul produziu mais diamantes do que a Índia produzira em séculos.

O efeito imediato dessa inundação de novos diamantes foi uma derrubada dos preços. Já que os diamantes deixaram de ser raros, os compradores podiam negociar com mais cuidado. Além disso, a abundância relativa do produto reduziu seu apelo à aristocracia, que se voltou para pedras "menos comuns", como rubis e esmeraldas. Os empresários da exploração de diamantes, que tanto haviam investido em suas novas minas sul-africanas, corriam o risco de ver destruído o valor de seus ativos por causa da superprodução.

Esse problema de oferta foi rapidamente resolvido quando um dos empresários, um jovem inglês chamado Cecil Rhodes, obteve apoio financeiro suficiente para comprar ou associar-se a todos os outros empreendimentos de mineração de diamantes na África do Sul. A empresa resultante, De Beers, pôde usar seu poder monopolista para restringir a oferta de diamantes, criando uma ilusão de escassez, e assim ditou os preços no mercado por décadas. À medida que novas minas de diamantes eram encontradas em todo o mundo, a De Beers era rápida em controlá-las, evitando novos excessos repentinos de oferta. Mas isso criou um segundo problema: a De Beers viu-se com uma montanha de diamantes não vendidos.

Como descarregá-los lucrativamente sem destruir seu valor de aparente raridade? A solução óbvia era fazer com que mais pessoas comprassem as pedras, e para isso era preciso persuadir milhões de pessoas a valorizá-las ainda mais. Antes da Segunda Guerra Mundial, o homem comum que ganhasse um bom salário não via um diamante como um investimento nem tinha qualquer necessidade prática de possuir brilhantes aglomerados de carbono. A valoração subjetiva da maioria das pessoas era baixa. A De Beers precisava encontrar algum jeito de elevar essas valorações a um preço que lhes proporcionasse um bom lucro. E precisava desencorajar os compradores a revender as pedras no mercado paralelo, pois isso reduziria os preços.

Em 1938, a De Beers recorreu à agência de publicidade nova-iorquina N. W. Ayer & Son para investigar se "o uso de propaganda em formatos variados" poderia ajudar a impulsionar a demanda por seu produto nos Estados Unidos.

Essa parceria viria a criar um vasto mercado de diamantes: o mercado centrado no anel de noivado.

Anéis são usados como símbolo de amor e compromisso nupcial há milênios. Cobre, ouro e até cabelo trançado foram utilizados para criar anéis de noivado em diversas culturas ao longo da história. Uma pequena fração deles era adornada com pedras preciosas. Mas o conceito do anel de noivado de diamante como prova mais sincera do amor de um homem por uma mulher é uma invenção moderna.

Uma invenção de autoria da De Beers com a N. W. Ayer.

Entre as duas guerras mundiais, o consumo de diamantes nos Estados Unidos caiu pela metade. A N. W. Ayer avaliou que a maneira de reverter esse declínio seria fabricar uma conexão entre diamantes e romance. As mulheres deveriam ser persuadidas a ver a qualidade e o tamanho de um diamante como reflexo do amor de seu pretendente. O objetivo declarado da agência era "criar uma situação em que quase todas as pessoas comprometidas com o casamento se sentissem compelidas a adquirir um anel de noivado de diamante".

A agência usou artigos em revistas, anúncio de produtos em filmes e propagandas coloridas, construindo um elo indelével entre os grandes diamantes e o amor verdadeiro. "Diamantes são eternos", alegavam as propagandas veiculadas em 1948 e em todos os anos desde então, implicitamente comunicando que vender um diamante seria um comportamento desprezível, se não uma total traição. Foram encomendados retratos de noivas bem-nascidas com pedras impressionantes nos dedos, e diamantes foram emprestados para socialites que frequentavam o badalado Kentucky Derby. Com o advento da televisão, a campanha levou a mensagem romance/diamante para os lares americanos.

"Estamos lidando com uma questão de psicologia de massa", explicava N. W. Ayer em um plano estratégico de 1947. Sua ambição era tornar a compra de um anel de diamante "uma necessidade psicológica". Por incrível que pareça, a agência até organizou um programa de doutrinação nas escolas secundárias americanas: "Todas essas palestras giram em torno do anel de noivado de diamante e estão atingindo milhares de meninas nas aulas e reuniões formais e informais em nossas principais instituições educacionais". Além disso, não deve haver espaço para produtos substitutos: a agência determinou que "somente o diamante é aceito e reconhecido como o símbolo do noivado". O foco na mudança de valoração subjetiva dos homens pelos diamantes foi explicitado quando, mais tarde, os anúncios perguntariam arbitrariamente: "Não é o salário de dois meses um preço pequeno por algo que dura para sempre?".

A campanha, como todos sabemos, foi um sucesso espetacular. No final da década de 1950, a N. W. Ayer foi capaz de declarar que "para esta nova geração, um anel de diamante é considerado uma necessidade para virtualmente todos". Em 2015, o valor do mercado de joias de diamantes foi estimado em 39 bilhões de dólares por ano. Hoje, três quartos das noivas americanas usam um anel de diamante. Poucas mulheres vendem seu anel de noivado, o que ajuda a manter os preços altos; as valorações subjetivas de seus diamantes estão bem acima dos valores que receberiam no mercado paralelo.

Vendo sua missão cumprida nos Estados Unidos, a De Beers voltou sua atenção para outros mercados, notadamente o crescente poder econômico do Japão. Antes da década de 1960, anéis de noivado de diamante eram praticamente desconhecidos nesse país tradicional. Mas os jovens japoneses estavam cada vez mais abertos às influências ocidentais, e a De Beers encomendou uma campanha publicitária que mostrava belas mulheres ocidentais ostentando anéis de diamantes enquanto se dedicavam a divertidas atividades modernas, como iatismo ou camping. Menos de duas décadas depois, 60% das noivas japonesas usavam os anéis. Uma mudança de mindset semelhante ocorreu na China, onde, hoje, mais de 30% das noivas usam anéis de diamantes — valor que era praticamente zero há trinta anos.

A De Beers enfrentou mais um problema de excesso de oferta na década de 1960, quando a União Soviética descobriu novos depósitos de diamantes na Sibéria. Eram pedras minúsculas, mas muito numerosas, e caso fossem lançadas nos mercados mundiais, poderiam desafiar seriamente a preciosa ilusão de escassez. Em consequência, a De Beers fechou um acordo para comercializar esses diamantes em nome da União Soviética. No início, não ficou claro o que alguém poderia fazer com todas aquelas minúsculas pedras. Então a De Beers surgiu com o conceito de anel da eternidade, uma variação de uma tradição antiga: os anéis da eternidade moderna seriam cravejados de minúsculos diamantes, absorvendo dessa forma o suprimento siberiano. De acordo com o jornalista investigativo Edward Jay Epstein, "Sentimentos nasceram por necessidade: senhoras americanas idosas recebiam um anel de microdiamantes por causa da necessidade de uma corporação sul-africana de acomodar interesses da União Soviética".[1] Valorações subjetivas de minúsculos diamantes eram igualmente minúsculas até o momento em que a máquina de marketing da De Beers nos estimulou a reavaliar seu valor.

Essa história de sensacionais conquistas de marketing ao longo de décadas é particularmente interessante porque o produto comercializado não era uma marca. Nenhum logotipo da empresa apareceu na campanha.* A N. W. Ayer transformou nossa valoração subjetiva de diamantes, não da De Beers. Muitas outras campanhas famosas mudaram radicalmente nossas opiniões pessoais a respeito de produtos de marca, mas campanhas de sucesso promovendo uma mercadoria sem logotipo são tão raras quanto a De Beers gostaria que você acreditasse que seus produtos o são.

ERRANDO

Hora de cair na real. Eu mencionei valorações financeiras subjetivas como se cada um de nós tivesse uma clara noção do valor de alguma coisa, mas uma série de experimentos feitos por economistas e psicólogos comportamentais — como Daniel Kahneman, Amos Tversky, Richard Thaler e Dan Ariely — demonstra como nossas habilidades de valoração são frágeis. Os profissionais de marketing aproveitam ao máximo essa fraqueza humana.

Pergunte a um pescador experiente quanto ele pagaria por uma vara de pesca de boa qualidade, e ele provavelmente lhe dará uma resposta próxima do preço de mercado. Mas um novato, que não sabe nada sobre o comércio de varas de pesca, pode dar uma valoração subjetiva muito acima ou abaixo do real valor. Sem pontos de referência, ele simplesmente não sabe quanto uma vara de pescar *deveria* valer. Um economista poderia alegar que ele poderia deduzir quanto a vara de pescar vale para ele comparando com todas as outras coisas que poderia comprar com o dinheiro de que dispõe. Na prática, porém, poucas pessoas pensam assim. Nós nos orientamos a partir de qualquer referência que possamos encontrar. Com frequência, essas referências são comerciantes e seu material de marketing.

* A De Beers estava, até recentemente, proibida de operar nos Estados Unidos por conta de restrições antitrustes.

Quanto custa um passeio de helicóptero de uma hora por sua cidade? Você provavelmente nunca pensou sobre isso, mas digamos que você chegue ao valor de cem dólares. No seu caminho para o trabalho, você vê exatamente esse tipo de passeio sendo anunciado por oitocentos dólares. Você pensa que não vale todo esse dinheiro, mas será que você manteria sua valoração subjetiva nos cem dólares? Se virasse a esquina e encontrasse outra oferta de um voo idêntico por apenas duzentos dólares, você agora estaria mais tentado a aceitar? Caso positivo, você deixou que um único anúncio de preço dobrasse sua valoração subjetiva.

Você vai a um restaurante novo e se interessa pelas vieiras com risoto nero e páprica defumada. O preço desse prato é de 37 dólares. No menu, logo abaixo das vieiras há um bife de carne Wagyu que custa 89 dólares. Ao ver isso, você começa a achar muito bom o valor das vieiras. É obviamente um estabelecimento de alto nível, e o prato é um ótimo negócio!

Se você parasse para pensar friamente, talvez se questionasse se de fato queria algumas vieiras e uma porção de arroz elaborado mais do que todas as outras coisas que poderia comprar com 37 dólares (mais o serviço). Entretanto, no contexto desse menu, essas considerações extremas se dissipam. Comparado com o bife caro, as vieiras parecem uma boa escolha. É bem provável que o restaurante sirva poucos bifes de 89 dólares; na realidade, ele *espera* servir poucos. O bife deve estar no cardápio apenas para influenciar sua valoração dos pratos menos extorsivos.

Somos muito melhores em fazer valorações relativas do que absolutas. Sem um conhecimento prévio de precificação, realmente não sabemos quanto devem custar as coisas, mas geralmente sabemos se, para nós, uma coisa vale mais ou menos do que outra coisa. Os profissionais de marketing exploram esse efeito de contraste plantando "âncoras", preços que puxam para cima nossas valorações de produtos. O item caro no menu é uma forma de âncora. Outra forma é incluir o preço original de varejo em um item em "promoção" — o preço real que o varejista quer que você pague fica parecendo barato.

> **Estratégia de valor financeiro #2**
> *Usar âncoras e outros truques para*
> *influenciar a percepção de valor*

Outra fraqueza psicológica é nossa postura em relação ao risco. Em geral, não gostamos de riscos, mesmo quando um especialista em probabilidades nos garante que o potencial positivo de algo supera o negativo. Isso nos leva a pagar mais do que o estritamente razoável para termos certeza — a certeza da pontualidade do transporte, da entrega das compras, do pagamento do seguro. Os profissionais de marketing podem jogar com esse viés por meio da linguagem, usando termos como "garantido", "certeza" ou "comprometimento" para elevar nossas valorações subjetivas.

Também reagimos irracionalmente se percebermos alguma injustiça. Podemos recusar a chance de comprar algo que valorizamos muito se acharmos que o vendedor está lucrando demais ou se aproveitando da situação, mesmo se o preço estiver abaixo de nossa valoração subjetiva. Quando varejistas aumentam o preço do guarda-chuva durante uma tempestade, podemos nos recusar a comprar, não porque estamos impossibilitados de pagar o novo preço ou porque não valorizamos o produto, mas porque nos ressentimos de a loja estar tirando proveito da nossa dificuldade momentânea.

Podemos atribuir menos valor a algo se acreditarmos que custou pouco para produzir, mesmo se os benefícios potenciais forem grandes. Leitores têm grande prazer em romances, por vezes perdendo-se em um único livro por várias semanas; seria de imaginar que a valoração de uma obra desse tipo fosse muito alta, mas se for um e-book e o consumidor achar que não custou nada para ser produzido, ele pode se recusar a pagar mais do que alguns poucos dólares pelo título, mesmo estando disposto a gastar cinco vezes mais em um drinque que oferece apenas alguns minutos de prazer. Muitas pessoas se negam a pagar por bens digitais justamente por esse motivo.

Esses são apenas alguns exemplos de como fazemos julgamentos estranhos, perversos ou irracionais quanto ao valor financeiro das coisas. Mas nossas valorações não estão erradas apenas porque o pensamento que as produziu é falho. Elas são nossas verdades, e é tão inútil dizer a um jovem moderno que ele deveria valorizar mais as músicas que escuta quanto criticar um restaurante que cobra 37 dólares por algumas vieiras. No fim das contas, fazemos nossas escolhas dentro de uma economia de mercado, e assumimos as consequências de nossas decisões.

DEFININDO NOSSO PRÓPRIO VALOR

Analisamos como as verdades subjetivas sobre o valor financeiro afetam nosso comportamento de consumo. Para qualquer pessoa que esteja vendendo artigos pessoais on-line, móveis ou colocando sua casa à venda, os mesmos princípios se aplicam: Nós vendemos quando nossa valoração subjetiva de um item é menor que o preço que alguém está disposto a pagar por ele. Assim, se vamos vender um item ou não, isso pode depender de como o comprador influencia nossa valoração subjetiva desse item.

Nem todos estão acostumados a vender objetos. Mas tem uma coisa que vendemos a todo momento: nosso tempo. O mercado profissional está mudando rapidamente, com uma crescente oferta de trabalho sem vínculo empregatício na chamada "economia gig". A fragmentação do trabalho exigirá um maior questionamento sobre como definimos nosso valor em diferentes situações. Será fundamental desenvolver valorações subjetivas inteligentes a respeito do nosso próprio tempo.

Há alguns anos, montei um pequeno negócio e precisei de alguns ícones específicos para usar no site, porém meu orçamento era extremamente limitado para contratar um designer. Pelo Google, cheguei ao DesignCrowd.

Essa empresa australiana oferecia uma proposta interessante, que eles chamavam de "Concurso de Design". Por uma taxa modesta, eu poderia postar no site deles uma descrição do que eu estava buscando, e então designers independentes de qualquer parte do mundo criariam ícones para atender a minha solicitação. Eu poderia então escolher meu favorito, e o designer responsável receberia a maior parte do pagamento, o restante indo para a DesignCrowd. Caso nenhum dos projetos fosse do meu agrado, eu receberia meu dinheiro de volta.

Para o cliente, é uma proposta atraente. Mas o que significa esse modelo de crowdsourcing para os designers? Recebi dezenas de projetos completos, personalizados de acordo com minhas necessidades, cuja criação deve ter levado no mínimo alguns minutos, e outros até horas. A maior parte desse esforço não foi recompensado. Como esses designers estão definindo o valor de seu tempo?

Alguns podem ser amadores, fazem isso apenas por diversão e consideram um êxito ocasional como um bônus. Outros estão, presumo, fazendo um julgamento da relação risco-recompensa, avaliando suas chances de vencer a disputa em relação ao custo de seu tempo. Designers de países com baixo custo de vida talvez definam valores mais baixos do que os de países desenvolvidos. Designers com família para sustentar e outras obrigações financeiras também farão cálculos diferentes. Em teoria, não há nada de errado com isso, afinal, se forem sensatos, só disponibilizarão seu tempo se, para eles, o retorno potencial valer a pena, mas, como vimos, os seres humanos estão longe de ser racionais quando se trata de definir valor.

A DesignCrowd é uma das muitas protagonistas da indústria de "trabalho sob demanda", que se encontra em rápida expansão. A Mechanical Turk, da Amazon, permite que contratantes anunciem "tarefas de inteligência humana", as quais freelancers independentes podem executar por um valor definido. A Upwork conecta empresas a freelancers profissionais em todo o mundo. A Fiverr faz o mesmo para microtrabalhos a partir de cinco dólares. A Crowd-Flower une um exército de freelancers remotos, especialistas em tecnologia de inteligência artificial, para oferecer a seus clientes serviços de dados com "humanos no circuito". A TaskRabbit oferece unidades de trabalho remunerado para qualquer pessoa que queira caminhar com cães, fazer limpeza, carregar coisas, montar móveis ou produzir um videoclipe do tipo "faça você mesmo". Empresas podem usar o Gigwalk para incumbir pessoas em cidades distantes a verificar cartazes no comércio, fotografar lojas ou coletar dados de localização. A Client Partners permite que japoneses solitários aluguem um "amigo" para um bate-papo, acompanhá-los em uma festa de casamento ou aparecer em uma foto.

Para pessoas que não podem ou não querem fazer o trajeto diário de casa--trabalho, comprometer-se com um único trabalho ou seguir horários rígidos, essas possibilidades da economia gig são uma verdadeira dádiva. Freelancers empenhados podem ganhar muito dinheiro — como um designer da Design-Crowd que recebeu 1 milhão de dólares em cinco anos. As plataformas para serviços digitais e de escritório também permitem que trabalhadores de países mais pobres tenham acesso à economia global, reduzindo assim a desigualdade e promovendo desenvolvimento. A flexibilidade e a eficiência do trabalho sob demanda podem ser boas tanto para o executor quanto para quem contrata os serviços, desde que concordemos com um preço correto.

O problema é que a maioria de nós não é muito competente em fazer valorações sensatas do nosso tempo. Não sabemos o quanto realmente valemos, e não pensamos nos custos e riscos ocultos de um trabalho específico. Escritores como eu podem passar anos dedicando-se a um livro que nunca será vendido. Personal trainers obrigados a pagar uma taxa à academia e oferecer aulas experimentais gratuitas podem descobrir que o ganho líquido não compensa o tempo e o dinheiro investidos. Usuários da TaskRabbit e do Gigwalk podem se inscrever para um microtrabalho sem contabilizar totalmente o tempo ou despesas com transporte. Profissionais que são pagos apenas se seu trabalho for aprovado (*on-spec*) ou por unidade entregue, em vez de receber um salário por hora, podem subestimar o custo em tempo real desse trabalho.

Freelancers tendem a subestimar o quanto eles precisam ganhar por hora para cobrir impostos, aposentadoria, licença-maternidade, saúde e seguro de invalidez, juntamente com os outros custos que devem cobrir. Consequentemente, fazem uma valoração subjetiva mais baixa do que deveriam e aceitam trabalhar por valores inferiores ao necessário. Isso não é ruim apenas para eles, mas também para todos os outros trabalhadores com os quais estão competindo, visto que o valor de mercado fica abaixo de um nível sustentável. A legislação que estabelece um salário mínimo, quando ela existe, raramente se aplica aos autônomos, além de não fazer sentido para modelos de trabalho *on-spec*, como os Concursos de Design. Infelizmente, nada impede que profissionais se desvalorizem em detrimento do restante da força de trabalho autônoma. Corremos o risco de ver uma corrida para o fundo do poço em relação aos preços de mão de obra sob demanda, resultando em uma espécie de exploração virtual global.

À medida que mais e mais pessoas transitem para a economia gig, nós que somos autônomos precisamos aprimorar nosso sistema de autovaloração — pelo bem de todos.

O VALOR DE TUDO

Como consequência direta de nossas escolhas baseadas em valorações, empresas florescem ou fracassam e economias crescem ou entram em colapso. Algumas das organizações mais poderosas e sofisticadas do mundo têm um poderoso incentivo para jogar com nossas fraquezas psicológicas e moldar nosso comportamento de consumo, influenciando as verdades sobre os valores financeiros que seguimos. Na maioria das jurisdições não é ilegal que profissionais de marketing utilizem determinados recursos e usem âncoras de preços ou nos incentivem a acreditar que produtos como diamantes são mais valiosos do que normalmente julgaríamos. Por isso, é importante que nos conscientizemos dos truques de vendas e armadilhas psicológicas, e continuemos nos perguntando se, para nós, essa coisa saborosa, brilhante e fascinante que estamos pensando em comprar *realmente* vale para nós mais do que seu preço. E quando vendemos a nós mesmos, precisamos pensar muito sobre todos os elementos que devem influenciar o valor que definimos para nosso tempo.

Refletir um pouquinho mais a respeito de valor quase sempre vale a pena.

Na prática:

• Equacione o quanto algo realmente vale para você, em vez de ser direcionado por um valor definido por outros.

• Ao definir valores, considere riscos, perspectivas futuras e escassez, bem como os benefícios que você ou outros obterão com o produto.

Mas cuidado com...

• Enganadores que usem âncoras e outros truques psicológicos para influenciar sua valoração de produtos.

• Modelos de negócios, plataformas ou ambientes que o encorajem a subvalorizar seu tempo e sua mão de obra.

Terceira parte

Verdades artificiais

9. Definições

*Quando eu uso uma palavra, ela significa exatamente o que
eu quero que signifique — nem mais nem menos.*
Humpty-Dumpty em *Alice através do espelho*, de Lewis Carroll

A PALAVRA QUE COMEÇA COM "F"

"É uma palavra muito forte, com um impacto forte."

O que vem à mente? Um palavrão? Algo religioso ou espiritual? Um nome sagrado?

Isso foi dito por Brendan Paddy, diretor de Comunicação do Comitê de Emergência de Desastres, a organização que em tempos de crise reúne treze instituições de caridade importantes do Reino Unido. Ele continuou: "Precisamos tomar cuidado ao usá-la. Temos que soar o alarme antes que seja tarde demais, mas também não queremos ser acusados de promover pânico desnecessário".[1]

A palavra que Brendan Paddy está tratando com tamanha cautela é conhecida como "a palavra que começa com F" entre trabalhadores de ajuda humanitária e profissionais de desenvolvimento internacional: *fome*.

Essa palavra é tão importante que várias agências da ONU e ONGs se reuniram para elaborar uma definição precisa. A Classificação Integrada de

Fases de Segurança Alimentar (IPC) define que a fome só pode ser declarada quando "pelo menos 20% dos agregados familiares de uma área enfrentarem escassez extrema de alimentos, com uma capacidade limitada para lidar com a fome, as taxas de desnutrição aguda excederem 30% e a taxa de mortalidade exceder duas a cada 10 mil pessoas por dia".

Por que tal alarde em torno do significado de uma palavra que qualquer criança pode aprender na aula de história? A declaração oficial de fome não impõe obrigações à comunidade internacional para agir. O que importa é apenas o poder de uma palavra para moldar a opinião pública.

"Usar a palavra que começa com 'F' suscita uma mensagem muito forte para filantropos e políticos. Ela atrai publicidade e insere o assunto na pauta de notícias. Sem isso, o público não sabe o que está acontecendo", explica Ian Bray, da Oxfam.[2]

Muitos se lembrarão da crise de fome da Etiópia em 1984, que matou centenas de milhares de pessoas. Graças aos apelos das agências internacionais, reportagens impressionantes de jornalistas como Michael Buerk e os esforços de angariação de fundos de Bob Geldof e amigos, mais de 200 milhões de dólares foram doados para ajuda emergencial. A manifestação de solidariedade em todo o mundo foi extraordinária.

Os agentes humanitários sabem que uma mobilização nessas proporções é raramente alcançada. Portanto, a palavra "fome" deve ser reservada para aquelas ocasiões em que uma ação internacional é absolutamente essencial para evitar fome extrema em massa. Usá-la com mais frequência é arriscar um alarme falso. Isso nos leva à perversa situação em que uma variável contínua, o nível de insegurança alimentar (ou, em termos claros, fome extrema) em uma região, é convertida para uma variável com apenas dois valores possíveis: fome ou ausência de fome.

Em 2014, uma equipe de especialistas em segurança alimentar viajou para Juba, no Sudão do Sul, para avaliar se a desesperadora situação local poderia ser classificada como crise de fome. O que estava em jogo era algo muito sério: "Uma declaração [de fome] pode ter um impacto significativo no nível de apoio à crise", disse Chris Hillbruner, da FEWS NET, uma rede de sistemas de alerta precoce criada pela USAID (Agência dos Estados Unidos para o Desenvolvimento Internacional).[3] O grupo conferiu as taxas de desnutrição, analisou as colheitas arrasadas e os reduzidos rebanhos de animais do Sudão do Sul e concluiu que a situação atendia às condições da Fase 4 (Emergência) da IPC, mas não da Fase 5 (Fome).

"Isso significa que será muito mais difícil para os agentes humanitários recolher os fundos necessários para auxiliar as pessoas que já enfrentam condições terríveis e evitar que a situação se agrave ainda mais", escreveu Davina Jeffery, da organização Save the Children, integrante da equipe que foi a Juba. "Embora a fase 4 da IPC ainda signifique uma emergência, haverá pouco interesse da mídia e quase certamente nenhum apoio do Comitê de Emergência de Desastres, e provavelmente nenhum aumento substancial no financiamento."[4]

Sem essa mobilização de doadores, a situação no Sudão do Sul continuou a se deteriorar, até que a fome foi finalmente declarada em 2017. Pela primeira vez em seis anos a palavra "fome" foi empregada oficialmente, e isso teve um impacto imediato. Só no Reino Unido o apelo à fome levantou 50 milhões de libras em apenas três semanas.

Tal é o efeito de uma palavra. Ela não tem poder legal, mas seu uso pode significar a diferença entre a vida e a morte para milhares.

Imagine, então, o impacto de uma palavra que tem consequência legal...

QUANDO UM GENOCÍDIO NÃO É UM GENOCÍDIO?

Em 1994, cerca de 800 mil pessoas foram assassinadas em Ruanda no espaço de algumas semanas. Após o assassinato do presidente, a maioria do grupo étnico hutu travou uma campanha cruel para eliminar a minoria do grupo tutsi. Relatórios da ONU e da mídia sobre os massacres foram rapidamente divulgados. Os assassinos hutus estavam armados com facões e armas de fogo simples e seriam facilmente contidos se houvesse uma intervenção militar ocidental. No entanto, nada aconteceu.

De acordo com documentos governamentais confidenciais, autoridades americanas começaram a usar a palavra "genocídio" para descrever os eventos em Ruanda após dezesseis dias do início da violência. A administração do presidente Bill Clinton, porém, não empregou a palavra publicamente por 49 dias, e mesmo assim mencionando apenas "atos de genocídio". Alan Elsner, correspondente da agência de notícias Reuters, chegou a perguntar a um constrangido porta-voz do Departamento de Estado dos Estados Unidos:

"Quantos atos de genocídio são necessários para constituir um genocídio?".[5] O governo Clinton parecia totalmente reticente em admitir a realidade do horror que estava ocorrendo na África Oriental.

Eis a razão:

> Questões para discussão:
>
> 1. Investigação sobre genocídio: linguagem que exige uma investigação internacional sobre abusos dos direitos humanos e possíveis violações da convenção sobre o genocídio.
>
> Tenha cuidado. O [setor] jurídico do [Departamento de] Estado estava preocupado com isso ontem — a descoberta de genocídio poderia obrigar o governo dos EUA a realmente "fazer algo".[6]

O texto é de um documento do Departamento de Defesa dos Estados Unidos de 1º de maio de 1994, menos de um mês após o início da matança. Confidencial em 1998, o documento mostra exatamente por que a administração se recusava a usar a palavra "genocídio" ao falar sobre Ruanda: o departamento jurídico do Departamento de Estado temia que, rotulando os assassinatos como genocídio, o governo dos Estados Unidos fosse obrigado a intervir — algo que eles estavam relutantes em fazer, especialmente depois de uma desastrosa intervenção militar-humanitária na Somália alguns meses antes.

O conceito de genocídio é uma inovação jurídica relativamente recente, originária dos julgamentos de Nuremberg, de criminosos de guerra nazistas após a Segunda Guerra Mundial. A palavra foi cunhada por um advogado judeu, Raphael Lemkin, que teve a maior parte de sua família assassinada no Holocausto. O Artigo 1 da Convenção para a Prevenção e Punição do Genocídio, de 1948, estabelece que as partes contratantes (incluindo os Estados Unidos) "confirmam que o genocídio, seja cometido em tempo de paz ou em tempo de guerra, é um crime sob o direito internacional, e que *se comprometem a prevenir e punir*" (grifo meu). Portanto, ao reconhecer o genocídio em Ruanda, os Estados Unidos e outros países se veriam obrigados a "fazer alguma coisa".

Mas a definição de genocídio, como estabelecido na Convenção de 1948, compreendia não apenas o ato físico de matar múltiplos integrantes de um grupo definido, mas também a clara *intenção* de extinguir o grupo, em parte ou em sua totalidade.

Embora fosse inegável que um grande número de tutsis estava sendo morto, a intenção de eliminar os tutsis "no todo ou em parte" não poderia ser facilmente comprovada durante as primeiras semanas da matança. Estações de rádio controladas por hutus estavam incitando seus ouvintes a matar os tutsis, mas seria essa uma prova de intenção de eliminar uma população? De acordo com os hutus, eles estavam lutando uma guerra civil por causa do assassinato de seu presidente. Se de fato fosse uma guerra civil, a expectativa seria que outros países não se metessem.

Portanto, mesmo que saibamos que na verdade um genocídio estava acontecendo em Ruanda em 1994, também pode ter sido verdade que, ao menos por um tempo, não tenha havido evidência de intenção suficiente para declarar que o que estava ocorrendo era realmente genocídio. Os Estados Unidos e outros países conseguiram esquivar-se de suas responsabilidades ao não adotar uma definição. Posteriormente, Bill Clinton reconheceu que, se tivessem intervindo mais cedo, os Estados Unidos poderiam ter salvado ao menos 300 mil vidas.

Estratégia de definições #1
Interpretar circunstâncias de modo
a encaixá-las em uma definição

"Milhares correm o risco de morrer de inanição" e "milhares correm o risco de morrer por escassez de comida" são duas verdades concorrentes que descrevem mais ou menos a mesma situação, porém produzem dois resultados muito diferentes.

"Milhares estão sendo assassinados" e "milhares estão sendo assassinados em um genocídio" também levam a resultados completamente diferentes. Quando palavras poderosas são definidas com tanta precisão, existe a tentação de procurar moldar as circunstâncias para que se adaptem à palavra. Para o governo Clinton, isso significou interpretar eventos em Ruanda de uma maneira que evitasse reconhecer uma intenção genocida sistemática. Para um ativista bem-intencionado, isso poderia significar reenquadrar os dados da desnutrição a fim de alertar o mundo para um verdadeiro desastre humanitário.

Mas a maioria das palavras não é definida com precisão. Há espaço de manobra. E, para essas palavras, a tentação — ou oportunidade — é moldar a palavra para se adequar às circunstâncias.

É PURO, É NATURAL, É CLINICAMENTE COMPROVADO!

Uma frase popular entre os profissionais de marketing de produtos para cuidados com cabelos, pele e higiene é *cientificamente provado* ou *clinicamente comprovado*. Para consumidores inseguros, validação científica é um atributo irresistível do produto. Por exemplo, o desodorante Sure Maximum Protection, da Unilever, assegura: "Ajuda cientificamente provada em evitar a transpiração excessiva quando você mais necessita".[7]

Mas o que significa "cientificamente provado"? Suponha que, em média, 10% de uma população contraia um vírus em um ano. Você administra uma droga experimental em cem pessoas e apenas nove delas contraem o vírus (em vez das dez esperadas). Isso é prova da eficácia contra o vírus? E se apenas sete pessoas contraíssem o vírus? Cientistas usam estatísticas para calcular a probabilidade de todos esses resultados e, a partir dessas probabilidades, determinam os níveis de confiança em que o medicamento funcionará em diferentes cenários. Se, por exemplo, sete pessoas em cem contraírem o vírus, eles podem ter confiança moderada em que o medicamento fez algum efeito. Se apenas quatro pessoas contraírem o vírus, os níveis de confiança serão maiores. Mas os cientistas são relutantes em falar sobre *provas*.

A presença ou ausência de um vírus pode ser diretamente estabelecida com um teste de diagnóstico correto. Medir objetivamente se a pele está mais macia ou o hálito mais fresco é bem mais difícil. Provar que uma determinada formulação química deixa o cabelo significativamente mais sedoso, seja lá o que isso signifique, é trabalho que poucos cientistas respeitáveis aceitariam. No entanto, nuances estatísticas e complexidades de medição de resultados desejáveis de higiene e beleza são geralmente irrelevantes, tanto para profissionais de marketing como para consumidores. Analise a frase "ajuda cientificamente provada em evitar a transpiração excessiva quando você mais necessita" e você se perguntará o que exatamente está sendo prometido. Esse desodorante *não* será eficaz, exceto em circunstâncias extremas? O que exatamente significa "ajuda", afinal?

Cientificamente provado soa consistente, claro, indiscutível. Infelizmente para os profissionais de marketing que usam a frase, ela tem sido bastante contestada em vários casos. A Dannon, subsidiária da empresa francesa de alimentos Danone, entrou em acordo sobre um processo de vários milhões de dólares por alegações de que seria cientificamente provado que o iogurte Activia regula o sistema digestivo.[8] Segundo os termos do acordo, a Dannon seria obrigada a remover as palavras "clinicamente provado" e "cientificamente provado" de seus produtos e comerciais, substituindo-as por frases como "estudos clínicos demonstram". Até isso é uma afirmação duvidosa, já que a frase "regular o sistema digestivo" não tem qualquer significado médico ou científico real. A empresa insistiu em que estaria dizendo a verdade: "A Dannon mantém os termos de sua publicidade e nega que tenha feito qualquer coisa errada", de acordo com seu comunicado.

Fabricantes de água engarrafada frequentemente esticam definições a um ponto de ruptura. O que significa *puro*, por exemplo? A água mineral não é água pura por definição, pois contém minerais. A descrição mais precisa seria "H_2O contaminado". Mas, por algum motivo, aceitamos que "puro" nesse contexto significa outra coisa, talvez algo como "de uma fonte natural não poluída". O problema é que essa definição confere muita liberdade a profissionais de marketing sem escrúpulos. Uma fonte natural não poluída pode ser a água subterrânea da sua cidade.

A Nestlé enfrentou uma ação coletiva em 2003 contra a Poland Spring Water, comercializada como água de nascente natural encontrada "nas profundezas da mata do Maine". Mas a água extraída não é da nascente original da Poland Spring, e sim de uma variedade de poços existentes nas proximidades. A resposta da empresa foi de caráter definitório: "A Poland Spring é exatamente o que dizemos que é: água natural de nascente, e há muitos critérios para isso".[9] A Nestlé aceitou o acordo sem admitir falsa publicidade.

Em 2004, a Coca-Cola lançou a água Dasani no Reino Unido. Já estabelecida com sucesso nos Estados Unidos, a marca foi comercializada como "uma das águas mais puras existentes". No entanto, logo foi revelado que o produto distribuído no Reino Unido nada mais era do que água de torneira tratada obtida em Sidcup, um subúrbio londrino. O lançamento fracassou, em parte porque o público não aceitou a verdade da Coca-Cola de que um "processo de purificação altamente sofisticado" que removia "bactérias, vírus, sais, minerais, açúcares, proteínas e partículas de toxinas" transformava a água da torneira em "pura".[10]

Contém minerais essenciais é outra frase enganosa da água engarrafada. Pode até ser verdade que vestígios de minerais com importante valor nutricional estejam presentes, mas as concentrações são muito baixas para de fato contribuir para sua saúde. Você teria que beber um lago de água mineral para obter sua dose diária de minerais. Sal marinho também tem o costume de se vangloriar de seus minerais essenciais. É certamente verdade que aqueles belos flocos contêm uma grande quantidade de um mineral essencial: cloreto de sódio. Outros minerais raramente estão presentes em quantidades nutricionalmente significativas.

Mas o sal marinho é *natural*, não é? Essa é uma ideia muito estranha. Cloreto de sódio é um só, independentemente de ter sido originado pela evaporação da água do mar, por mineração na rocha ou pela combinação de sódio e cloro em laboratório. Não há diferença material. Então o que os profissionais de marketing querem dizer com *natural*? Isso não tem significado legal ou científico. A ideia é nos fazer presumir que os produtos "naturais" vêm diretamente da natureza, dando a entender que não foram contaminados, estão livres de manipulação industrial e são exatamente o que nossos ancestrais teriam consumido em plena savana. Provavelmente nada disso é verdade.

Em 2010, a PepsiCo reformulou a identidade de seu refrigerante de lima e limão, Sierra Mist, rebatizando-o de "Sierra Mist Natural", sob a alegação de que haviam substituído o xarope de milho por açúcar comum (o milho é, naturalmente, tão "natural" quanto a cana-de-açúcar). Se até um refrigerante pode ser comercializado como "natural", então a definição aceita da palavra deve ser realmente vaga. Três anos depois, a PepsiCo abandonou o rótulo "natural" devido à "falta de orientações regulatórias detalhadas sobre o uso do termo".[11]

Você percebe que os profissionais de marketing perderam contato com a realidade quando precisam de "orientações regulatórias detalhadas" sobre como usar a palavra "natural".

Estratégia de definição #2
*Forçar uma definição a ser adaptada
às circunstâncias*

"Palavras desse tipo", escreveu George Orwell sobre "democracia", "socialismo" e "liberdade", "são muitas vezes usadas de maneira conscientemente desonesta. Ou seja, a pessoa que as usa tem sua própria definição particular, porém permite que seu ouvinte pense que ele está querendo dizer algo bem diferente."[12] Hoje podemos acrescentar à lista "artesanal", "gourmet", "premium", "icônico", "próxima geração", "sustentável", "curado", "valor", "designer", "sofisticado", "sob medida", "autêntico" e muitas outras palavras inocentes. Orwell estava preocupado com a política e a tirania, mas a prática de desonestidade consciente que ele observou floresceu além de toda a imaginação na profissão dos marqueteiros.

PENSEM NAS CRIANÇAS

Não são apenas as empresas comerciais que ultrapassam os limites. Em 2013, a Shelter, uma importante instituição de caridade inglesa, publicou um comunicado de imprensa com a seguinte manchete apelativa: "Oitenta mil crianças não têm casa neste Natal".[13] Como você interpretaria isso? Quando falamos de falta de moradia, geralmente pensamos em homens e mulheres sem-teto, vivendo e dormindo nas ruas. Nossa mente já associa a caixas de papelão, cobertores sob marquises, carrinhos de compras carregados de objetos deploráveis, barbas desalinhadas e pedidos de esmola. Digite o termo no Google Imagens e é exatamente isso que você verá.

A ideia de milhares de crianças britânicas dormindo nas ruas durante o inverno era terrível. Como era de esperar, a manchete da Shelter teve ampla cobertura. Não tão bem divulgada foi a definição de *não ter casa* que vinha abaixo da manchete: a Shelter não se referia a desabrigados. Referia-se às crianças de famílias que não tinham casa para morar e, portanto, dependiam de alojamento temporário fornecido pelo governo. Muitas dessas famílias estavam alojadas em pensões, pagas pelas autoridades locais. Embora algumas dessas acomodações fossem bastante modestas, praticamente nenhuma família com filhos no Reino Unido teria negada a possibilidade de ter um teto em qualquer época do ano, muito menos no inverno. Uma pensão pode não ser o local ideal para uma criança passar o Natal, mas é uma realidade muito distante do banco de parque congelado imaginado por aqueles que leram a manchete do comunicado da Shelter.

A escolha de palavras para a campanha foi justificada? Muitos dos que leram a manchete e abriram suas carteiras para ajudar as "crianças desabrigadas" talvez não suspeitassem que elas já estivessem acomodadas. No entanto, uma pensão não é uma casa e, portanto, tecnicamente, essas crianças poderiam, sim, ser classificadas como "sem-lar". A Shelter estava fazendo uma afirmação verdadeira, mesmo que alguns possam tê-la entendido mal.

Para ser justo com a organização, o site deles deixava claro que sua preocupação principal era com pessoas que não tinham uma habitação privada:

Famílias sem-lar estão por toda a sua volta. Mas você não vai vê-las, porque elas estão escondidas — por vezes dormindo em um lugar diferente a cada noite. E, embora tenham abrigo, não têm um lugar para chamar de lar. Nenhum espaço para jantar ou fazer lição de casa. Compartilhando um banheiro com inúmeras outras pessoas. E o pior, não há uma porta para ser trancada ao final do dia.

Você deve ser considerado sem-lar se, no Reino Unido ou em qualquer outro lugar do mundo, não tiver uma casa que possa ocupar. Você não precisa estar dormindo na rua para ser considerado sem- lar.[14]

A Shelter estava, em essência, tentando restabelecer o significado literal de "sem-lar", ou seja, sem um "lugar onde se vive permanentemente", em vez da definição mais difundida que vemos retratada no Google Imagens.

"EU NÃO TIVE RELAÇÕES SEXUAIS COM AQUELA MULHER"

Quando foi acusado de ter tido relações sexuais com uma estagiária da Casa Branca, o presidente Bill Clinton concluiu um discurso televisionado sobre educação da seguinte forma:

Quero dizer uma coisa para o povo americano. Quero que você me escute. Vou dizer novamente: eu não tive relações sexuais com aquela mulher, a srta. Lewinsky.

Clinton já havia negado ter tido relações sexuais com Monica Lewinsky durante um depoimento para o processo de um caso civil feito por sua ex--funcionária Paula Jones. No entanto, em seguida ficou patente que Clinton havia desfrutado de vários "encontros sexuais" com Lewinsky, em particular com sexo oral e usos pouco ortodoxos de um charuto. O presidente dos Estados Unidos parecia ter mentido sob juramento no tribunal. Perjúrio seria um motivo para impeachment, portanto a acusação era seriíssima.

Mas ele mentiu?

Clinton é advogado e entende bem a importância das definições, então não é surpreendente que apareça duas vezes neste capítulo. No depoimento do caso Jones, sua equipe jurídica argumentou com sucesso que a definição de *sexo* se reduzisse a:

Contato com a genitália, ânus, virilha, mama, parte interna da coxa ou nádegas de qualquer pessoa, com a intenção de despertar ou gratificar o desejo sexual de qualquer pessoa.

Como a *boca* não foi listada entre todas essas partes do corpo, Clinton mais tarde argumentou ante um tribunal que a felação executada nele por "qualquer pessoa" (Lewinsky), de acordo com essa definição, não poderia ser qualificada como sexo. "Se o depoente é a pessoa que teve sexo oral nele executado, então o contato físico foi com... não com qualquer item desta lista, mas com os lábios de outra pessoa", ele testemunhou. Estranhamente, isso significaria que Lewinsky estaria fazendo sexo, enquanto ele não. Seu argumento dependia da interpretação de "qualquer pessoa" como significando "qualquer *outra* pessoa", desse modo excluindo a si mesmo. Se isso é uma interpretação razoável, é algo que tem sido debatido calorosamente desde então, implicando, por exemplo, que a definição de sexo do tribunal não cobriria estupro, a menos que o estuprador pretendesse despertar desejo em sua vítima.

Parte da definição de sexo que a equipe de Clinton havia removido era: "O contato entre os órgãos genitais ou o ânus da pessoa e qualquer parte do corpo de outra pessoa", o que teria coberto o sexo oral realizado em Clinton. O fato de Clinton querer remover essa linha sugere que ele já estava planejando moldar a realidade ajustando suas definições.

Não satisfeito com a confusão do significado de *sexo*, Clinton questionou também os tempos verbais. Ele foi solicitado pelo grande júri que defendesse sua afirmação anterior, em relação a Monica Lewinsky, de que "não há nada acontecendo entre nós". Sua resposta foi pura preciosidade semântica:

Depende do que é o significado da palavra "há". Se o... se ele... se "há" significa há e nunca houve, então não é... isso é uma coisa. Se significa que não há nada, foi uma afirmação completamente verdadeira... Agora, se alguém me perguntasse naquele dia, você está tendo algum tipo de relação sexual com a srta. Lewinsky, isto é, me fizesse uma pergunta no tempo presente, eu teria dito não. E teria sido totalmente verdade.[15]

Embora o impeachment tenha sido votado a favor pela Câmara dos Representantes, Clinton foi absolvido pelo Senado. A maioria dos senadores votou manifestando que ele não era culpado de perjúrio. Eles aceitaram sua verdade intricada e Clinton manteve seu cargo.

DEFINA ISTO

Definições não são gravadas em pedra. Elas evoluem com o tempo, aumentando a complexidade do mundo que estamos tentando descrever e navegar. Veja, por exemplo, o assunto deste livro. Eu concebi o termo "verdade concorrente" para definir minha temática, mas quando o livro é categorizado para livrarias e sites de busca, palavras-chave como "spin", no sentido de "manipulação", e "propaganda", no sentido político e ideológico, serão inevitavelmente empregadas. Ambas são pejorativas, sugerindo meias mentiras ou desonestidade pura e simples. Nem sempre foi assim.

A palavra "propaganda" vem da Sagrada Congregação para a Propagação da Fé (*Congregatio de propaganda fide*), ou Congregação para a Evangelização dos Povos, instituída pelo papa Gregório xv em 1622 para supervisionar o trabalho missionário e combater a disseminação do protestantismo. Durante séculos, a propaganda não implicava nada mais sub-reptício do que transmitir a verdade, ao menos como a Igreja a via. Suas origens católicas emprestaram uma conotação negativa à palavra em alguns países protestantes, mas foi apenas com o trabalho de Joseph Goebbels, ministro da Propaganda na Alemanha nazista, que a propaganda se tornou um conceito nocivo. A primeira definição em meu dicionário diz: "Informações, especialmente de natureza tendenciosa ou enganosa, usadas para promover uma causa política ou um ponto de vista". Ninguém hoje desejaria o trabalho de ministro de Propaganda.

Mais recentemente, os *spin doctors* [literalmente, "especialistas em torcer a verdade"],* ou marqueteiros políticos, tornaram-se personagens importantes nas equipes de nossos líderes eleitos. "Torcer a verdade" costumava significar apresentar algo sob uma ótica positiva, talvez deixando de fora alguns fatos

---

* Assessor político hábil em ajustar comunicados verbais ou escritos para expor uma perspectiva mais favorável. (N. T.)

inconvenientes, exatamente como as pessoas publicam seus perfis pessoais no Facebook e no LinkedIn. Meu dicionário define spin como "apresentação da informação de uma maneira específica, especialmente a favorável". Colocado assim, spin é como a maioria de nós se comunica durante a maior parte do tempo.

Embora nenhum *spin doctor* alegue que sua versão é a verdade completa, eles veem sua afirmação seletiva da verdade como a maneira sensata, tática e moralmente neutra de atingir os objetivos daqueles que os contratam. "Obviamente eu estava muito orgulhoso por atuar como *spin doctor*", lembra Lance Price, que antes de trabalhar para Tony Blair foi um respeitado correspondente político da BBC.[16] Price deixa clara a diferença entre spin e desonestidade: "Mentiras não são spin, são apenas mentiras". Se esse fosse o conceito comumente aceito hoje em dia, eu teria usado mais vezes o termo neste livro, mas, graças em parte ao trabalho de Price e seu chefe, Alastair Campbell, durante o governo de Blair, spin também virou uma palavra maculada.

As definições populares de "propaganda" e "spin" mudaram; antes ideias positivas ou neutras, hoje designam algo muito mais nefasto. Assim, para moldar sua percepção sobre este livro, não estou usando muito nenhuma dessas palavras. Este livro é sobre o uso de verdades.

Este livro é sobre o uso *seletivo* de verdades.

"EU NÃO SOU FEMINISTA, MAS ACREDITO EM IGUALDADE..."

Embora as definições possam evoluir naturalmente, também podemos dar um empurrãozinho para uma direção construtiva em algumas delas. Uma palavra que precisa de uma ajuda, em um mundo onde a igualdade de gênero ainda é um sonho distante, é "feminismo".

Uma pesquisa de 2005 da CBS News descobriu que apenas 24% das mulheres dos Estados Unidos se consideravam feministas[17] e 17% consideravam o termo um insulto (contra apenas 12% que o consideravam um elogio). Quando perguntaram a Susan Sarandon, estrela do filme de empoderamento feminino *Thelma e Louise*, em 2013, se ela se considerava uma feminista, a atriz respondeu: "Eu penso em mim como humanista, porque acho menos depreciativo para as pessoas que pensam em feminismo como um bando de histéricas".[18] Mais de 45 mil pessoas curtiram a página do Facebook "Mulheres Contra o Feminismo", que se descreve como: "Vozes das mulheres contra o feminismo moderno e sua cultura tóxica. Estamos julgando o feminismo por suas ações, e não por definições do dicionário". Uma das mulheres mais poderosas do Vale do Silício, a CEO do Yahoo, Marissa Mayer, declarou: "Não acho que eu me consideraria uma feminista [...]. Eu não tenho, acho, de certa forma, o impulso militante e o tipo de... o espírito combativo que por vezes acompanha o movimento".[19]

Portanto a palavra "feminismo" tem um problema de imagem. No entanto, a mesma pesquisa da CBS News descobriu que, quando a definição de feminista oferecida é "alguém que acredita na igualdade social, política e econômica entre os sexos", a proporção de mulheres que se consideram feministas aumenta de 24% para 65%. Com a mesma definição, 58% dos homens se consideravam feministas, bem acima dos 14% registrados quando não há definição. Por menor que seja o respeito que as "Mulheres Contra o Feminismo" possam ter pelas definições do dicionário, os números das pesquisas mostram que definições são importantes.

Podemos alterar a definição de palavras através da associação com ações específicas, e talvez esse seja o caso do "Mulheres Contra o Feminismo": se você testemunhar várias mulheres se identificando como feministas enquanto destilam ódio contra os homens, poderá realmente concluir que a definição de feminismo tem algo tóxico. Uma definição muito mais positiva apareceu em 2014, quando líderes políticos britânicos — homens e mulheres — posaram em camisetas produzidas pela organização Fawcett Society que traziam a mensagem "Esta é a aparência de uma feminista". O líder do Partido Trabalhista e o vice--primeiro-ministro, ambos homens, foram fotografados vestindo as camisetas para a edição especial sobre feminismo da revista *Elle*. O primeiro-ministro David Cameron recusou o convite da *Elle*, mas declarou: "Se isso significa igualdade de direitos para as mulheres, então sim. Se é isso o que você quer dizer com feminista, então, sim, sou feminista".[20]

Certamente foi uma conquista do movimento que um primeiro-ministro do Reino Unido tenha se declarado feminista. Nem Margaret Thatcher chegou a tanto. Na verdade, ela teria dito: "As feministas me odeiam, não é? E eu não as culpo. Pois eu odeio o feminismo. É venenoso".[21] Como dois líderes do Partido Conservador poderiam ter pontos de vista tão diferentes? A resposta está nas palavras de Cameron: *Se isso significa...*

Tudo se resume a como se define uma palavra.

Estratégia de definição #3
*Modificar definições para transformar
uma discussão*

Assim como tentamos estabelecer uma definição mais positiva de "feminismo", nossa compreensão do que significa ser uma mulher — ou homem — está sendo questionada. A genética subjacente não mudou, mas sim nossa compreensão das limitações de gênero. Fluidez de gênero costumava ser exceção (David Bowie, Joana d'Arc, Grace Jones), mas atualmente está se tornando cada vez mais uma escolha normalizada. Alguns ratificam uma identidade de gênero não binária. Em 2016, Jamie Shupe tornou-se a primeira pessoa nos Estados Unidos a ser legalmente reconhecida como não binária, aumentando a perspectiva de opções de terceiro gênero em passaportes, carteiras de motorista e candidaturas a emprego. Índia, Alemanha, Paquistão e Austrália já introduziram opções de terceiro gênero.

As pessoas que se identificam como não binárias geralmente preferem o pronome inglês *they* [eles] a *he* [ele] ou *she* [ela]. O "*they* singular" foi a palavra do ano da American Dialect Society, dedicada ao estudo da língua inglesa, em 2015. Alguns rejeitam "rótulos" ou adotam identificações personalizadas para que a categorização se torne praticamente impossível. Essa tendência sugere que definições tradicionalmente usadas em torno de gênero e sexualidade com frequência são vistas como inúteis ou até opressivas.

Não há ponto que evidencie com mais clareza o poder das definições de moldar a realidade do que a recusa em aceitar essas definições. Portanto, a negação de definições é, em si, uma forma de verdade concorrente que molda a realidade daqueles que preferem passar pela vida sem categorizações. Nas palavras da cantora Miley Cyrus no Instagram: "NADA pode/vai me definir! Livre para ser TUDO!!!".

‹REDEFINA.TUDO›

Se o gênero e a sexualidade estão cada vez mais fluidos, a própria definição de sexo pode em breve ser estendida muito além das bizarras formulações de Bill Clinton. O desenvolvimento de brinquedos eróticos controlados remotamente, tristemente denominado *teledildonics*, permite que parceiros que disponham de Bluetooth e uma boa conexão de internet ofereçam estimulação tátil mútua mesmo estando em continentes diferentes. A realidade virtual poderá, em breve, nos levar ainda mais longe. Sexo remoto agora já é uma realidade. Mas isso é realmente sexo? Essa resposta ainda não temos. É possível, por definição, fazer sexo com alguém que não está no mesmo quarto que você? Se não for sexo, então é traição usar remotamente esses dispositivos com alguém que não seja seu parceiro (ou com um sistema operacional)? E se *for* sexo, o que acontece quando um hacker invade sua conexão sem você saber? Como definir *isso*?

A tecnologia está desafiando definições em muitos campos. Os significados de trabalho, dinheiro, amizade, educação, guerra e linguagem estão mudando tão vertiginosamente quanto os de sexo. Um ataque cibernético cometido por uma nação contra a infraestrutura de outro país é um ato hostil que justifica uma resposta "cinética" (militarmente letal)? Se um Estado contrata hackers para esvaziar as contas de um banco estrangeiro sistemicamente importante, isso será roubo ou guerra? "Amigos" de Facebook são realmente *amigos*? O que significa um like hoje em dia, dada a sua proliferação como um aceno de mídia social? À medida que cursos on-line abertos e massivos (Massive Open Online Courses — MOOCs) e recursos de informações virtuais proliferam, devemos redefinir *aprendizado* e *educação*? Um *emprego*, *trabalho* ou *carreira* ainda significa o que achamos que significa? A *morte* será sempre tão final e irreversível?

Esse fluxo de definição impulsionado pela tecnologia é uma oportunidade de ouro para os profissionais de marketing, inovadores sociais e visionários da tecnologia moldarem a realidade. Ao mesmo tempo, é, para muitos outros, um momento desconcertante para estar vivo. Saber transitar por um mundo de definições mutáveis pode em breve se tornar uma habilidade essencial para os seres humanos de qualquer parte.

Na prática:

• Seja claro em suas definições, mas não hesite em modificá-las caso isso ajude a elucidar ou fazer avançar um debate.

• Atualize-se, aceitando que definições mudarão juntamente com todo o resto.

Mas cuidado com...

• Enganadores que interpretem circunstâncias de modos diferentes com o intuito de encaixá-las em uma definição crucial.

• Enganadores que usem definições pessoais questionáveis para palavras de uso comum.

10. Constructos sociais

O imaginário é o que tende a se tornar real.
André Breton

CRIAÇÕES HUMANAS

Coisas estranhas estão acontecendo no noroeste da África.

Há alguns anos, uma cerca de oito quilômetros foi construída em uma península, isolando o histórico porto de Ceuta. Pouco depois, outra cerca foi construída ao lado da primeira. As cercas são equipadas com sensores de movimento, forradas com malha antiescalada e com arame farpado no alto. Todos os dias, um grupo seleto de pessoas é autorizado a passar por portões existentes nas cercas, carregando pacotes extremamente volumosos. Ocasionalmente, um grupo diferente de pessoas tenta transpor as cercas, enquanto um terceiro grupo tenta afastá-las. Eles persistem em suas tentativas, apesar dos ferimentos causados pelo arame farpado e do risco de sofrerem fraturas e contusões se caírem. Vários já morreram. Outros se afogaram ao tentar superar as cercas a nado.

Por que isso está acontecendo?

Para entender esses comportamentos estranhos e perigosos exibidos em Ceuta, precisamos primeiro ter a informação que essa cidade africana é, tecnicamente, parte da Espanha. Portanto, faz parte da União Europeia. Isso significa que uma pessoa que esteja na cidade pode viajar livremente para praticamente qualquer lugar da Europa. Isso também significa que qualquer bem da UE pode ser comprado sem tarifas na cidade e transportado para o vizinho Marrocos. O mesmo se aplica a outro porto hispano-africano, Melilha.

A Espanha começou a construir as cercas em torno de seus enclaves norte--africanos em 1998, tendo recebido da UE milhões de euros de contribuição. Desde então, migrantes africanos testam recorrentemente as defesas do sul da UE. Em 2016, acredita-se que cerca de mil migrantes conseguiram ultrapassar as cercas. Nem todos tiveram tanta sorte. Em 2014, quinze pessoas morreram enquanto tentavam contornar a cerca a nado em Ceuta. Guardas de fronteira espanhóis dispararam balas de borracha contra os nadadores, porém, mais tarde, afirmaram que não poderiam resgatar as pessoas porque não estavam autorizados a entrar em águas marroquinas. Os migrantes, quando capturados pela Guarda Civil, são devolvidos ao Marrocos imediatamente, sem terem a chance de pedir asilo — uma violação da lei internacional, segundo a ONU.

Enquanto isso, os chamados "porteadores" — homens e mulheres marro-quinos autorizados a atravessar as fronteiras de Ceuta e Melilha — recebem cinco dólares por travessia, para transportar até o Marrocos grandes pacotes que chegam a pesar oitenta quilos. Seus empregadores estão tirando proveito de uma peculiaridade legal que estabelece que qualquer coisa transportada por um indivíduo é considerada "bagagem pessoal", não sujeita a tarifas de importação. Desse modo, roupas, pneus, eletrônicos, geladeiras e ferramentas produzidos na Europa, que normalmente seriam transportados de navio ou caminhão, são levados para o Marrocos nas costas dos pobres.

Os estranhos comportamentos observados em Ceuta e Melilha não são o resultado de nenhum fenômeno físico. É verdade que existem duas cidades, algumas cercas, o mar e alguns homens com armas, mas a árdua jornada e a perigosa escalada de cercas são impulsionadas por outros fatores: fronteiras nacionais, a União Europeia, acordos internacionais, leis de imigração, proto-colos de policiamento, investimentos em euros e tarifas comerciais. E todos esses fatores têm uma coisa em comum: eles só existem porque concordamos coletivamente que existam. Não são "concretos", como são os peixes dourados ou o oxigênio. São todos produtos da imaginação humana.

Chamamos essas construções imaginárias mas verdadeiras de *constructos sociais*. Eles podem ter manifestações físicas — cercas, documentação, construções ou representações simbólicas —, mas também podem existir perfeitamente bem apenas em nossas mentes. O constructo social ao qual nos referimos como Espanha vai perdurar mesmo depois que as cercas ao redor de Ceuta e Melilha forem derrubadas. A União Europeia sobreviveria mesmo se todas as suas edificações em Bruxelas e Estrasburgo fossem demolidas. Os porteadores ainda poderiam ser pagos em euros ou dirrãs mesmo se o Banco Central Europeu e o Al-Maghrib resolvessem retirar todas as notas e moedas de circulação para substituí-las por uma conta digital. Os pneus Michelin que cruzam a fronteira podem se desintegrar, mas a marca e a empresa ainda estarão presentes por muitos anos. Espanha, UE, euros, dirrãs e Michelin são verdades não por causa de entidades físicas, eles são verdades porque concordamos coletivamente que sejam. E só têm significado e poder porque nós, coletivamente, concordamos que tenham.

O escritor Yuval Noah Harari descreveu os constructos sociais como "criações de nossa imaginação coletiva".[1] Eles se tornam verdade apenas quando um número suficiente de pessoas acreditam neles. Ao dizer isso, minha intenção não é reduzir sua importância ou seu impacto. Constructos sociais como o dólar americano, a Índia e o Facebook moldam inúmeras vidas. Seria tolice dizer que o dólar "não é verdadeiro" ou supor que alguma pessoa poderia fazer desaparecer o Facebook apenas por deixar de acreditar nele.

Porém, como os constructos sociais são produto de nossa imaginação coletiva, com inúmeras pessoas contribuindo com ideias ou aspirações ligeira ou substancialmente diferentes para sua formação, em geral eles acabam tomando forma de verdades muito mais flexíveis do que itens do mundo real, como os peixes dourados e o oxigênio. Podem ser descritos em uma variedade ainda maior de maneiras verídicas do que aquele ovo na mesa ou a vista da sua janela. E tal flexibilidade é um verdadeiro presente para comunicadores que queiram argumentar a favor ou contra um constructo social.

ESTAMOS SAINDO DA UNIÃO EUROPEIA... SEJA LÁ O QUE ISSO SIGNIFIQUE

Nas horas que se seguiram à votação do histórico referendo realizado para decidir se o Reino Unido deixaria ou não a União Europeia, supostamente uma das principais buscas no Google feitas pelos britânicos foi "O que é a União Europeia?".[2] Não faltou zombaria e desprezo, mas não é uma pergunta estúpida. Como um constructo social vasto e tão complexo, a UE pode efetivamente ser descrita de várias maneiras. Essa é uma das razões pelas quais o debate sobre o Brexit foi tão penoso, afinal, cada lado descreveu a UE em termos que favoreciam sua opinião, de modo que por vezes os remanescentes (que apoiam a permanência da Grã-Bretanha na UE) e os brexistas (que apoiam a sua saída) pareciam estar falando línguas diferentes.

A precursora da UE foi a Comunidade Econômica Europeia (CEE), um mercado comum e união aduaneira que facilitaram o livre-comércio e a integração econômica de seus países-membros. Muitos remanescentes analisaram essa história e, em grande parte, focaram no lado econômico da UE. Eles notaram que a Grã-Bretanha desfrutou de um longo período de recuperação econômica e crescimento nas décadas após sua adesão à CEE, descrevendo uma conexão direta entre a prosperidade britânica e sua participação no maior mercado comum do mundo. Para esse grupo, as verdades mais importantes sobre a UE eram todas relativas ao comércio: deixar o mercado comum nos prejudicaria financeiramente.

Os brexistas, pode-se dizer, tinham uma concepção mais atualizada do constructo social em rápida evolução sediado em Bruxelas. Entendiam que os interesses e as atividades da UE haviam progredido muito além do comércio. Até 2016, a UE introduzira leis e regulamentações sobre uma infinidade de questões, desde os limites de poluição até segurança do local de trabalho e especificações de aparelhos elétricos. As regras da UE ditavam quem poderia pescar nas águas do Reino Unido, quão potentes os aspiradores de pó poderiam ser e como seus produtos deveriam ser embalados. Tanto os cidadãos como as empresas britânicas sentiam-se vinculados a regras feitas por pessoas em quem não haviam votado, a maioria delas cidadãs de outros países. E quando surgiram controvérsias, elas foram arbitradas por juízes estrangeiros no Tribunal de Justiça Europeu. A União Europeia que vislumbravam quando olhavam através do Canal da Mancha estava a caminho de se tornar um superestado, em que a voz democrática dos cidadãos teria pouca influência. A resistência a essa concepção de constructo social foi expressa em seu slogan de campanha favorito: "Retomar o controle".

Muitos remanescentes também entendiam que o constructo social havia se transformado desde os dias do mercado comum, mas aprovavam essa nova direção. Para eles, a UE era um importante contrapeso político e econômico às duas superpotências mundiais, a China e os Estados Unidos, além de ser a defensora de preciosos valores europeus, como a liberdade de expressão, a democracia, o progresso científico e o estado de direito. Era o foro perfeito para a cooperação em questões transnacionais, como o terrorismo, as alterações climáticas, a migração e a tributação de grandes corporações. Finalmente, a UE poderia desempenhar um papel vital na manutenção da paz ante a ressurgente ameaça russa e as forças desestabilizadoras em todo o perímetro sul do continente.

> **Estratégia de constructo social #1**
> *Descrição seletiva de constructos sociais*

Como constructo social em evolução, a UE ofereceu aos remanescentes e aos brexistas a oportunidade de descrevê-la de maneiras amplamente contrastantes. Área de livre-comércio, parlamentares não eleitos, superpotência política, defensora moral ou baluarte de defesa: a UE poderia ser uma ou todas essas coisas. Em última análise, a verdade da UE dependerá do que seus membros queiram que ela seja. O Reino Unido, no entanto, não terá mais voz sobre o assunto.

O NEGÓCIO DO FAZ DE CONTA

Percepções de constructos sociais como a UE podem ser facilmente influenciadas por verdades concorrentes, mas, por serem entidades imaginárias, a *realidade* dos constructos sociais também pode ser alterada, às vezes com algumas poucas palavras. Aliás, a verdade sobre alguns constructos sociais pode ser modificada simplesmente pela afirmação de algumas pessoas.

De tempos em tempos, eu ajudo líderes empresariais a redefinirem as companhias que administram, escolhendo palavras diferentes para descrever o que fazem, os clientes que servem, o que valorizam, o que os torna especiais e a direção em que estão indo. As novas palavras não são menos verdadeiras do que as formulações anteriores, elas geralmente enfatizam um aspecto diferente do negócio e minimizam atividades que antes eram centrais. Os escritórios, fábricas e armazéns da empresa não mudam (embora mudanças físicas possam resultar da redefinição), mas as ideias que os funcionários, clientes e reguladores têm sobre a empresa são transformadas. A corporação, um constructo social infinitamente flexível, é remodelada por uma verdade concorrente.

> **Estratégia de constructo social #2**
> *Redefinição do constructo social*

Um dos ativos fundamentais de muitas empresas são suas marcas. Essas verdades imaginárias estão em toda parte: marcas de produtos, marcas de instituições de caridade, marcas de iniciativas governamentais e até marcas de setores das Forças Armadas. Nenhuma delas existe de forma concreta, por mais sólidos que sejam os produtos, serviços e pessoas que representam. São criações conceituais, idealizadas por uma combinação de imagens, palavras, música, experiências, associações e crenças. Como qualquer constructo social, elas podem evoluir naturalmente ou podem ser modificadas deliberadamente.

A marca Nokia tem uma trajetória notável. Para os primeiros consumidores finlandeses, a marca inicialmente representava polpa de madeira para fabricação de papel e, posteriormente, botas de borracha. Para a minha geração, representou pequenos e elegantes telefones celulares. Após a aquisição e o desmantelamento de seus negócios pela Microsoft, a empresa teve que readaptar a marca Nokia mais uma vez. O nome não tem nenhum significado subjacente — Nokia é uma cidade na Finlândia —, então talvez essa flexibilidade seja inerente. Mas e a marca Microsoft? *Software* para *microcomputadores*? Até a aquisição da Nokia, a Microsoft tinha permanecido razoavelmente fiel às suas raízes de software, construindo seus dois grandes monopólios calcados no Windows e no Office, embora tenha feito incursões exploratórias no campo do hardware, com o Xbox e o tablet Surface. Agora, a antiga identidade da marca saiu totalmente de cena e a Microsoft está se apresentando como uma marca integrada de hardware e software para competir com a Apple.

A Apple também tem se aventurado num processo de ampliação de marca, partindo de computadores desktop, passando pelo varejo de música e chegando a smartphones, mapeamento, TV, publicações e muito mais. A marca era apenas centrada em computadores; agora, os chefões, lá em Cupertino, a modificaram para representar uma combinação abstrata de design, qualidade, funcionalidade e individualidade, e suspeita-se que esse conceito possa ser estendido tranquilamente a painéis solares, viagens espaciais ou utensílios de cozinha.

Isso tudo é notável quando consideramos o que uma marca deve ser. Cada especialista oferecerá uma definição diferente, mas uma característica central da marca é uma *promessa para o cliente*. Compramos a marca XYZ em vez de uma rival mais barata porque confiamos na promessa implícita no nome, na logo, no esquema de cores ou no mascote de que o produto ou serviço XYZ nos beneficiará de uma maneira específica (muitas vezes não expressa, sendo até mesmo inexprimível). Para que essa promessa seja plausível e para manter seu valor ao longo de repetidas transações, ela tem que ser, pelo menos até certo ponto, verdadeira.

Então, qual é a verdade de uma marca capaz de mudar tanto, como são os casos da Nokia, da Microsoft e da Apple? Pode uma marca carregar verdades concorrentes? Pode ela ter significados diferentes para pessoas diferentes, em lugares diferentes, em momentos diferentes e ainda assim manter sua integridade? Esse é um assunto de grande debate entre os gurus de branding, e para cada história de transformação de marca bem-sucedida, como a Virgin ou a Samsung, há uma história de alerta sobre *a marca que foi longe demais* (perfume Zippo ou comida Colgate, alguém lembra?). Marcas de consumo que representam o luxo em um mercado geográfico e em outro têm como alvo o consumidor regular são desmascaradas, na medida em que a globalização e a internet tudo revelam. Bancos que representem prudência e segurança financeira para um segmento de consumidores estão brincando com fogo se prometem grandes lucros de alto risco a outro.

No entanto, a tendência geral tem sido o afastamento da disciplina que marcou o início da gestão de marcas, evoluindo atualmente para uma fluidez em todas as plataformas de mídia e mídias sociais disponíveis para os profissionais de marketing. E se antes a identidade da marca estava intimamente ligada aos principais produtos e serviços (a BMW significava carros, a Gillette significava lâminas de barbear), agora os executivos se preocupam mais com princípios, valores ou emoções centrais. Estes pretendem ser fundamentais, quase primordiais em sua longevidade e profunda significação. Mas é claro que também trazem a vantagem de uma grande flexibilidade para a inclusão de produtos e serviços. Se você conseguir moldar sua marca de modo a representar "responsabilidade ambiental, diversão e união familiar", estará muito menos restrito em suas futuras atividades comerciais do que se optar por "viagem aérea segura". Essa flexibilidade é útil em um mundo onde empresas de toda parte estão repensando radicalmente os setores em que operam.

Mas isso pode ser problemático. Se uma marca não mais promete nada relacionado diretamente ao produto ou serviço que você está comprando, ela ainda transmite uma verdade com alguma consequência prática? Que verdade sobre nossas roupas devemos extrair do fato de ela ter a marca Marlboro ou Harley-Davidson? E quanto às logos dos supermercados Sainsbury's ou Tesco em nossas hipotecas e contas-correntes?

O crucial é que as marcas ofereçam uma verdade mais substancial do que apenas "somos uma empresa de sucesso da qual você já ouviu falar, então pode confiar que nosso produto vai funcionar". Elas têm que conferir uma camada extra de valor a produtos e serviços, seja domínio técnico, responsabilidade ambiental, glamour ou significado. E têm que fazer isso em um ambiente de negócios em que a norma é, cada vez mais, a inovação rápida e radical. Múltiplas verdades são, portanto, inevitáveis, e algumas dessas verdades parecerão contraditórias, mesmo quando estiverem bem apoiadas por uma ou outra faceta da oferta comercial em evolução. Já que surgem verdades concorrentes sobre as marcas, é essencial ter uma boa história — expressa com consistência por todos os membros da organização — para explicar como todas elas se encaixam.

UM ESCUDO IMAGINÁRIO CONTRA A OPRESSÃO

Assim como podem ser alterados, os constructos sociais também podem ser criados ou eliminados. Como feitiços, as palavras certas podem trazer um constructo social à existência. O que não era verdade torna-se verdade.

> **Estratégia de constructo social #3**
> *Criar ou eliminar constructos sociais*

Uma das nossas mais importantes verdades inventadas é o conceito de direitos humanos. Se você acredita que os direitos humanos são de alguma forma inerentes à humanidade, reflita sobre nossa história. Por muito tempo, pessoas viveram famintas, foram escravizadas e mortas em grande número, em todos os continentes habitados, sem muita consideração por seus direitos. É um desafio ver direitos que não eram conhecidos ou discutidos durante a maior parte do registro histórico como naturais ou intrínsecos.

Existe até algo contraditório nos direitos humanos: a liberdade individual se encontra no cerne dos direitos humanos, porém a maioria desses direitos limita a liberdade das pessoas, mesmo que seja apenas a liberdade de ferir outros. O renomado filósofo Jeremy Bentham ridicularizou o conceito de direitos naturais, precursor dos direitos humanos, como "pura bobagem".

No entanto, apenas através de palavras, alguns excepcionais comunicadores foram capazes de trazer os direitos humanos para o domínio legal em todo o mundo.

A campanha para afirmar o caráter natural, universal e inalienável de direitos como vida e liberdade originou-se com os filósofos iluministas John Locke, Immanuel Kant, Thomas Paine e Jean-Jacques Rousseau. A Declaração de Direitos da Virgínia (1776) estabelece que "todos os homens são por natureza igualmente livres e independentes e têm certos direitos inerentes". Elaborado por George Mason, esse documento inspirou a citação mais famosa de Thomas Jefferson na Declaração de Independência dos Estados Unidos, de que "Todos os homens são criados iguais, dotados de certos Direitos inalienáveis por seu Criador, entre estes a Vida, a Liberdade e a busca da Felicidade". A Revolução Francesa se deu poucos anos depois, fundada na Declaração dos Direitos do Homem e do Cidadão (1789): "Esses direitos são Liberdade, Propriedade, Segurança e Resistência à Opressão".

Mas foi só depois da Segunda Guerra Mundial que os direitos humanos assumiram a importância global que têm hoje. Horrorizados com as atrocidades do Holocausto, líderes políticos de todo o mundo reuniram-se sob os auspícios de um recém-criado constructo social, as Nações Unidas, para proclamar a

Declaração Universal dos Direitos Humanos (1948). Pela primeira vez um conjunto abrangente de direitos humanos fundamentais foi estabelecido e o mundo concordou coletivamente em protegê-los. Nas palavras do preâmbulo, "o reconhecimento da dignidade inerente e dos direitos iguais e inalienáveis de todos os membros da família humana é o fundamento da liberdade, da justiça e da paz no mundo".

Os trinta artigos da declaração abrangem expectativas incontroversas como vida, liberdade, igualdade de tratamento perante a lei e liberdade da escravidão e da tortura. Incluem também ideias menos óbvias, como o direito a uma nacionalidade, o direito à proteção de interesses materiais para os escritores, o direito ao lazer e o direito de desfrutar das artes. Seria difícil argumentar que tais alegações aparentemente arbitrárias possam ser codificadas em nosso DNA ou concedidas a Deus por todos nós. Por mais louváveis que sejam, devemos concordar que pelo menos alguns desses supostos direitos são produto do pensamento e das experiências humanas, e não de algo mais intrínseco à nossa espécie. Em outras palavras, são constructos sociais. Em 2016, a ONU chegou a aprovar uma resolução afirmando que "medidas para impedir ou interromper intencionalmente o acesso ou a disseminação de informações on-line" seria uma violação da lei de direitos humanos.[3] Novamente, é difícil para qualquer pessoa com mais de quarenta anos classificar o acesso à internet como algo essencial à condição humana.

Bem, por mais artificiais que sejam os direitos humanos, a ideia, amplamente assumida e reforçada pela comunidade global, teve imensa influência positiva. Os direitos humanos impuseram limitações reais ao poder dos Estados sobre as coisas que mais importam para nós. Os tiranos mais implacáveis foram forçados a seguir um comportamento mais moderado após a documentação pública de seus abusos. Mesmo os governos que continuam a implementar políticas repressivas e cruéis recuaram para dar uma impressão de respeito aos direitos humanos.

É claro que, como constructos sociais, as leis de direitos humanos recebem todo tipo de interpretação. O Tribunal Europeu dos Direitos Humanos (TEDH) tornou-se profundamente impopular no Reino Unido ao impedir a deportação de alguns criminosos estrangeiros e exigir que o voto seja permitido a prisioneiros. Na opinião de um tabloide britânico, julgamentos recentes do TEDH significam que a Convenção Europeia de Direitos Humanos (1951) "tornou-se pouco mais do que um alvará para criminosos e uma bonança para advogados de esquerda".[4] Toda lei é um constructo social que pode evoluir através de precedentes e interpretações; a lei internacional dos direitos humanos, sendo mais vaga, mais política e mais utópica do que outros códigos legislativos, talvez seja mais vulnerável a aplicações que nunca foram os intentos de seus formuladores.

Contudo, a ideia de direitos humanos, essa maravilhosa verdade imaginária, continua sendo a melhor defesa que muitas pessoas têm contra o tratamento brutal sofrido por nossos ancestrais. É uma ficção para ser altamente valorizada.

TECENDO OURO

Poucos constructos sociais contribuíram tanto para o progresso humano quanto o dinheiro. As muitas reservas de valor com as quais concordamos coletivamente, de búzios e ouro a euros e bitcoins, nos permitem negociar, planejar a atividade econômica e investir em outras empresas. Caso não aceitássemos essas reservas de valor, ainda estaríamos vivendo na precária existência da Idade da Pedra. No entanto, todas essas reservas de valor são imaginárias. A maior parte do dinheiro que usamos é chamada de moeda fiduciária, ou *fiat*, o que significa que foi estabelecida por decreto governamental em vez de representar qualquer ativo de valor fundamental. "Fiat" é uma palavra latina que significa "faça-se", o tipo de comando arbitrário que normalmente esperaríamos de uma divindade todo-poderosa ou de um lunático. Para dar valor a essas moedas, devemos acreditar e confiar nos governos e bancos centrais que as criaram, eles próprios também constructos sociais.

É somente através do nosso imaginário coletivo e da suspensão em massa da descrença que o dinheiro é capaz de funcionar.

Vemos isso claramente quando as pessoas perdem a fé em uma reserva particular de valor. O significado do peso argentino, do dólar zimbabuano e do marco de Weimar mudou radicalmente quando as pessoas perderam a confiança, tanto nos governos emissores quanto nas moedas. A verdade de cada moeda foi completamente transformada em questão de semanas.

No entanto, as reservas de valor funcionam extremamente bem na maior parte do tempo. O euro, criado a partir do nada nos anos 1990, por pura vontade política, é hoje uma das moedas mais fortes e amplamente aceitas do mundo. O modo como ele surgiu ilustra perfeitamente a natureza imaginária dos constructos sociais: o euro nasceu em 1º de janeiro de 1999, mas nem notas nem moedas foram disponibilizadas até ao final de 2001. Você podia contrair empréstimos e comprar todo tipo de mercadoria em euros muito antes de ter qualquer coisa física para guardar na carteira.

Habitantes dos países da zona do euro atualmente têm pouca escolha a não ser receber seus salários e fazer compras em euros, mas vários tecnólogos voltados para o futuro estão tentando mudar isso. Criptomoedas como o bitcoin são apenas a última inovação na longa história das reservas de valor. Elas são tão imaginárias quanto qualquer outra moeda, e não menos "reais". A principal diferença entre uma moeda fiduciária e uma criptomoeda é que a primeira é respaldada por um governo nacional, mas, como vimos nos casos de Argentina, Zimbábue e a Alemanha da República de Weimar, esse respaldo pode não valer muito. Aliás, sabe-se que os governos nacionais desvalorizam deliberadamente a própria moeda, e desse modo diminuem a riqueza de quem as detém, a fim de reduzir o peso da dívida nacional nessas moedas.

Assim, os proponentes das criptomoedas veem sua independência dos Estados-nação como algo positivo. O bitcoin e suas rivais são totalmente dependentes de nossa crença coletiva em seu valor; nenhum governo ou banco central as subscreverá, mas também nenhum governo poderá, unilateralmente, decidir desvalorizá-las. A tecnologia blockchain, sobre a qual as criptomoedas como o bitcoin são construídas, traz também outros benefícios: é de fato impossível forjar bitcoins e elas não podem ser apreendidas por terceiros; as transações não podem ser rastreadas ou interceptadas, e os custos de transação são insignificantes. Porém a principal vantagem, aos olhos de muitos, é sua independência dos outros constructos sociais que chamamos de Estados-nação. Somente os usuários de bitcoins podem decidir o valor de um bitcoin. É uma reserva de valor altamente democrática. Se vai persistir ou não como uma invenção coletiva da imaginação de pessoas, isso só o futuro dirá.

EM DIREÇÃO A UM FUTURO ARTIFICIAL

Para onde os constructos sociais nos levarão em seguida? Que nova verdade criaremos para nos fortalecer ou nos enredar? Uma possível candidata é a classificação pessoal, popularizada por plataformas de tecnologia como Uber e Airbnb. Esse conceito inteiramente imaginário já está tendo um impacto significativo na renda de taxistas, babás, construtores e outros trabalhadores autônomos. E se o conceito fosse estendido para outras áreas de nossas vidas? E se avaliássemos nossos amigos e amantes da mesma maneira?

A engenhosa série distópica *Black Mirror* explorou a ideia em um episódio: todos tinham atribuídos a si uma classificação pública, que poderia ser elevada ou diminuída por qualquer pessoa que encontrassem. Avaliações altas rendiam convites, oportunidades de emprego e melhores moradias, enquanto avaliações baixas atraíam olhares constrangidos e desconfiança. O episódio mostrava um mundo em que as pessoas se esforçam para serem agradáveis até com estranhos, mas em que um pouco de azar poderia marginalizar e excluir alguém.

Um país que está começando a seguir esse caminho é a China, cujo governo está desenvolvendo um sistema que combinará as avaliações de crédito financeiro com estimativas de categorias legal, social e política para gerar uma classificação única de confiabilidade a cada cidadão. Essa pontuação de "crédito social" será usada para determinar o acesso do indivíduo a serviços e recursos do Estado. Assim como, para os ocidentais, atrasar o pagamento de contas dificulta obter empréstimos ou comprar uma geladeira a crédito, é possível que em breve os chineses se vejam, por conta de algumas más escolhas morais ou multas de estacionamento, excluídos de viajar nos vagões mais confortáveis dos trens, de ter acesso a projetos habitacionais populares ou de escolas melhores. Deixe de visitar seus pais idosos e você poderá ser impedido de viajar para o exterior. "Se a confiança é rompida em uma situação, restrições são impostas em todas as situações", dizem os arquitetos do esquema. Com ecos inquietantes de *1984*, de George Orwell, esse instrumento de controle social "recompensará aqueles que denunciarem atos de quebra de confiança", de acordo com um documento oficial de planejamento.

O esquema do governo provavelmente seguirá o modelo de sistemas de crédito social já utilizados por várias empresas chinesas, entre elas o grupo de comércio eletrônico Alibaba, para avaliar a confiabilidade de seus clientes. Essas pontuações são disponibilizadas para empresas parceiras, como os sites de relacionamentos que unem pessoas de boa posição (aos olhos da empresa). Clientes com pontuações altas orgulhosamente publicam seus índices nas redes sociais e nos perfis de namoro, reforçando a verdade do constructo social.

O método de cálculo dessas pontuações não é divulgado, e o programa nacional provavelmente será também nebuloso, mas um executivo do Alibaba revelou os tipos de variáveis que contam: "Alguém que joga video game por dez horas por dia, por exemplo, seria considerado uma pessoa ociosa, e alguém que compra fraldas frequentemente seria considerado um pai, e em geral contará com mais chances de ter um maior senso de responsabilidade".[5] Então sabemos que as pontuações são influenciadas pelo que os consumidores compram e fazem on-line. Também entrarão na conta os comentários postados ou o número de páginas "curtidas"? Todos os vestígios digitais deixados por um indivíduo poderão contar contra ele? As pontuações serão vulneráveis a erros burocráticos ou a hackers?

O sistema de crédito social da China poderia alterar substancialmente as experiências de vida de milhões de pessoas. Isso tudo é possível graças à crescente digitalização e armazenamento de informação trivial sobre as pessoas, combinados com novas técnicas de análise de dados. Com tanta informação sendo coletada, não deveremos nos surpreender se os Estados e outras organizações poderosas vierem a usá-la para criar outros constructos sociais que talvez nos afetem de maneira desagradável.

Se isso acontecer, precisaremos lembrar que os constructos sociais, por serem verdades artificiais, são mutáveis: se não gostarmos deles, sempre podemos nos unir para alterá-los ou eliminá-los. Não podemos alterar o ponto de ebulição da água, mas, se quisermos, podemos alterar "a UE", o "bitcoin" ou "sistemas de classificação social". Tais verdades só têm significado e poder se coletivamente concordarmos que elas o tenham.

Na prática:

• Reconheça que os constructos sociais são produtos de nossa imaginação e que podemos mudá-los se necessário.

• Defina constructos sociais da maneira mais útil que sua flexibilidade permitir.

• Modifique constructos sociais — se você tiver a influência necessária — descrevendo-os de modo diferente.

Mas cuidado com...

• Enganadores que apresentem impressões altamente distorcidas de constructos sociais importantes.

• Pessoas, instituições e Estados que criem constructos sociais nocivos.

11. Nomes

Eu não acredito que uma rosa seria tão bonita se fosse
chamada de cardo ou repolho de gambá.
Anne Shirley em *Anne de Green Gables*, de L. M. Montgomery

A TERRA FEITA PELO HOMEM

Nascemos no Holoceno, a época geológica que data da última era do gelo, cerca de 11700 anos atrás. Quando morrermos, é provável que minha primeira frase não seja mais verdadeira. Há uma boa chance de que em breve possamos dizer que nascemos no Antropoceno.

Pergunte a si mesmo: se o *Homo sapiens* desaparecer da Terra, que vestígios permanecerão? A maioria das espécies deixa pouco além de ossos petrificados. Algumas pegadas preservadas, talvez, ou um pequeno DNA aprisionado em âmbar. Quando desaparecermos, em contraste, deixaremos para trás cidades arruinadas, rodovias, campos de agricultura, cursos d'água, ferrovias, navios afundados e incontáveis pedaços de plástico. Os geólogos já começaram a se perguntar quanto desse material feito pelo homem permanecerá no registro geológico. Que evidência da nossa existência poderia ser detectada por um geólogo alienígena 1 milhão de anos depois de termos ido embora?

O concreto é um dos produtos humanos com mais alta probabilidade de preservação, embora possa não ter a forma que tem atualmente. Os geólogos do futuro podem se tornar especialistas em identificar fragmentos de pedras de concreto espalhados pelos locais de cidades há muito perdidas. Alguns plásticos podem durar por tempo indefinido no ambiente sedimentar correto. A química da Terra será consideravelmente diferente, refletindo nossa queima de combustíveis fósseis e o uso generalizado de fertilizantes artificiais. Barragens, minas e canais talvez deixem cicatrizes duradouras. Mais notavelmente, talvez, o registro fóssil de outras espécies terá mudado drasticamente: elefantes e tigres terão desaparecido do registro fóssil, enquanto as galinhas terão crescido e estendido sua área de ocupação para a maior parte da massa terrestre atual.

Antecipando tais rastros humanos no futuro registro geológico, o químico atmosférico Paul Crutzen argumentou que entramos em uma nova época geológica, o Antropoceno (*anthropos* significa "humano" em grego antigo). Seus argumentos têm sido bem-aceitos, e um grupo de geólogos propôs a adoção do Antropoceno como uma época formal. Várias organizações geológicas estão debatendo a questão e muitos cientistas já começaram a usar o termo informalmente. Uma questão-chave é a data de início da época proposta: alguns sugerem a Revolução Industrial, outros a Revolução Neolítica. O grupo de trabalho sobre o Antropoceno vê nos elementos radioativos dispersos em todo o mundo pelos primeiros testes de armas nucleares uma marca química rigorosa que poderia ser usada para definir um limite geológico preciso.

Que importa se o período geológico em que a maioria de nós nasceu for renomeado? Para Defensores do clima, como Crutzen, o novo nome é um importante símbolo do impacto duradouro que estamos tendo em nosso planeta. Para ativistas ambientais, pode ser o alerta que nos forçará a mudar nossa maneira de viver. "O Antropoceno nos adverte que estamos brincando com fogo, um modo potencialmente imprudente de comportamento e do qual provavelmente vamos nos arrepender", diz o cientista climático Chris Rapley.[1]

É claro que o que está mudando de fato é nossa concepção de nós mesmos e de nosso papel na Terra. Mas essa concepção é claramente encapsulada pela mudança de nome proposta. "É um daqueles momentos em que uma descoberta científica, como Copérnico compreendendo que a Terra gira em torno do Sol, poderia mudar fundamentalmente a visão das pessoas sobre as

coisas", declarou o *The Economist* em uma edição de 2011 intitulada "Bem-
-vindo ao Antropoceno".[2]

"Tornou-se uma declaração política. Isso é o que muitas pessoas querem",
diz Stan Finney, ex-presidente da Comissão Internacional de Estratigrafia,
organização que finalmente votará sobre o reconhecimento formal do Antropoceno.[3]

Embora a maioria dos geólogos evite fazer um julgamento de valor sobre o
impacto da humanidade na Terra, o novo nome, caso consiga nos fazer pensar
mais profundamente sobre as consequências duradouras de nossas ações, só
pode ser algo positivo. "Essa mudança de nome enfatizaria a enormidade da
responsabilidade da humanidade como administradores da Terra", escreveu
Paul Crutzen.[4] Imagine a diferença que isso faria em nosso mindset e em
nossas ações, e as consequências para o futuro de nosso planeta.

NOMEANDO E JULGANDO

Atribuir nomes tem sido, por vezes, considerado um ato mágico, porque
o nome que damos a uma pessoa ou coisa molda a maneira como o mundo
a vê. Teríamos que nos esforçar para levar a sério um comandante de guerra
chamado Cuteberto ou um cirurgião chamado Foxy, espertalhão em inglês.
Consequentemente, os nomes influenciam a maneira como respondemos às
pessoas e coisas. Um estudo revelou que aplicações de emprego com nomes
fictícios de "sonoridade branca" recebiam 50% mais chamadas de retorno para
entrevistas em Boston e Chicago do que os com nomes "afro-americanos".[5]
Outros estudos descobriram que pessoas com nomes incomuns têm menor
probabilidade de serem contratadas.[6] Nossos próprios nomes podem nos influenciar de maneira bizarra. Pesquisas feitas por uma equipe de professores
de marketing e psicologia descobriram que tendemos a favorecer marcas ou
produtos que têm a mesma letra inicial de nosso nome.[7] Indivíduos que classificaram balas de acordo com suas "sensações" deram preferência às marcas
cuja primeira letra era a mesma de seu nome.

Mas o poder de atribuir nomes para moldar a realidade atinge um nível
mais alto quando se trata de novos produtos, organizações, iniciativas, empreendimentos — e até leis.

> ### Estratégia de nomes #1
> *Persuasão através de um nome evocativo*

De modo geral, consideramos que, tendo um criminoso pago sua dívida com a sociedade, deveria receber uma segunda chance e ser tratado como qualquer outra pessoa. Esse não é o caso quando se trata de crimes sexuais nos Estados Unidos. Após o estupro e assassinato de Megan Kanka, de sete anos, por um agressor que obteve liberdade condicional em 1994, a "Lei de Megan" foi rapidamente adotada em seu estado natal, Nova Jersey, exigindo que fosse tornada de conhecimento público a presença de criminosos sexuais de alto risco em uma comunidade. O governo federal aprovou a "Lei de Megan" dois anos depois, e todos os estados americanos promulgaram alguma variação da lei. Consequentemente, os infratores sexuais norte-americanos vivem com um eterno estigma social humano, o que torna muito difícil encontrar moradia e emprego ou desenvolver relacionamentos pessoais. Alguns sofrem abuso verbal e físico, outros se tornam vítimas de vigilância.

É uma medida dura contra indivíduos já problemáticos, alguns dos quais foram registrados como agressores sexuais quando eles próprios ainda eram menores de idade. A medida talvez pudesse ser justificada no nível social, caso fosse eficaz na redução da incidência de crimes sexuais, mas há pouca evidência de que a Lei de Megan tenha o impacto desejado.

De acordo com a respeitada instituição de caridade NSPCC (Sociedade Nacional para a Prevenção da Crueldade a Crianças): "Embora a lei seja popular entre os pais, não há evidência de que o acesso aberto a registros de agressores sexuais realmente aumente a segurança das crianças. Não há indícios de que a Lei de Megan reduza a reincidência".[8] Um estudo conduzido pela Universidade Rutgers e pelo Departamento Penitenciário de Nova Jersey chegou à mesma conclusão.[9] Isso não surpreende, dado que a grande maioria das agressões sexuais contra menores é cometida por familiares ou conhecidos, com estranhos sendo responsáveis por apenas 7% dos casos nos Estados Unidos.[10] Além disso, há evidências de que alguns crimes de abuso sexual não têm sido denunciado "por causa de receios relacionados à notificação na comunidade".[11] A lei também pode estar direcionando criminosos sexuais para uma clandestinidade subterrânea, tornando-os mais perigosos. Apesar de tudo isso, esforços para modificar a Lei de Megan ou para contestar seu forte apoio público fracassaram amplamente.

Até que ponto isso não se deve ao nome da lei? É muito difícil ouvir tais palavras sem pensar imediatamente na garotinha e no terrível destino que ela teve. Será que isso afeta nossa capacidade de avaliar a eficácia e a justiça da medida? Poderia haver uma conexão entre o nome evocativo da lei e o contínuo apoio público a tais medidas mais extremas e punitivas?

"Aqueles que se opõem a uma proposta como a Lei de Megan são explicitamente retratados como indiferentes a Megan, sua família e/ou outras pessoas afetadas pelo crime", relata o dr. Brian Christopher Jones, professor de direito público, em sua tese, intitulada *From the Innocuous to the Evocative: How Bill Naming Manipulates and Informs the Policy Process* [Do inócuo ao evocativo: Como a nomeação de leis manipula e informa o processo político]. (Ele cita o Patriot Act americano como outro exemplo de lei cujo nome tornou qualquer tipo de oposição quase impossível.) Jones prossegue:

> A medida se torna uma rememoração para a pessoa cujo nome aparece no título e tem efeitos legais significativos. Portanto, um legislador de oposição que sente simpatia pelo indivíduo, mas pode não concordar com a legislação proposta, é colocado em uma posição muito complicada quando está votando um projeto de lei.[12]

Não é de admirar, portanto, que a Lei de Megan tenha sido aprovada por unanimidade no Senado americano, após um resultado favorável de 418 a 0 na Câmara de Representantes. Tal é o poder de um nome.

Nomes improvisados podem ser usados para difamar e desvirtuar. Uma das principais propostas da primeira-ministra britânica Theresa May durante as eleições de 2017 no Reino Unido foi uma mudança no fundo de assistência social para adultos. De acordo com as regras propostas, as pessoas que necessitassem de assistência pública domiciliar teriam que pagar mais do que anteriormente caso possuíssem ativos (incluindo sua casa) em valor superior a 100 mil libras. Elas só teriam que pagar depois de falecidas, quando o custo de seus cuidados seria subtraído do valor de suas propriedades. A proposta era uma tentativa sensata de amenizar o enorme aumento nos custos de assistência social que o Reino Unido está enfrentando como resultado de sua crescente longevidade. Era também, em alguns aspectos, uma proposta equitativa, uma vez que removia o fardo do pagamento dos ombros dos contribuintes jovens, que lutam para comprar o próprio imóvel, e o transferia para os idosos que já se beneficiaram de uma enorme valorização no valor de suas residências.

A proposta foi abatida por um nome. O Partido Trabalhista, de oposição, desenterrou um termo antigo mas ainda virulento — "imposto sobre demência" — para descrever a nova proposição. De acordo com a Sociedade do Alzheimer do Reino Unido, "as pessoas com demência enfrentam os maiores custos e precisam pagar mais por seus cuidados. É por isso que a cobrança pela assistência é descrita como 'Imposto sobre Demência'".[13]

Não importava que muitas das pessoas necessitadas de cuidados não tivessem demência: o nome foi tão poderoso que contaminou a proposta. Os eleitores jovens, de quem se poderia esperar que apoiassem a diminuição de sua carga tributária, viram em Theresa May um monstro que queria prejudicar seus avós enfermos. Se o Partido Conservador perdeu sua enorme liderança durante a campanha eleitoral foi, em grande parte, devido a essa proposta. Quaisquer que sejam os méritos de pedir a pessoas mais velhas que possuem imóveis de bom valor monetário que paguem mais pelos cuidados que elas próprias recebem, o fato é que, graças ao nome "imposto sobre demência", poucos políticos britânicos terão coragem de ressuscitar a ideia.

Estratégia de nomes #2
Caluniar com um apelido negativo

O Google experimentou um revés de terminologia semelhante, quando lançou seu pequeno monitor computadorizado, o Google Glass. A tela, posicionada bem na frente de um olho, oferecia aos usuários acesso total à internet mesmo em movimento. Os usuários podiam olhar para um mapa enquanto caminhavam, ler e-mails enquanto lavavam roupa, filmar vídeos numa montanha-russa ou receber notificações do Facebook enquanto corriam. Tecnólogos e fãs de ficção científica havia muito sonhavam com uma maravilha dessas.

Mas havia um detalhe negativo no Google Glass: os usuários podiam tirar fotos com uma mera piscadela. As pessoas sentiram sua privacidade ameaçada por pessoas que usavam óculos e piscavam para elas. A página de suporte do Google no recurso Wink oferecia a seguinte orientação:

Etiqueta social
Recomendamos o bom senso ao usar o Wink. Seja cuidadoso com as pessoas para quem você piscar e fique atento ao que está acontecendo ao seu redor. Você não quer passar a impressão errada. ;-)[14]

Em termos gerais, o Google pediu aos usuários do novo produto que não fossem "esquisitos ou grosseiros"[15] e que respeitassem a privacidade alheia. As tentativas da empresa de orientar os usuários quanto à etiqueta de uso do Glass não aplacaram as muitas pessoas que se opuseram a serem fotografadas ou filmadas, frequentemente sem seu conhecimento. Outros se ressentiram do hábito dos usuários Glass de verificar suas notificações do Twitter ou do Facebook durante uma conversa. Com o Glass, você nunca sabia o que a pessoa estava fazendo, mesmo quando ela se encontrava bem na sua frente. Um medo mais sombrio também se apossou de algumas pessoas: o software de reconhecimento de imagem do Google forneceria aos usuários do Glass a capacidade de identificar estranhos na rua? O que isso significaria para o anonimato urbano?

A revanche veio na forma de um nome. Os usuários passaram a ser designados *glassholes*, uma mistura de *glass*, óculos, com *assholes*, babacas. Foi de uma eficácia devastadora. Por mais que você quisesse ler seus e-mails enquanto admirasse o pôr do sol ou transmitir uma imagem de entusiasta da tecnologia de ponta enquanto andasse pela cidade como se fosse um ciborgue, você suportaria, honestamente, ser estigmatizado com esse neologismo? Depois de investir uma quantia não revelada (mas presumivelmente vasta) no projeto, o produto foi retirado de circulação pelo Google em janeiro de 2015. Embora tenha sido relançado para uso industrial em 2017, provavelmente o Google Glass não reaparecerá no rosto dos consumidores tão cedo.

Inventar um nome para ridicularizar outros publicamente nem sempre funciona. Durante um evento em Nova York, dois meses antes da eleição presidencial de 2016, a candidata democrata Hillary Clinton declarou: "Generalizando, você pode colocar metade dos partidários de Trump no que chamo de cesta de deploráveis. Certo? Racistas, machistas, homofóbicos, xenófobos, islamofóbicos, e por aí vai".[16] Ela os batizou de "*deplorables*", um substantivo plural antes não reconhecido pelos lexicógrafos, que se tornou o código progressista escolhido para aludir a qualquer partidário de Trump suspeito de posicionamento e tendências não liberais. Essa denominação, porém, saiu pela culatra. Clinton, que já tinha uma imagem elitista e esnobe, descartou em uma única frase um quarto do eleitorado. Enquanto isso, os fãs de Trump abraçaram o nome sarcástico, aparecendo em comícios usando camisetas e chapéus com a orgulhosa mensagem "Sou um Deplorável". Na véspera da posse de Trump, seus mais ferrenhos apoiadores comemoraram em uma festa black-tie, a "DeploraBall", literalmente "DeploraBaile".

ESPECIAL, LINDO E ÚNICO

Entre várias frases memoráveis do romance *Clube da luta*, de 1996, de Chuck Palahniuk, encontramos esta maravilhosa declaração de desdém:

Você não é especial. Você não é um lindo e único floco de neve.

Duas décadas depois, *snowflake*, floco de neve em inglês, emergiu como um difundido termo de desprezo a uma geração de jovens supostamente hipersensíveis, presunçosos e cheios de si. Um *snowflake* é geralmente entendido como um jovem melindroso, egocêntrico e um tanto infantilizado, além de ressentido e averso a responsabilidades. Os *snowflakes* são caricaturados como sendo crianças mimadas em subempregos que ainda moram com os pais e são viciados em tirar selfies; eles julgam que deveriam ser recompensados por seus esforços e se irritam facilmente com discussões intensas e pontos de vista contrários aos seus. O nome é sempre depreciativo, conforme ilustrado pelo romancista Bret Easton Ellis, que usou seu podcast para denunciar os "*snowflakes* defensores da justiça" como "babaquinhas fracotes e narcisistas".[17]

Quer as percepções sobre a "geração *snowflake*" sejam ou não verdadeiras e justas, o nome pegou em todo o espectro político. Os conservadores do Breitbart News, site jornalístico de extrema direita americana, zombam dos *snowflakes* que se chocam com seus posicionamentos em relação aos direitos dos imigrantes ou às mudanças climáticas, enquanto os liberais censuram os *snowflakes* por exigirem "espaços seguros" e "alertas de gatilho" nos campi universitários e por não tolerarem que palestrantes visitantes expressem visões das quais discordam. Por algum motivo, o nome parece se encaixar na forma como os mais velhos enxergam as gerações mais jovens, tanto que em 2016 o dicionário *Collins* elegeu "geração *snowflake*" uma das dez expressões do ano, enquanto o jornal *Financial Times* escolheu *snowflake* como uma das doze expressões que marcaram o ano.

Por que um nome tão debochado se estabeleceu tão rápido? O que nos leva a insultar uma geração inteira? Muitas das pessoas que zombam dos *snowflakes* têm colegas de trabalho e familiares que se encaixam no perfil. Como foi que nós, mais velhos, nos tornamos tão maldosos?

Se formos honestos, provavelmente é porque nos sentimos ameaçados. Pessoas altamente educadas, de certa idade, parecem não apenas confusas com expressões como "reconheça seu privilégio", mas também ficam agitadas com a avalanche de boicotes e censura (embora isso não seja novidade). Em seu podcast, Ellis trai a própria ansiedade: "Os nazistinhas que policiam a linguagem criaram um manual de regras sobre como homens e mulheres devem ou não devem se expressar". Ele invoca a primeira emenda constitucional americana, que protege a liberdade de expressão, a qual claramente acredita estar sob ameaça dos *snowflakes* que ele ridiculariza. "Entramos em um momento cultural autoritário", afirma ele. "É tão retrógrado, tão sombrio e surreal que parece um filme de ficção científica distópico: só há uma maneira de se expressar."

O medo de restrições a nossa liberdade de expressão não é ilógico, se analisarmos a maior parte de nossa história. O direito a dizermos e pensarmos o que quisermos é precioso e vital para a sociedade democrática. Há também muitas pessoas que se ressentem daquilo que entendem ser uma mídia dominada por jovens estabelecendo normas de expressão aceitáveis sobre imigração, etnia, gênero e sexualidade. "Não posso mais dizer o que penso" é uma queixa comum em ambientes onde as visões progressivas prevalecem. É natural sentir-se inseguro porque uma geração mais jovem parece reivindicar a superioridade moral sobre questões em que sempre estivemos, aparentemente, do lado da visão dominante.

Portanto, provavelmente o medo e o ressentimento estão por trás do sucesso viral do *snowflakes*. E isso é perigoso, porque implica que o nome está sendo usado não como uma brincadeira, nem como uma leve gozação, mas como uma arma.

As consequências podem ser sérias. Nomes têm o poder de ampliar as divisões entre grupos. As gerações mais velhas correm o risco de acreditar na caricatura do *snowflake* e aplicá-la a todos os jovens. Elas podem rejeitar relatos de assédio sexual, como vimos em Hollywood, no Parlamento britânico e em outros lugares, como apenas mais uma manifestação de hipersensibilidade dos *snowflakes*. Do outro lado, jovens millenials que já têm dificuldades em conseguir emprego, pagar por seus estudos e comprar uma casa terão mais um ressentimento contra o restante da sociedade. Características admiráveis dos millenials, como a preocupação com o meio ambiente e a inclusão social, correm o risco de serem marginalizadas ou esmagadas pelo desprezo intergeracional. A menos que queiramos ampliar o abismo entre os jovens e os não tão jovens, deveríamos tentar evitar usar esse rótulo expressivo porém destrutivo.

COMPLICAÇÕES

Nomes podem ser vistos como elementos permanentes: uma vez que um nome tenha sido escolhido, fim de história, há apenas essa verdade. Mas nomes não são esculpidos em pedra, a não ser no cemitério. Jacó foi renomeado "Israel" por um anjo num trecho importante do Gênesis. As mulheres regularmente adotam o sobrenome do marido ao se casarem, numa declaração expressiva sobre suas novas circunstâncias e comprometimento. Nomes antipatizados são descartados na idade adulta, sobrenomes são alterados por motivo de medo ou fama. Um cliente descontente com seu banco decidiu protestar contra uma cobrança excessiva mudando o próprio nome para "Banco Yorkshire plc são Babacas Fascistas" e o banco foi obrigado a emitir ao sujeito um cheque com esse nome quando encerrou sua conta.

Nomes de países são alterados para marcar independência ou uma nova tendência ideológica. Nomes de cidades e de ruas são alterados para homenagear pessoas famosas. A cidade russa de São Petersburgo teve seu nome alterado duas vezes antes de voltar ao original. Saigon, renomeada para homenagear o líder norte-vietnamita que inspirou sua conquista, assumiu um caráter muito diferente como "Cidade de Ho Chi Minh". Em 2015, o governo municipal de Madri decidiu renomear trinta ruas e praças associadas ao ex-ditador general Franco. Dois anos antes, o presidente do Zimbábue, Robert Mugabe, ordenou que as Cataratas Vitória fossem renomeadas Mosi-oa-Tunya (fumaça que troveja), para livrar-se do resquício de sua herança colonial. Uma evolução mais gradual ocorreu na Austrália, onde a Ayers Rock foi rebatizada Ayers Rock/Uluru em 1993, e Uluru/Ayers Rock em 2002, com o intuito de reconhecer os direitos do povo indígena Anangu.

Empresas e outras organizações são renomeadas para explicitar ou mudar sua missão, atrair novos mercados ou para escapar de uma associação infeliz. Tóquio Tsushin Kogyo teria sido difícil de pronunciar para os estrangeiros, mas Sony deu certo. A Spastics Society se rebatizou Scope quando o termo "spastic" se tornou inadequado para designar pessoas que sofrem de paralisia cerebral. A gravadora His Master's Voice foi abreviada para soar mais moderna como HMV. A British Petroleum, que havia surgido como Anglo-Persian Oil Company, tornou-se BP, objetivando traduzir suas operações e propriedades globais (uma mudança que Barack Obama pareceu esquecer quando, em um momento de postura nacionalista, aludiu à plataforma de petróleo que poluiu a Costa do Golfo nos Estados Unidos como alugada para a "British Petroleum").

Podemos mudar nossos nomes, podemos mudar nomes de países, empresas e cidades, e certamente podemos mudar nomes de coisas. E, como vimos no experimento com vegetais em Stanford, mudando o nome de algo podemos modificar seu significado e as reações das pessoas.

> **Estratégia de nomes #3**
> *Mudar nomes para mudar percepções*

A merluza negra não é um animal bonito. Se você não fizer questão de ser gentil, pode dizer que essa enorme criatura cinza das profundezas dos oceanos do Sul tem uma aparência quase monstruosa. Os dentes pontiagudos em uma boca aberta e esquisita sob os olhos esbugalhados criam um peixe bem feio. Sua aparência pouco apetitosa é eclipsada apenas pelo seu nome: a quem apeteceria comer um peixe que em inglês é chamado de *toothfish*, ou seja, peixe-dente?

Mesmo os pescadores que apanhavam merluzas negras não estavam muito interessados nelas. A carne é insípida e gordurosa, e os espécimes apanhados em linhas de águas profundas eram muitas vezes atirados de volta ao mar. Por que transportar, limpar e cozinhar um peixe com tão pouco sabor?

Em 1977, um importador de peixes americano chamado Lee Lantz viu, por acaso, um espécime de *Dissostichus eleginoides* em uma doca na cidade portuária de Valparaíso, no Chile. "Esse peixe tem uma aparência incrível", pensou ele. "Que diabo é isso?" A resposta que ele recebeu foi *bacalao de profundidad*, ou seja, "bacalhau das profundezas".

"Ninguém sabe o que fazer com esse peixe", informou seu parceiro chileno.

Vários dias depois, Lantz passeava por um mercado de peixes em Santiago do Chile quando viu outro igual. Curioso, ele comprou um filé e fritou. De fato, não tinha muito gosto, mas a textura era úmida, amanteigada e macia, uma carne branca que quase derretia na boca. Os americanos, calculou Lantz, podem ser mais tolerantes com o gosto brando e a delicada textura oleosa do que os compradores locais. Na verdade, a falta de sabor pode até ser uma vantagem: o peixe seria uma tela em branco perfeita, na qual os chefs americanos poderiam aplicar seus próprios sabores, adicionando molhos, ervas e temperos como quisessem.

Mas aquele nome não dava. "Bacalhau das profundezas" não era inspirador, e quem ia querer um peixe-*dente*?

Lantz ponderou suas opções enquanto transportava sua primeira carga de merluzas negras para os Estados Unidos. Ele sabia que os americanos apreciavam um peixe chamado de *sea bass*, então por que não tentar algo nesses termos? São mais de cem espécies de peixes sob o nome de *sea bass*, portanto que diferença faria mais um? A carne da merluza negra era branca e escamosa como a do *sea bass*, de modo que os fregueses não teriam uma surpresa desagradável. Lantz não parecia incomodado pelo fato de o *Dissostichus eleginoides* ser da família do bacalhau e não do *sea bass*.

Ele considerou chamar sua descoberta de "South American Sea Bass" ou "Pacific Sea Bass", mas ambos pareciam genéricos demais. Então, como reconhecimento à doca de Valparaíso onde o encontrara pela primeira vez, apelidou o peixe de "Chilean Sea Bass". Um nome original, exótico e elegante. Era perfeito.

Dezessete anos se passariam até que a agência reguladora americana Food and Drug Administration concordasse em autorizar o *chilean sea bass* como um "nome de mercado alternativo" aceitável para a merluza negra. A essa altura, o *Dissostichus eleginoides* passara de rejeitado e pouco conhecido a um dos itens mais requisitados nos menus mais exigentes. Inicialmente recebido como uma alternativa econômica aos peixes brancos mais conhecidos, como o bacalhau preto, o *sea bass* chileno tornou-se um favorito em restaurantes caros como o Aquagrill de Nova York e o Hakkasan de Londres. A mudança do nome do peixe fez maravilhas por seu marketing.

Para o peixe, a mudança de nome teve consequências menos felizes. Tendo vivido em paz durante a maior parte de sua história, a merluza negra de repente se viu alvo de embarcações de pesca equipadas com linhas que se estendiam por quilômetros abaixo d'água, cada uma carregando até 15 mil anzóis com isca. Um único barco poderia pescar vinte toneladas de peixe por dia. Embora tenham sido feitas tentativas para regular e controlar a atividade, a maioria das merluzas negras foi capturada em águas internacionais, longe dos olhares controladores. A pesca ilegal da espécie era abundante. Na virada do milênio, os conservacionistas estavam tão preocupados com o rápido declínio das populações da espécie que instituíram a campanha "Renuncie à merluza negra", persuadindo centenas de chefs de restaurantes a removê-la do cardápio.

A merluza negra não é a única espécie de peixe a passar por um ciclo atordoante de descoberta, popularidade global, colapso populacional e boicote em nome da conservação. O tamboril e o peixe relógio experimentaram trajetórias semelhantes. O cação-bagre, ou cação-espinhoso, era o tubarão mais comum na Terra, porém sua população caiu em cerca de 95%. O que os quatro têm em comum? Todos se tornaram populares entre os consumidores após uma mudança de nome. *Monkfish* ("peixe-monge") é um aperfeiçoamento nominal de *goosefish* (literalmente, "peixe-ganso"), enquanto *rock salmon* ("salmão-pedra") soa muito melhor do que "peixe-cão espinhoso". E *orange roughy* (algo como "áspero e laranja") é 1 milhão de vezes mais palatável que o original *slimehead* ("cabeça gosmenta"). Atualmente, todos estão na lista de alerta de peixes do Greenpeace, que recomenda evitar seu consumo. Como bem colocado pelo *Washington Post* em 2009, "se o peixe relógio ainda fosse 'cabeça gosmenta', não teria esse tipo de problema".[18]

Mas nem todas as alterações de nome de peixes tiveram consequências negativas. O lagostim, em inglês originalmente *mudbug* ("inseto da lama") e rebatizado como *crawfish* ("peixe-garganta"), é cultivado de forma sustentável e apreciado como uma deliciosa especialidade da Louisiana. O dourado-do--mar, originalmente *dolphin-fish* ("peixe-golfinho"), recebeu depois seu nome havaiano, *mahi-mahi*, para que os clientes não achassem que estavam comendo um simpático mamífero marítimo. As sardinhas, *pilchards*, passaram por um renascimento como Cornish sardines ("sardinhas da Cornualha"). Atualmente, estão em andamento tentativas de combater a perigosa disseminação da carpa asiática na América do Norte através de uma mudança de nome.

Esses grandes peixes de água doce são considerados uma substancial amea-ça para os ecossistemas dos rios americanos, como o Missouri e o Illinois. Centenas de milhões de dólares estão sendo gastos para manter as carpas asiáticas fora dos Grandes Lagos. Introduzidas deliberadamente nos Estados Unidos na década de 1970, as carpas asiáticas se multiplicaram a ponto de, em vários cursos de águas importantes, terem expulsado a maioria das outras espécies. Ambientalistas e pescadores estão desesperados para se livrar delas.

Como vimos no triste exemplo da merluza negra, uma ótima maneira de destruir uma população de peixes é provocar sua demanda em restaurantes de Los Angeles a Dubai. Infelizmente, a maioria dos americanos não aprecia a carpa asiática, embora seja um peixe nutritivo e considerado uma iguaria em sua originária China. Uma equipe liderada pelo chef Philippe Parola re-produziu a história do *sea bass* chileno e renomeou a carpa asiática *silverfin*™ ("barbatana de prata"). Espera-se que esse nome tenha maior apelo para os clientes americanos, incentivando mais pescadores a capturá-las.

Embora certos alimentos sejam rebatizados por razões comerciais, às vezes nomes de comidas se tornam campos de batalha políticos. Durante a Primeira Guerra Mundial, os americanos renomearam o chucrute "repolho da liberdade", para retirar a conotação alemã desse prato popular. Também nos Estados Unidos, o Congresso tentou algo semelhante com as "batatas fritas da liberdade" em vez das consagradas "batatas fritas francesas" (*french fries*) quando a França se recusou a apoiar a invasão do Iraque. Quando as caricaturas do profeta Maomé foram publicadas em um jornal dinamarquês, os confeiteiros iranianos foram instruídos a renomear seus doces dinamarqueses como "Rosas do profeta Maomé".

Até mesmo a carpa asiática passou por uma segunda renomeação por razões políticas: em 2015, o Senado estadual de Minnesota aprovou uma medida para renomear o peixe de "carpa invasora", visto que chamar os indesejados animais de "asiáticos" foi considerado ofensivo.

O COELHO DEVASTADOR

Mudanças de nome podem ser cruciais na política. Se uma questão é duvidosa, uma tática eficaz é renomear um elemento-chave do debate. Os ativistas contra o aborto há muito entenderam a simpatia que alcançam como "pró-vida". E seus oponentes preferem ser chamados de "pró-escolha" do que "pró-aborto". Às vezes um nome bem escolhido pode ser o fator que define a vitória em uma polêmica pública. O ex-secretário de Defesa britânico Michael Heseltine afirmou que a questão de manter armas nucleares foi finalmente decidida quando seu setor de propaganda decidiu, em 1983, parar de falar sobre o "desarmamento unilateral" — "uma coisa muito bacana, inofensiva, acolhedora"[19] — e sugeriu que os ministros passassem a argumentar contra o "desarmamento de um só lado". A expressão "de um só lado" insinuava que o outro lado se aproveitaria da situação. Que nós seríamos os trouxas. "Esse foi exatamente o cerne do argumento, encapsulado nessas meras palavras", disse Heseltine.[20]

O consultor político americano Frank Luntz tornou-se notório por sua estratégia de "redefinir rótulos" em apoio aos objetivos da política republicana. Acima do peso e despenteado, com um rosto estranhamente infantil e uma tendência a usar tênis de grife com ternos de negócio, Luntz tornou-se um pesquisador e comunicador de grande êxito, requisitado tanto por redes de TV quanto por altos executivos. Ele é doutor em política pela Universidade de Oxford, porém afirma: "Eu não sei porcaria nenhuma sobre nada, só sei o que o povo americano pensa".[21] Esse insight o ajudou a entender de forma bem-sucedida quais nomes e rótulos terão melhor acolhimento pelo público.

Do site da Luntz Global:

Na arena política, nosso CEO, dr. Frank Luntz, ajudou a redefinir o discurso sobre inúmeras questões [...]. Luntz é conhecido por explicar como os americanos chamam o "imposto sobre heranças" exatamente pelo que é, um "imposto sobre a morte". Ele mostrou que os pais não querem discutir o "voucher escolar",* mas se interessam pela "bolsa de oportunidade". Adicionalmente, mostrou como os americanos são contra "perfurar poços de petróleo", porém desejam a "exploração energética americana".**

O imposto sobre heranças americano, ou imposto de transmissão, era muito menos oneroso do que na maioria dos países da Europa. Em 2017, aplicava-se apenas a propriedades de valor superior a 5 milhões de dólares, de modo que somente uma pequena fração dos americanos realmente teria que pagá-lo. Mesmo na virada do milênio, um casal com ativos no valor de mais de 1 milhão de dólares poderia ir ao túmulo confiante de que o governo não tocaria em um centavo de seu patrimônio. No entanto, esse imposto havia muito incomodava os republicanos, e em 2017 estava prevista sua eliminação como parte dos planos de reforma tributária de Donald Trump.

No início, os políticos que faziam campanha por sua abolição tinham dificuldade em despertar o interesse entre os eleitores. Compreensivelmente, poucos viam grande necessidade de resguardar os ricos de contribuir substancialmente para a sociedade ao final de suas vidas. Acredita-se que um ativista chamado Jim Martin tenha cunhado o termo "imposto sobre a morte", mas foi Frank Luntz quem realizou uma pesquisa para mostrar de forma conclusiva que os eleitores se ressentiam muito mais dessa ideia do que de um corriqueiro "imposto patrimonial". O novo nome reformulou o imposto em termos morais: como pode ser correto acrescentar uma demanda tributária à tragédia de uma morte? Outro trunfo era a sugestão implícita de que o imposto poderia atingir qualquer um, já que todos vão morrer um dia. "É tudo uma questão de marketing", disse Martin, sobre o que chamava de o "imposto mais rígido de todos".[22]

Luntz implantou o novo nome no "Contrato com a América" do Partido Republicano em 1994. Ele recomendou que os senadores e congressistas republicanos realizassem coletivas de imprensa "em seu necrotério local",

---

* Sistema que oferece recursos públicos a estudantes, para serem usados como pagamento em escolas particulares. (N. T.)
** Acessado em janeiro de 2017, este texto foi desde então removido do site.

para maior impacto. Bill Clinton, favorável à manutenção do imposto, tentou contrapor a poderosa terminologia de Luntz oferecendo sua versão de um nome "bolada de dinheiro para os ricos". Apesar dos esforços do presidente, porém, quase 80% dos americanos apoiaram a revogação do "imposto sobre a morte", em 2001.

"Linguagem é como fogo", observa Luntz. "Dependendo de como você a usa, pode aquecer sua casa ou pode queimá-la."[23]

Frank Luntz é capaz de aplicar sua diabólica mágica de nomes com praticamente qualquer coisa: "Se eu quisesse demonizar um coelho, eu não o chamaria de *bunny*, mas de *rabbit*, e diria que o coelho vai devastar seu jardim. Isso é um pivô de linguagem. Um coelho [*bunny*] é fofo, mas um coelho [*rabbit*] que destrói seu jardim é uma praga".[24] Luntz não apenas facilitou a perfuração para as grandes companhias de petróleo sob o corajoso e patriótico manto da "exploração energética americana", como também desempenhou um papel fundamental no adiamento do progresso em direção a uma forma mais sustentável de energia e transporte. Durante seu primeiro governo, George W. Bush aconselhou os republicanos a evitar o termo "aquecimento global", que evoca imagens de um planeta superaquecido e derretido pela queima de combustíveis fósseis, em favor de "mudanças climáticas", mais benigno. Um memorando de Luntz em 2003 que vazou para a imprensa dizia:

"Mudanças climáticas" é menos assustador que "aquecimento global". Como observou um participante de um grupo focal, mudança climática "parece que você está indo de Pittsburgh a Fort Lauderdale". Enquanto aquecimento global traz uma conotação catastrófica, mudanças climáticas sugerem um desafio mais contornável e de menos carga emocional.[25]

Ele estava correto. Onze anos depois, pesquisadores do Projeto Yale de Comunicação de Mudanças Climáticas e do Centro de Comunicação sobre Mudanças Climáticas da Universidade George Mason descobriram que os americanos tinham 13% mais chances de acreditar em "aquecimento global" como ameaça do que em "mudanças climáticas". "O uso do termo "mudanças climáticas" parece *reduzir* o engajamento", disseram os pesquisadores.[26]

"Meu trabalho é procurar palavras que desencadeiem emoção", argumenta Luntz. "As palavras sozinhas podem ser encontradas em um dicionário ou em uma lista telefônica, mas palavras com emoção podem mudar o destino e transformar a vida como a conhecemos. Sabemos que isso já mudou a história; sabemos que já mudou comportamentos; sabemos que pode iniciar ou terminar uma guerra. Sabemos que palavras e emoções, quando combinadas, são a força mais poderosa conhecida pela humanidade."[27]

NOMEANDO CERTO

Nomes importam. Os nomes e rótulos que damos a pessoas, leis, conceitos e produtos moldam a maneira como o mundo os vê, e isso determina como agimos em relação a eles. O nome certo pode fazer pessoas consumirem um peixe desconhecido; o nome errado pode deixar eleitores apáticos sobre uma questão de importância global. Escolha um nome adequado para o assunto em questão e você pode ganhar o argumento antes mesmo de começar. Nomes não são neutros. Eles têm poder e ressonância, podem inspirar ação e também causar grandes danos. Portanto, se o nome atual do seu produto, movimento ou empresa não estiver produzindo o resultado desejado, altere-o. Um novo nome é uma nova verdade: se isso levar a uma nova percepção da realidade, pode fazer toda a diferença.

Talvez você esteja se perguntando se o fato de este capítulo apresentar uma história sobre um homem chamado Lantz e outra sobre um homem chamado Luntz é pura coincidência.

Acho que sim.

Na prática:

• Escolha cuidadosamente nomes para projetos e pessoas, pois isso pode afetar suas perspectivas.

• Se um produto não estiver vendendo bem, tente renomeá-lo.

Mas cuidado com...

• Pessoas que usem nomes evocativos na tentativa de persuadi-lo a comprar, votar ou agir de modo não apropriado.

• Adversários que atribuam um apelido negativo a você ou a seu projeto.

• Enganadores que mudem os termos usados em um debate visando influenciar seu resultado.

Quarta parte

Verdades desconhecidas

12. Previsões

Você não toma decisões sobre gastos, investimentos, contratações nem decide
se vai procurar um emprego quando não sabe o que vai acontecer.
Michael Bloomberg

PREEMPTIVA OU PREVENTIVA?

Na manhã de 5 de junho de 1967, quase todas as aeronaves de combate da formidável Força Aérea Israelense (IAF) decolaram de suas bases e sobrevoaram a baixa altura o Mediterrâneo. Elas continuaram na direção oeste até passarem por Porto Said e depois seguiram para o sul, rumo ao Egito. Não eram esperadas. Uma paz incômoda pairava entre Israel e o Egito desde a Crise de Suez, em 1956. Israel não havia feito uma declaração formal de guerra, nem seus políticos haviam oferecido qualquer indício de suas intenções. Embora o Egito possuísse um sistema de defesa aérea, os jatos israelenses estavam voando muito baixo para serem detectados por radar. A IAF planejou o ataque para ser executado logo após o término da habitual patrulha egípcia da madrugada, avançando pelo Vale do Nilo enquanto os pilotos egípcios tomavam café da manhã.

As bases aéreas do Egito não dispunham de abrigos de aeronaves fortificados, e a maioria dos aviões estava estacionada ao lado das pistas. A primeira onda de ataque teve como alvo onze bases egípcias, destruindo as pistas com bombas especialmente projetadas e aniquilando 189 aviões. Os jatos israelenses retornaram à base para reabastecer e rearmar, e em poucos minutos voltaram ao ar e retornaram ao Egito. Duas outras séries de ataques desabilitaram dezenove bases aéreas, totalizando mais de trezentas aeronaves egípcias destruídas. Durante o período da manhã, Síria, Jordânia e Iraque responderam ao ataque ao Egito, enviando seus próprios aviões contra alvos em Israel. Tiveram pouco impacto estratégico, e apenas levaram os jatos da IAF a voltar suas atenções para as bases aéreas desses países. No final do dia, Israel havia eliminado cerca de quatrocentas aeronaves árabes, alcançando completa supremacia aérea na região e garantindo o domínio de suas forças terrestres na subsequente Guerra dos Seis Dias. As Forças de Defesa de Israel assumiram o controle da Península do Sinai, da Faixa de Gaza, da Cisjordânia, de Jerusalém Oriental e das Colinas de Golã, algumas das quais Israel ainda ocupa.

Foi uma vitória impressionante. Mas por que Israel fez isso? Por que esse pequeno país, cercado por nações árabes hostis, decidiu romper a paz?

Após a Crise de Suez, Israel concordou em se retirar do território egípcio ocupado na Península do Sinai, sob a condição de que uma Força de Emergência da ONU (UNEF) fosse implantada como zona neutra entre as duas nações. A UNEF permaneceu no local por dez anos, mantendo a paz e garantindo a liberdade de movimento para os navios israelenses através do vital Estreito de Tiran, a apertada passagem entre a Península do Sinai e a Arábia Saudita.

Durante esse período, a pressão exercida contra Israel por seus vizinhos continuou a crescer. A União Soviética aliou-se a vários Estados árabes, fornecendo armas e apoio político. A Organização para a Libertação da Palestina foi formada. Militantes árabes organizaram ataques contra Israel. Em retaliação, Israel lançou ataques terrestres contra alvos na Jordânia e na Síria. Eram altas as tensões entre o Estado judeu e seus vizinhos árabes.

Em 13 de maio de 1967, o Egito, conhecido na época como República Árabe Unida, moveu um grande número de tropas para a Península do Sinai. O então presidente egípcio, Gamal Abdel Nasser, estava respondendo a uma advertência soviética errônea sobre a atividade de tropas israelenses na fronteira com a Síria. Nasser ordenou a retirada das forças de paz da UNEF da fronteira entre Israel e Egito, e em 22 de maio fechou o Estreito de Tiran para navios israelenses, cortando o vital suprimento de petróleo.

O Estado de Israel concluiu que estava prestes a ser atacado. O governo fez uma previsão e agiu a partir disso.

A investida da IAF contra o Egito ainda hoje é considerada como possivelmente o mais bem-sucedido exemplo de guerra preemptiva — uso de ação militar ofensiva como forma de defesa em caso de ameaça militar iminente — dos tempos modernos. A Operação Foco, como foi chamada, estava sendo planejada havia muito tempo e foi escorada em uma abrangente coleta de informações e treinamento extensivo para os pilotos, mas só foi implementada quando o Egito fez seus primeiros movimentos beligerantes no Sinai.

As ações preemptivas são sempre controversas, porque dependem da justificação moral de uma verdade concorrente sobre o futuro. Para Israel não ser vilipendiado como agressor na corte da opinião mundial, terá que argumentar que o Egito e seus aliados estavam prestes a iniciar uma guerra — que eram eles os verdadeiros agressores, apesar de Israel ter atacado primeiro.

É impossível, depois do fato, saber se a previsão de um ataque árabe teria se tornado realidade caso Israel não tivesse agido. Só o que podemos fazer é olhar para as evidências de eventos anteriores a 5 de junho de 1967 e concluir por nós mesmos se a verdade concorrente de Israel sobre o futuro é crível e razoável. Não surpreende que esse argumento tenha sido contestado por alguns setores. Havia de fato um plano egípcio para invadir Israel — conhecido como "Amanhecer" —, programado para 27 de maio, mas cancelado no último minuto por ordem de Nasser. Teria o Egito reconsiderado esse plano, ou outro semelhante, caso Israel não tivesse atacado? Se não necessariamente em 1967, quem sabe no ano seguinte, ou no ano posterior?

Uma distinção moral é por vezes traçada entre a guerra preemptiva e a "guerra preventiva", da qual o exemplo mais notório é a segunda Guerra do Golfo, de 2003. Quando George W. Bush e Tony Blair lideraram uma coalizão de nações na malfadada invasão do Iraque, sua justificativa era a suposta intenção iraquiana de, em algum momento futuro, usar armas de destruição em massa contra alvos americanos ou europeus. Muitas das críticas subsequentes se deveram à desinformação fornecida pelos governos Bush e Blair quanto à existência de tais armas: após a invasão, não foram encontradas armas de destruição em massa no Iraque. Mas eu não ficaria surpreso se tanto George W. Bush quanto Tony Blair ainda se apegassem a sua "verdade" de que o Iraque acabaria atacando um alvo no Ocidente caso não tivessem removido Saddam Hussein. Essa previsão não pode ser tão facilmente contestada quanto a alegação de que Saddam possuía armas de destruição em massa.

A diferença prática entre a guerra preemptiva e a preventiva é quanto ao timing da ação. Em ambos os casos, ações militares são tomadas para evitar um ataque futuro por parte do outro lado; a guerra preemptiva opõe-se a uma ameaça iminente, enquanto a guerra preventiva antecipa um ataque menos definido, previsto para algum momento em um futuro mais distante. Tudo se resume a quão confiante você está sobre suas previsões e em quanto tempo você calcula que elas se tornarão realidade. Isso deixa muita margem de manobra para que Enganadores declarem uma guerra preemptiva mesmo quando, no fundo, duvidam da iminência da ação do inimigo. Não é necessariamente mentira declarar que seu país será atacado, mas pode ser uma grave desonestidade sugerir que provavelmente acontecerá em breve.

O QUE O FUTURO RESERVA

A declaração seguinte é verdadeira?

O sol nascerá amanhã.

E esta?

Eu vou morrer um dia.

Imagino que você tenha respondido *sim* a ambas. São verdades que ninguém é capaz de contestar. São totalmente verdadeiras.

Isso é interessante, porque nenhuma das duas declarações é exatamente um fato, visto que é concebivelmente possível que o sol exploda antes de amanhã, ou que alguma forma de preservação criogênica possa mantê-lo vivo em perpetuidade. Nós inferimos que elas são verdadeiras porque nossa experiência nos diz que o sol nasce todos os dias e nossa formação nos diz que todos morrem. São previsões que tratamos como verdades absolutas.

Agora, avalie as seguintes:

O trem sairá às 20h45.

O ano letivo terminará em 15 de dezembro.

Milhões de turistas visitarão Paris no próximo ano.

O próximo filme do estúdio será lançado em setembro.

Vamos nos casar em 2 de junho.

São previsões muito prováveis de serem concretizadas. Mas se as coisas acontecerem de outra maneira, não ficaríamos muito chocados: nossas previsões já falharam antes. Porém, temos confiança suficiente em tais predições a ponto de planejar nossa vida em torno delas — investir, contratar, mudar de casa, votar, estudar, gastar dinheiro e construir de acordo com o que esperamos que aconteça. Caso não o façamos, é possível que coisas ruins ocorram: perderemos o trem; uma criança ficará abandonada nos portões da escola; os fornecedores contratados para a festa de casamento não aparecerão.

Tratamos essas previsões como verdades acionáveis.

Agricultores plantam safras e aplicam pesticidas; torcedores compram ingressos para jogos; casais felizes reservam igrejas e salões de festa; empresas de hotelaria constroem instalações; grávidas compram berços e carrinhos. Todos eles estão praticando ações significativas e dispendiosas com base em previsões que têm expectativa e confiança de serem realizadas.

Mas, até que se realizem, essas previsões não são verdades absolutas. É sempre possível que haja um imprevisto. E isso significa que é sempre possível *prever* que algo diferente pode acontecer — oferecer uma verdade concorrente sobre o futuro.

Podemos usar previsões cuidadosamente selecionadas, assim como outras verdades concorrentes, para persuadir, influenciar, motivar e inspirar.

LIDERANÇA VISIONÁRIA

A Atkins é uma empresa de consultoria de engenharia global que projetou, planejou e gerenciou projetos de construção de arranha-céus, rodovias, túneis, aeroportos e muito mais. Ela foi responsável por parte da infraestrutura das Olimpíadas de Londres em 2012 e atualmente trabalha no maior reator de fusão nuclear experimental do mundo, além de em um conjunto pioneiro de turbinas eólicas flutuantes em enormes esforços que levam anos, até décadas, para serem concluídos. Como é de esperar, os líderes da Atkins passam muito tempo pensando no futuro.

O setor de construção e engenharia é indiscutivelmente um dos poucos que não foram transformados pela revolução digital, e a questão que deixa os executivos do setor acordados durante a noite não é *se* essa transformação virá, mas *quando*. A Atkins está no mercado há mais de três quartos de século e quer permanecer competitiva, portanto seus líderes têm pensado muito sobre o que será diferente, onde novas oportunidades surgirão e que tipos de ameaças poderão enfrentar.

A rápida urbanização exigirá que governos municipais e nacionais façam planos ousados de fornecimento de energia, transporte e água para populações em crescimento. As mudanças climáticas poderão exigir defesas contra inundações. Novas fontes e usos de energia significarão diferentes abordagens para geração e distribuição. O terrorismo poderá forçar os proprietários de infraestrutura a instalar recursos de segurança em edifícios e redes de comunicação. Talvez o mais importante de tudo, a Atkins está prevendo uma "nova onda de digital" agregada à construção que vai alterar a própria natureza de sua indústria.

Fui convidado para ajudar a Atkins, em sua divisão britânica e europeia, a preparar seus 8500 funcionários para esse admirável mundo novo. Estabelecemos uma meta para a empresa redefinir o setor de design e planejamento de infraestrutura, aliando-se à nova onda digital no mundo de networks e big data. Uma organização que construiu sua reputação combinando aço, concreto e vidro teria que se tornar igualmente hábil em incorporar bytes e algoritmos. Design automatizado, captura de realidade com lasers e drones, análise preditiva, realidade virtual e Internet das Coisas precisariam se tornar recursos essenciais para a Atkins. Caso toda a organização viesse a apoiar essa nova visão do futuro, prevíamos que a Atkins se tornasse sinônimo de infraestrutura de classe mundial. A empresa já é altamente respeitada por seus clientes; no futuro, seria também amplamente reconhecida e apreciada pelo público.

Essa análise de tendências prováveis, junto com uma visão para o futuro e um plano de como chegar lá, provou ser altamente motivadora para os funcionários da Atkins. Uma vez que seus líderes haviam delineado todas as possibilidades e incertezas em uma declaração clara de expectativas e intenções, todos se viram muito mais capazes de direcionar suas energias de maneira coordenada e produtiva. As previsões dos líderes tornaram as pessoas mais engajadas, preparadas e eficientes. Quando a Atkins foi adquirida pela SNC-Lavalin, em 2017, essa visão do futuro permaneceu constante — o farol no alto da colina que manteria os funcionários focados durante o período de troca de controle ou qualquer outra circunstância que viesse a acontecer.

Não há nada de especial nessa história corporativa. Se você já trabalhou em consultoria de estratégias, desenvolvimento de políticas ou planejamento de negócios, reconhecerá seus elementos principais. É fundamental que bons líderes prevejam o que vai acontecer em sua organização e ofereçam uma visão de futuro que guie o trabalho das pessoas.

Mas o que é mais interessante nesse processo é como toda essa energia, investimento e compromisso estão sendo aplicados com base em coisas que ainda não aconteceram e que talvez nunca aconteçam. Em 2008, realizei um processo semelhante com outro cliente, a Agência de Proteção à Saúde do Reino Unido. Analisamos as prováveis ameaças futuras à saúde pública decorrentes de epidemias, vazamentos de produtos químicos, radiação nuclear e outros riscos graves e descrevemos como o órgão reuniria os especialistas do governo em todos esses campos e implementaria novas possibilidades de resposta para melhor proteger o público. Era uma visão inspiradora que já estava começando a surtir efeito no engajamento dos funcionários quando o governo recém-eleito de David Cameron decidiu abolir o projeto.

Bem, isso nós não prevíamos.

Previsões em ambientes complexos, como serviços bancários, planejamento de serviços públicos ou desenvolvimento de infraestrutura tendem a ser vulneráveis ao inesperado. No entanto, previsões são necessárias se quisermos alcançar algo. Toda organização necessita de uma rota definida para um objetivo previsto e precisa saber o que pode acontecer ao longo do caminho. Enxergamos nossas previsões como verdades qualificadas sobre um futuro que poderão ser revistas em data posterior. Sem elas, não chegaríamos a lugar algum.

PREVISÃO PERSUASIVA

Imaginemos que você queira convencer uma profissional chamada Christine a se juntar à sua equipe no trabalho. Vocês tratarão dos benefícios e das várias funções e responsabilidades, mas, talvez mais do que tudo, Christine vai desejar saber o que virá pela frente caso aceite o trabalho. Como vai ser trabalhar para você? Ela vai estar feliz daqui a seis meses, se topar a proposta? Que oportunidades terá e que novas habilidades desenvolverá?

A decisão de Christine provavelmente depende de tais questões. O que você lhe diria sobre o futuro?

Algumas opções que passam por sua cabeça:

Você vai ter que trabalhar até tarde duas ou três vezes por semana.

Você vai trabalhar com Jeff, que é insuportável, mas não temos como nos livrar dele.

Você vai ter que aguentar as grosserias de clientes irritados com as regras de devolução da nossa empresa.

Só poderemos promovê-la daqui a no mínimo três anos.

Você sabe que é tudo verdade, mas vai preferir não mencionar nada disso. Vai se concentrar em outras previsões, igualmente verdadeiras:

Você vai adquirir uma valiosa experiência em atendimento ao cliente.

Você vai contar com duas semanas de treinamento formal por ano.

Você poderá viajar para nossos escritórios em Paris e Cingapura.

Você terá a opção de assumir responsabilidades adicionais dentro de um ano.

Tal como as verdades parciais que já discutimos, previsões podem ser judiciosamente selecionadas para criar uma impressão específica da realidade. Comunicadores podem omitir e dissimular elementos com previsões exatamente da mesma forma que é possível fazê-lo com verdades parciais. É por isso que os políticos falam sobre os gastos que autorizarão se forem eleitos, em vez das dívidas que assumirão ou dos impostos que vão cobrar. Todos nós fazemos isso. Os pais que tentam despertar o interesse do filho pela próxima viagem em família vão falar sobre as praias ensolaradas e as atividades divertidas, não sobre as horas sem dormir durante o voo nem sobre a ausência de wi-fi. É ainda mais difícil pintar um quadro completo do futuro do que do passado, portanto, tendemos a nos concentrar nos elementos que promoverão nossos interesses ou ajudarão nossos argumentos.

Se nos depararmos com uma previsão plausível que ajude nosso caso, falaremos sobre ela. Preferimos não mencionar as previsões desfavoráveis. Se nos defrontarmos com uma escolha de previsões conflitantes vindas de especialistas igualmente respeitados, é natural selecionarmos e compartilharmos a que mais favoreça nossa posição, ignorando o resto.

Estratégia de previsões #1
Previsão seletiva

Durante a campanha para o referendo Brexit, a organização Vote Leave divulgou um anúncio que teve grande influência. Dizia: "A TURQUIA (população 76 milhões) ESTÁ ADERINDO À UE". Os cidadãos de qualquer país participante da UE têm o direito de viver e trabalhar em qualquer outro país-membro. Em um momento de inquietações quanto à instabilidade no Oriente Médio e à imigração, essa frase bastou para assustar um bom número de eleitores britânicos. Mas a previsão da Vote Leave era verdadeira?

A Turquia solicitou a adesão à CEE em 1987 e recebeu o status de candidata à UE em 1999. Havia muito tempo a política britânica oficial era incentivar a adesão da Turquia. Em 2010, o então primeiro-ministro David Cameron declarou publicamente na Turquia: "Quero que pavimentemos juntos a estrada de Ancara para Bruxelas".[1] Na época do referendo, a UE viu-se precisando da cooperação turca para controlar o fluxo de migrantes através da Europa, e muitos especularam que a adesão da Turquia pode vir a ser o preço final dessa cooperação. Então, se você estiver disposto a interpretar de forma flexível a escala de tempo implícita na construção "está aderindo", então pode muito bem ser verdade que "a Turquia está aderindo à UE" — em algum momento no futuro.

Por outro lado, do mesmo modo que outros Estados-membros, o Reino Unido tinha poder de veto sobre novos membros, portanto se o governo britânico não quisesse a Turquia no clube, a Turquia nunca poderia ingressar (enquanto o Reino Unido permanecesse na UE). E mesmo que o Reino Unido não usasse seu veto, o Chipre certamente o faria até que a prolongada ocupação turca do norte do Chipre fosse resolvida. Além disso, muitos obstáculos processuais impediam a adesão da Turquia, entre eles a corrupção, as restrições à liberdade de imprensa e as comprovadas violações de direitos humanos. Por isso, seria igualmente verdade dizer que a adesão da Turquia era uma possibilidade bastante remota. O próprio David Cameron, partidário da permanência na UE declarou durante o debate do Brexit: "No ritmo atual, [a Turquia] provavelmente vai entrar lá pelo ano 3000".[2] Considerando tudo isso, o cartaz da Vote Leave aparenta ser bastante enganador.

Grande parte do debate sobre o Brexit centrou-se em previsões concorrentes quanto ao que aconteceria caso a Grã-Bretanha deixasse a UE. Os "remanescentes" previam isolamento, perdas econômicas, insegurança, restrições de viagens e talvez até um colapso na ordem europeia. Os "brexistas", por outro lado, prognosticavam uma nova era de comércio mundial, inovação irrestrita, um novo modelo de cooperação com nossos aliados europeus e um maior controle sobre a própria situação. Embora ambos os lados exagerassem os potenciais altos e baixos do futuro britânico, a maioria das alegações feitas sobre o futuro eram previsões válidas, baseadas em algum tipo de fato.

SERÁ QUE A ÁGUA NOS LEVARÁ À MORTE?

Não há, talvez, tópico mais movimentado no momento do que as previsões concorrentes sobre o aquecimento global.

O dióxido de carbono gerado pelos seres humanos está se acumulando em nossa atmosfera, criando uma barreira semelhante à de uma estufa que retém o calor do sol, o qual era anteriormente irradiado de volta ao espaço. Observável e mensurável, essa parte da história do aquecimento global é amplamente aceita. Porém, a razão para estarmos tentando fazer mudanças tão significativas na forma como viajamos, geramos energia e vivemos estão relacionadas às previsões sobre o que pode acontecer com nosso clima e os efeitos prejudiciais que tais mudanças poderão ter.

O Painel Intergovernamental sobre Mudanças Climáticas (IPCC) estimou que as temperaturas médias da superfície global para o período de 2081 a 2100 serão entre 0,3 e 4,8°C mais altas do que no período de 1986 a 2005.[3] Essa é uma variação muito ampla, permitindo tanto previsões benignas como futuros catastróficos. Por que a incerteza dos especialistas?

O dióxido de carbono (CO_2) por si só não deve causar mais do que um pequeno aquecimento. A duplicação das concentrações atmosféricas de CO_2 deveria aquecer o planeta em cerca de 1,2°C, de acordo com o IPCC. Isso não é considerado muito perigoso. As previsões de mudanças climáticas radicais dependem de um fator amplificador secundário: o aquecimento provocado pelo aumento do vapor de água na atmosfera.

O ar mais quente retém mais vapor de água, com a concentração aumentando em cerca de 7% por grau Celsius. Desse modo, um pouco de aquecimento por CO_2 teria como consequência uma atmosfera significativamente mais úmida. Como o vapor de água é um potente gás de efeito estufa, isso poderia mais que dobrar o aquecimento futuro causado pelo aumento do CO_2.

O vapor de água forma nuvens, que, ao mesmo tempo que contribuem para o aquecimento, capturando a radiação da Terra, também o reduzem, refletindo a luz solar de volta ao espaço. Em geral, as nuvens têm uma influência de resfriamento, porém diferentes tipos de nuvens têm efeitos distintos — nuvens baixas do tipo estratos-cúmulos geralmente resfriam o planeta, e nuvens cirros, mais altas e finas, o aquecem. Assim, se mais vapor de água levar a mais nuvens de baixa altitude, o efeito de amplificação poderia ser reduzido ou mesmo zerado, enquanto um aumento nas nuvens de alta altitude poderia exacerbá-lo.

No entanto, mais vapor de água não necessariamente gera mais nuvens. A pesquisa sugere que uma atmosfera mais úmida e mais quente pode resultar no contrário, em menos nuvens, tanto baixas como altas (o que teria implicações preocupantes para a chuva e a seca). A alteração do equilíbrio das nuvens determinará se o efeito geral será de aquecimento ou resfriamento.

No momento, os cientistas do clima acreditam que o aquecimento induzido por gases de efeito estufa será ligeiramente positivo, ampliando os efeitos do CO_2. Mas a maioria admite que ainda não é possível produzir um modelo muito confiável de futura atividade das nuvens, apesar dos grandes esforços nesse sentido. A incerteza em torno das consequências de mudanças nos padrões das nuvens sobre as temperaturas globais dificulta bastante a previsão climática de longo prazo.

Essa incerteza é padrão na pesquisa científica. Não significa que a questão do aquecimento global esteja errada; tampouco significa que não precisamos tomar medidas imediatas, caso nossas previsões mais pessimistas estejam corretas. Significa, sim, que muitas verdades concorrentes podem ser usadas em ambos os extremos do debate. Os cientistas que buscam melhorar a qualidade de nossas previsões climáticas se veem muitas vezes no fogo cruzado.

Mesmo que as temperaturas de fato aumentem substancialmente, nem todos concordam que isso será ruim para nós. O desacordo deve-se em grande parte à inimaginável complexidade dos sistemas planetários que precisam ser replicados em modelos de previsão. Será que os furacões vão aumentar em frequência e intensidade, como o Harvey, o Irma e o Maria parecem sugerir? A circulação termoalina que aquece o norte da Europa será interrompida? O derretimento do permafrost lançará uma grande quantidade de CO_2 na atmosfera, acelerando o aquecimento global? As secas e as colheitas perdidas levarão à migração em massa e a guerras? A elevação do nível do mar ameaçará as cidades? Ninguém pode dizer com certeza, e por isso inúmeros cenários vagamente confiáveis têm sido difundidos.

Verdades parciais apresentadas em um contexto apropriado podem ser úteis para sugerir o que o futuro pode trazer. Segundo o Relatório Especial de

Ciência Climática de 2017 (produzido pelo US National Climate Assessement), "evidências relativamente fortes" indicam que fatores provocados pelo homem contribuíram para a onda de calor europeia de 2003 e para a onda de calor australiana de 2013. Descobriu-se também que alguns tipos de tempestade estão "exibindo consequências relacionadas à mudança climática", embora reconhecendo que tais conexões ainda não são suficientemente compreendidas. Mas verdades parciais também foram manipuladas por ambos os lados para justificar medo ou complacência em relação ao futuro. Aqui está um texto de 2016 da Climatewire publicado pela *Scientific American*, escrito para argumentar que as mudanças climáticas podem impulsionar conflitos futuros:

O conflito sírio atual matou 470 mil pessoas e desalojou milhões. Também foi precedido por uma seca extraordinariamente severa, entre 2006 e 2010. Milhões de agricultores migraram para os centros urbanos, onde ocorreu a maior parte do conflito civil. A seca teria sido altamente improvável não fosse a ocorrência de mudança climática, de acordo com um estudo.[4]

São fatos em grande parte verdadeiros. Mas a maioria dos especialistas políticos protestaria, apontando que a relação causal sugerida certamente não é. A mudança climática não foi responsável pela guerra na Síria.

Alguns céticos do clima ofereceram previsões mais otimistas de nosso futuro mais quente. "Menos pessoas morrerão de frio", escreveu Myron Ebell, o lobista escolhido por Donald Trump para liderar a transição na Agência de Proteção Ambiental. Ele continua:

A vida em muitos lugares se tornaria mais agradável. Em vez de vinte graus abaixo de zero em janeiro, em Saskatoon, a temperatura poderá ser de apenas dez graus abaixo de zero. E eu não acho que muitas pessoas se queixariam se os invernos em Minneapolis se assemelhassem aos de Kansas City [...]. Para os idosos e enfermos, o clima mais quente é definitivamente mais saudável e mais agradável.[5]

Tudo isso provavelmente é verdade, embora ignore o destino dos bilhões de pessoas que habitam em climas mais quentes.

O jornalista científico Matt Ridley aponta para o recente aumento de áreas verdes no planeta — um aumento na quantidade de plantas observado em vários ecossistemas — como um grande benefício econômico e ambiental das concentrações maiores de CO_2.[6] Ele observa que o CO_2 é uma matéria-prima vital para as plantas: é procedimento habitual os agricultores aumentarem a concentração de CO_2 em estufas para estimular o crescimento de culturas. No futuro, ele sugere, fazendas e florestas tropicais se beneficiarão do aumento do CO_2 atmosférico. No entanto, essa perspectiva otimista deve ser contrabalanceada com a probabilidade de padrões climáticos alterados provocarem secas, tempestades e inundações em regiões agrícolas e perturbarem delicados ecossistemas naturais. O furacão Maria, que pode ter sido intensificado por mudanças climáticas, arrasou grande parte da floresta tropical de Porto Rico em setembro de 2017 e destruiu até 80% da colheita da ilha.

Todas essas previsões são baseadas em uma multiplicidade de variáveis que interagem com outras variáveis de forma complexa e que nem sempre são totalmente compreendidas. Ajuste uma variável ou um inter-relacionamento em pequeno grau, e as previsões mudam radicalmente. É útil pensar no que *pode* acontecer, mas poucos cientistas estão dispostos a dizer o que *vai* acontecer.

PREVISÕES TRANSFORMATIVAS

O tempo que vai fazer amanhã independe de nossas previsões: o clima seguirá seu curso, seja lá o que os meteorologistas afirmem. Por outro lado, se o medo do aquecimento global nos levar a implementar medidas de redução de carbono ou de geoengenharia que alterem o clima, as previsões terão influenciado o resultado.

O ato de comunicar uma previsão pode ter um impacto na realização dessa previsão. Países que alardeiam previsões de guerra são mais propensos a entrar em guerra; bancos centrais que visam resguardar um determinado nível de inflação orientam os mercados a agirem de acordo, ajudando, assim, a mantê-lo; analistas influentes que predigam o fracasso de uma empresa de capital aberto podem acelerar seu fim; pais que minimizam as chances de seu filho passar numa prova podem contribuir para seu fracasso. Todas essas são previsões *autorrealizáveis*.

Já as previsões *autodestrutivas* são aquelas que, caso despertem uma ação, *não* são cumpridas. Avisos oportunos sobre o perigo potencial do surto de

Ebola em 2014 foram tão assustadores que galvanizaram a comunidade internacional, evitando, desse modo, a maioria dos mais de meio milhão de casos previstos pelos Centros de Controle e Prevenção de Doenças. Os defensores do clima têm esperança de que suas previsões alarmantes no presente ajudem a evitar os piores cenários de aquecimento de ocorrerem no futuro.

Estratégia de previsões #2
Prever para prevenir

Previsões *condicionais* podem ser autorrealizáveis ou autodestrutivas. "Se você terminar a lição de casa a tempo, eu lhe darei vinte dólares", provavelmente resultará em um pagamento. "Se você enviar esse memorando, será demitido", deve ser aviso suficiente para evitar a demissão.

Promessas de ação são uma forma de previsão que podem ser aceitas como verdades quando provenientes de um indivíduo ou organização suficientemente confiável. "Encontro você na porta do teatro às sete horas", diz seu parceiro, e sua experiência lhe diz que é verdade. "O Banco Central Europeu está preparado para fazer o que for necessário para preservar o euro. E, acredite, será suficiente", declarou Mario Draghi, presidente do Banco Central Europeu, em 2012. A credibilidade da pessoa e da instituição foram suficientes para acalmar os mercados e reduzir os rendimentos dos juros de dívidas governamentais.[7] Quatro anos depois, o *Financial Times* descreveu essa previsão autorrealizável como "amplamente creditada por salvar a zona do euro de uma possível desintegração".[8]

Estratégia de previsões #3
Prever para fazer acontecer

As previsões não apenas impulsionam nossas ações e determinam decisões importantes. O fato de comunicá-las pode alterar o futuro, levando diretamente à sua realização ou ao fracasso. Previsões que têm credibilidade suficiente para serem tratadas como verdades são poderosos motivadores e formadores da realidade. Quando há mais de uma previsão confiável disponível, aquela que escolhemos ouvir, compartilhar e seguir como referência para nossas ações pode decidir nosso futuro.

UTOPIA OU DISTOPIA?

Os robôs estão chegando.

Não apenas robôs. A inteligência artificial (IA), associada ao big data, a sensores de última geração e a um nível de conectividade sem precedentes em breve tornarão as máquinas melhores do que os humanos em muitas tarefas físicas e intelectuais. Melhores e muito, muito mais baratas.

Muitas ocupações se tornarão rapidamente obsoletas pelas máquinas. Já vimos inúmeros trabalhos de manufatura serem transferidos para robôs. Profissionais do varejo, caixas bancários e agentes de serviços telefônicos estão gradualmente sendo eliminados. Em seguida virão os caminhoneiros e taxistas, substituídos por veículos autônomos. Existem 3,5 milhões de caminhoneiros somente nos Estados Unidos. Não muito atrás estão os trabalhadores que realizam tarefas rotineiras: contadores, advogados imobiliários, repórteres financeiros, coordenadores administrativos, assistentes de laboratórios médicos e assim por diante. Mesmo trabalhos práticos como os de cozinheiros, faxineiros e cabeleireiros serão eliminados à medida que a destreza robótica e a consciência espacial se aperfeiçoem.

As máquinas tornarão milhões de pessoas, talvez bilhões, dispensáveis. A desigualdade aumentará.

Como o aprendizado de máquina permitirá, inevitavelmente, que os computadores se tornem mais inteligentes do que nós, eles podem decidir tomar o controle. "Temos que evitar suposições extremas sobre os limites das futuras capacidades da IA", alertou um grupo de especialistas em inteligência artificial e robótica em 2017:

Os riscos impostos pelos sistemas de IA, especialmente os riscos catastróficos ou existenciais, devem estar sujeitos a esforços de planejamento e mitigação compatíveis com o impacto esperado [...]. Os sistemas de inteligência artificial projetados para se autoaperfeiçoarem ou se replicarem de maneira que possam levar a um rápido aumento de qualidade ou quantidade devem estar sujeitos a rígidas medidas de segurança e controle.[9]

As diretrizes estabelecidas por especialistas para futuras pesquisas de IA não são muito tranquilizantes para aqueles que cresceram com os filmes *O exterminador do futuro* e *Matrix*. Tenha em mente que grande parte das pesquisas mais sofisticadas de IA e robótica é atualmente direcionada para aplicações militares. Mesmo que as máquinas não decidam nos destruir, podem nos reduzir ao status de animais de estimação ou escravos.

"O desenvolvimento da inteligência artificial completa poderia significar o fim da raça humana", alertou o professor Stephen Hawking.[10]

"Se uma inteligência artificial superior à inteligência humana for desenvolvida sem a devida cautela, é quase certo que a espécie humana seja extinta em pouco tempo", concordou Michael Vassar, ex-presidente do Machine Intelligence Research Institute.[11]

Obviamente, precisamos fazer tudo que for possível para evitar essa catástrofe.

O fundador da Tesla e da SpaceX, Elon Musk, definiu a inteligência artificial como "nossa maior ameaça existencial". "Com a inteligência artificial, estamos cutucando o demônio", disse ele,[12] argumentando que a IA deve ser regulamentada em nível nacional ou internacional. Mas ele vai além disso. Sua visão aterrorizante da inteligência artificial é um dos propulsores de seu programa espacial: de acordo com a *Vanity Fair*, ele quer colonizar Marte para que tenhamos uma possibilidade de fuga caso algo saia errado com a IA e a humanidade se veja em risco.[13]

Além de fugir das máquinas, o que em breve pode ser impossível, Musk sugeriu que outra maneira de sobrevivermos seria unirmos nossas forças a elas — literalmente. Ele já está buscando essa opção ciborgue, "em algum tipo de fusão de inteligência biológica e inteligência de máquina", através de sua empresa Neuralink, que desenvolverá um "laço neural" de "minúsculos eletrodos cerebrais que poderão um dia fazer o upload e o download de dados de pensamentos".[14] Musk está apostando uma enorme quantidade de tempo, dinheiro e reputação no esforço para nos proteger de sermos substituídos ou exterminados por máquinas.

O fundador da Microsoft, Bill Gates, tem uma proposta alternativa para impedir o uso indiscriminado de robôs: tributá-los. "Devemos estar dispostos a elevar o nível de impostos e até mesmo diminuir a velocidade desse uso", disse ele.[15] Outra maneira de alcançar o mesmo resultado seria reduzir a carga tributária sobre salários ou fornecer subsídios salariais para trabalhadores de baixa renda, tornando-os mais competitivos do que as máquinas, e assim reduzindo os atrativos financeiros para as empresas investirem em automação. Gates sabe que o imposto não impediria o avanço das máquinas para sempre, mas poderia prover aos seres humanos um tempo adicional para que se adaptem e desenvolvam habilidades necessárias para sobreviver no mundo da inteligência artificial.

Devemos exigir que nossos governos regulem e tributem qualquer pessoa que esteja desenvolvendo inteligência artificial ou novas gerações de robôs. Na verdade, provavelmente deveríamos bani-los por completo ou tomar medidas diretas caso os governos não ofereçam proteção legal. Precisamos agir imediatamente para nos salvarmos.

Que bobagem alarmista! Essa visão do futuro é muito sombria. Sim, as máquinas assumirão muitos dos nossos trabalhos mais repetitivos, degradantes e chatos. O que há de errado nisso? Alguém realmente quer ficar sentado encarando uma planilha de Excel durante o dia inteiro ou consertar buracos na estrada a noite toda? Será que dirigir caminhões, fritar hambúrgueres ou olhar para amostras de patologia são usos satisfatórios do tempo para cérebros complexos? A inteligência artificial nos permitirá fazer coisas mais interessantes e seguir carreiras mais criativas. À medida que trabalhos antigos desaparecerem, novos serão criados, em áreas que ainda nem podemos sonhar. Nem a Revolução Industrial nem a era do computador causaram desemprego em massa. No momento, precisamos de programadores e web designers, pesquisadores de imunoterapia, especialistas em segurança cibernética e cientistas de dados, todos empregos criados pela tecnologia. Para qualquer pessoa disposta a usá-la para desenvolver as próprias capacidades, o futuro será brilhante.

Além disso, robôs e inteligência artificial podem ser nossa salvação. Alguns dos problemas intratáveis que enfrentamos, como o aquecimento global e os custos crescentes de cuidados com os idosos, podem ser resolvidos pelas máquinas. Robôs capazes de monitorar sinais vitais, apoiar ou transportar pessoas com cuidado, ou mesmo de manter uma conversa divertida podem melhorar a qualidade de vida de milhões de indivíduos e lhes propiciar uma vida independente por muito mais tempo. Equipes de robôs autônomos poderiam monitorar e consertar nossas estradas e prédios. Enxames de drones podem oferecer algum tipo de solução de geoengenharia que ajude a manter a temperatura da superfície da Terra sob controle.

Por que deveríamos temer máquinas mais inteligentes do que nós, desde que as programemos para atender às nossas necessidades e lhes informemos do que necessitamos? Talvez uma inteligência superior consiga resolver o conflito árabe-israelense, ou impedir uma guerra nuclear, ou eliminar o sofrimento humano. Máquinas mais inteligentes podem cuidar de nós com benevolência, do mesmo modo como cuidamos de nossos mimados animais de estimação.

Portanto, façamos tudo que pudermos para acelerar o desenvolvimento da inteligência artificial. Vamos oferecer incentivos fiscais para empresas de robótica e bolsas de estudo para universidades realizarem pesquisas sobre como funcionam as máquinas. Vamos levantar as barreiras regulatórias para veículos autônomos e inaugurar uma era de ouro da tecnologia.

Qual das opções? Serão os alarmistas Defensores ou Desinformantes? Sabemos com certeza que os robôs estão chegando e que vão transformar nosso mundo. Não temos a menor ideia de como será essa transformação. Ainda assim, precisamos definir logo como responder a esse extraordinário novo fenômeno. Até a inação é uma forma de resposta que terá consequências. Como decidir o que fazer? A única maneira de definir nossa resposta é prever o futuro.

Ou aceitar a previsão de outra pessoa.

À PROVA DE FUTURO

O futuro está chegando cada vez mais veloz, graças ao ritmo acelerado de desenvolvimento tecnológico, conectividade global e mudanças políticas. Em um mundo incerto e volátil, é mais difícil do que nunca prever o que vai acontecer. No entanto, nossa necessidade de planejar, investir e preparar nunca foi tão grande. A previsão é um hábito diário essencial.

As empresas que querem se preparar para um futuro incerto usam o planejamento de cenários para analisar como enfrentarão diferentes situações. Em testes de estresse, os grandes bancos agora são obrigados a simular condições financeiras extremas em seus balanços. Instituições como hospitais e exércitos vislumbram diferentes futuros para garantir que tenham recursos e planos estabelecidos, caso seja necessário lidar com uma série de eventos possíveis. Todas essas organizações estão, em essência, imaginando futuros concorrentes para definir as decisões a tomar hoje.

Podemos aprender com essas organizações. No futuro, não será suficiente fazer uma previsão: teremos que lidar com uma série de verdades concorrentes se quisermos estar prontos para o que pode acontecer. Isso é particularmente verdadeiro no trabalho que esperamos executar e no treinamento de habilidades que devemos empreender. Mas também se aplica à expectativa de vida, aos tipos de ambientes em que conseguiremos nos adaptar, à tecnologia que precisaremos acomodar, às ameaças cibernéticas das quais teremos que nos defender, às atividades que poderemos executar e até mesmo aos desejos que poderemos ter. A tecnologia parece estar destinada a transformar todas essas áreas.

Não temos como saber o que o futuro nos reserva, mas, se levarmos a sério uma gama de verdades concorrentes a seu respeito, conseguiremos sobreviver.

Na prática:

• Retrate um futuro positivo e viável para inspirar as pessoas no presente.

• Considere um leque de previsões concorrentes para assegurar que você estará pronto para qualquer cenário.

• Se alguém fizer uma previsão que requer alguma ação imediata duvidosa, questione a validade da previsão e considere previsões alternativas.

Mas cuidado com...

• Enganadores que omitam previsões inconvenientes porém relevantes quando tentarem convencê-lo a fazer algo.

• Pessoas que disseminem e promovam apenas as previsões que confirmam seu argumento.

13. Crenças

Quem ousaria dizer que foi o único a encontrar a verdade?
Henry Wadsworth Longfellow

UM DEUS ENTRE NÓS

A primeira coisa que atraiu as pessoas para James Warren Jones foi sua crença sincera e de longa data na igualdade racial. Durante sua juventude no estado americano de Indiana na década de 1940, ele estava à frente de seu tempo. O estado ainda proibia o casamento entre negros e brancos, e, em determinada época, dizia-se que a Ku Klux Klan de Indiana era a mais ativa de todos os Estados Unidos. Uma combinação de fanatismo cristão e racismo profundamente arraigado fez o povo eleger candidatos pró-Klan para todos os níveis do governo estadual nos anos 1920. Supostamente, o pai de Jones fazia parte da organização, e Jones relatava que ainda se recusava a falar com o pai anos depois de ele ter proibido um amigo negro a entrar em sua casa. As crenças de Jim Jones estavam perigosamente fora de sintonia com as de sua comunidade, e fizeram dele um excluído.

Mas ele manteve suas crenças. Em 1955, Jones fundou a primeira igreja birracial de Indianápolis, onde ele e a esposa se tornaram o primeiro casal branco no estado a adotar uma criança negra. Convidado a presidir a Comissão de Direitos Humanos de Indianápolis em 1961, Jones usou seu cargo para estabelecer a dessegregação em uma série de organizações municipais e privadas. Orador extremamente carismático, ele pregava a reparação da divisão entre negros e brancos. "Ele era fervoroso com a questão da integração inter-racial", de acordo com sua ex-seguidora Teri Buford O'Shea.[1] Sua ambição, declarou, era criar uma "família arco-íris".

A igualdade racial não era a única crença que mobilizava Jim Jones. Ele também se considerava comunista, numa época em que a maioria dos americanos odiava e temia a própria ideia do comunismo. A convicção de Jones de que todos deveriam ser tratados com igualdade e de que os necessitados deveriam contar com o apoio daqueles que possuíam meios o levaram a criar centros de distribuição de comida, casas de repouso, um orfanato e um serviço de assistência ao emprego. "A única ética que nos permite elevar a humanidade hoje é alguma forma de socialismo", ele pregava.[2]

As crenças de Jim Jones na igualdade racial e no socialismo fizeram dele uma figura estranha em seu estado natal, mas os admiráveis valores que ele obtinha dessas crenças atraíram muitos seguidores para sua igreja. Quando ele transferiu seu "Templo dos Povos" para a Califórnia, em 1965, seus apelos à igualdade, ao socialismo e ao ativismo político ressoaram em muitas mentes liberais jovens e altruístas. Eles compartilhavam suas crenças, e multidões filiaram-se à sua igreja.

O que deveria ter sido uma história inspiradora de progresso social começou a dar errado quando Jim Jones disse a seus seguidores que era Deus.

Alguns acreditaram.

Jones começou a "curar" pessoas em rituais falsos, encenados de forma elaborada como truques de mágica. Há relatos de intimidação e controle excessivo. Muitos de seus seguidores doaram todos os seus bens materiais para Jones. Alguns até entregaram a custódia de seus filhos. Mesmo assim sua fama crescia, e o Templo dos Povos continuava a atrair milhares de novos membros em suas igrejas em San Francisco e Los Angeles, muitos deles pobres e vulneráveis, muitos deles afro-americanos. A congregação de Jones tornou-se uma força política, que ele podia mobilizar à vontade para apoiar ou derrubar políticos no estado.

Mas histórias de abuso começaram a circular e Jones eventualmente deixou a Califórnia para fundar uma isolada colônia agrícola na Guiana. As centenas de pessoas que o acompanharam para a América do Sul, inspiradas por sua visão de uma comunidade utópica na selva, livre de discriminação racial ou de gênero, viram-se isoladas e inteiramente dependentes de Jones para informação e orientação. Jones aproveitou ao máximo seu poder, exigindo sexo de homens e mulheres, ordenando humilhações públicas e drogando e espancando dissidentes. Gravações de sua voz eram emitidas o tempo todo através de alto-falantes para todo o assentamento. Bíblias foram rasgadas para serem usadas como papel higiênico. Famílias foram separadas deliberadamente. Crianças foram trancadas em cubículos de privação sensorial. Nesse ambiente cada vez mais irreal, Jones, sentado em um trono de óculos escuros e trajes de safári, foi se tornando mais e mais paranoico e perturbado.

"A vida é uma maldita doença", disse ele a seus seguidores. "E há apenas uma cura para essa doença filha da puta. A morte."[3]

Alguns deles acreditaram.

Jim Jones começou a ensaiar um suicídio em massa, persuadindo seus seguidores a tomar bebidas em que ele alegava ter colocado veneno. Quando muitos concordavam, ele exaltava sua lealdade. "Agora eu sei que posso confiar em vocês." Tais ensaios eram repetidos a cada poucas semanas.

O fim veio em novembro de 1978, quando um congressista dos Estados Unidos visitou Jonestown com uma comitiva de repórteres e assessores para investigar alegações de abusos e intimidações. O congressista Leo Ryan e três jornalistas foram assassinados por seguranças de Jones. Jones então convocou seus seguidores para o centro do acampamento e declarou que era hora de morrer.

Cianeto foi misturado com suco de fruta em pó e centenas de seguidores o consumiram. Outros, incluindo mais de duzentas crianças, foram forçados a ingerir o veneno, ou tiveram uma dose letal injetada ou foram mortos a tiros. O próprio Jones morreu de um ferimento a bala que pode ter sido autoinfligido. Ao todo, 918 pessoas cometeram suicídio ou foram assassinadas na Guiana em nome das crenças que Jim Jones havia promovido.

"Há uma passagem na Bíblia em que Jesus diz às pessoas para deixar suas famílias e segui-lo. Jim citava bastante essa passagem", lembra Teri Buford O'Shea. "Ele disse que era Gandhi, Buda, Lênin... disse que era o retorno de qualquer pessoa que você gostaria que voltasse. E nós acreditamos nele."[4]

CRENÇAS VERDADEIRAS

Podemos ter certeza absoluta de que Jim Jones não era Gandhi, Buda nem Lênin. Ele não era Deus. Então por que, neste livro sobre a verdade, devemos nos preocupar com tais mentiras?

Em primeiro lugar, os milhares de seguidores de Jim Jones não julgavam que fossem mentiras. "Nós acreditamos nele", foi o testemunho simples de O'Shea. Para muitos membros do Templo dos Povos, Jones era de fato um deus. E não eram pessoas ignorantes, muitas tinham diploma universitário e empregos de considerável responsabilidade. Várias refletiram com afinco e prolongadamente sobre os males do mundo e concluíram que o Templo dos Povos oferecia uma alternativa melhor. Essa era sua crença. Essa era sua verdade. E algumas delas estavam dispostas a morrer por essa verdade.

Em segundo lugar, essa história de crenças extremas nos ajuda a ver melhor nossas próprias crenças. Por muitos anos, Jim Jones conquistou seguidores proclamando crenças que muitos de nós considerariam verdadeiras: que todas as raças são iguais, que aqueles que têm recursos devem ajudar os necessitados. Todos temos crenças que, para nós, parecem ser verdades irrestritas.

Podemos definir uma crença como uma ideia que alguém considera verdadeira, mas que não pode ser provada ou refutada. Não podemos negar a crença de que Jim Jones era Deus, do mesmo modo que não podemos provar que todas as raças são iguais. São coisas que podemos sentir intensamente como verdadeiras ou falsas, mas que nem a lógica nem a ciência podem nos ajudar a confirmar ou desmascarar.

Estas são algumas crenças que você pode considerar como verdades:

Homens e mulheres têm igual valor.

As pessoas devem ser leais a seu país.

A vida humana é mais valiosa que a vida animal.

Somos criaturas físicas reais, não entidades geradas por computador em um universo virtual.

Pessoas não podem ser tomadas como posses.

Tais verdades tendem a assumir a forma de convicções metafísicas, religiosas, morais ou ideológicas. Não podemos prová-las, mas o próprio conceito de prova pode parecer totalmente irrelevante para nossas crenças mais arraigadas. As futuras gerações poderão julgá-las estranhas ou ridículas, que é como hoje consideramos a crença em fadas ou no direito divino dos reis, mas, para nós, são verdades muitas vezes inabaláveis.

Não importa, para fins práticos, se de fato chamamos essas crenças de *verdades*, embora muitos o façam. Mais de 1 bilhão de pessoas são membros da Igreja católica, que fala das "verdades essenciais da fé" e de "dar testemunho da verdade". O arcebispo de Kansas City publicou um livreto intitulado "Cinquenta verdades que todo adolescente católico deveria conhecer", que tratava questões de crença como o pecado original, a ressurreição e a Eucaristia.[5] "Todos os homens têm o dever de buscar a verdade, especialmente no que diz respeito a Deus e a Sua Igreja", declarou o papa Paulo VI na *Dignitatis Humanae*. "A tua lei é a verdade", diz o autor do Salmo 119, dirigindo-se a Deus. "E conhecereis a verdade, e a verdade vos libertará", prometeu Jesus.

A crença não se limita a cultos e religiões. Em um capítulo anterior, coloquei em dúvida a alegada prova científica da eficácia de certos produtos de higiene pessoal e de beleza. Mas talvez isso seja irrelevante. "Para anunciar um produto, você deve acreditar nele", declarou Marcel Bleustein-Blanchet, fundador da gigante publicitária francesa Publicis. "Para convencer, você deve estar convencido." A crença desempenha um grande papel no marketing e no prazer de usar produtos de beleza cujos efeitos não são imediatamente óbvios. Assim como o efeito placebo oferece um dividendo terapêutico útil para alguns pacientes; acreditar que o óleo facial de semente de cenoura lhe dará uma aparência mais jovem pode ser o suficiente para fornecer a satisfação e o entusiasmo de que você precisa para justificar a compra.

A dissuasão nuclear também depende de crença. Somos levados a acreditar que as armas nucleares do Reino Unido estão ativas e prontas para serem disparadas a um comando do governante, mas nem mesmo ele sabe se isso é verdade, seja qual for a garantia que o Ministério da Defesa possa ter fornecido. Faz mais de um quarto de século que ninguém vê uma arma nuclear britânica ser detonada, portanto não temos certeza se ainda podem ser ativadas com eficácia. Acreditamos que elas funcionem, e, o que é mais importante, nossos inimigos potenciais acreditam que elas funcionem, mas, até onde nós e o governante realmente sabemos, essas ogivas podem estar cheias de jornais velhos. A estratégia militar fundamental, tanto no Reino Unido como no exterior, tem como premissa a crença na eficácia de um poderio nuclear britânico que praticamente ninguém pode testar.

Ideologias são crenças sobre a melhor maneira de alcançar o que todos queremos: paz, prosperidade, segurança, alimentação, abrigo e dignidade para nós mesmos e nossos concidadãos. Alguns acreditam que a melhor maneira de conseguir essas coisas é permitindo que cada um faça o que bem escolher, dentro de uma estrutura legal que proteja os direitos de propriedade e assegure a validade dos contratos. Outros acreditam em um caminho diferente para o mesmo objetivo, prevendo uma estrutura coletiva que governe a maioria das atividades e garanta que os ativos sejam distribuídos apropriadamente. Outros, ainda, acreditam em privilegiar classes sociais ou religiosas específicas pelo bem de toda a sociedade.

O capitalismo chegou mais perto de vencer a batalha da ideologia. A maioria dos países já aderiu a seus elementos primários: direitos de propriedade privada, mercados competitivos, liberdade de escolha e iniciativa privada. No entanto, grandes dúvidas ainda perduram, mesmo entre os fiéis. A devastação causada pela crise financeira global, os danos críticos ao meio ambiente, as perdas generalizadas de empregos em indústrias destruídas, bem como o aumento da desigualdade apontam para falhas estruturais no modelo capitalista. É surpreendente que, em 2017, a primeira-ministra Theresa May tenha julgado necessário defender o capitalismo e os mercados livres em face do entusiasmo por alternativas marxistas introduzidas por Jeremy Corbyn, do Partido Trabalhista.

Nossas crenças mais profundas formam uma espinha dorsal rígida que sustenta nosso mindset e direciona nossas ações diárias. Patriotas mostram lealdade a seu país hasteando bandeiras, entrando para as Forças Armadas e até mesmo sacrificando a própria vida. Nossas crenças podem nos levar a ações que nenhuma outra verdade tem a capacidade de inspirar. Não duvidamos de que são verdades e agimos de acordo com elas. Podemos desdenhar da ideia de lavradores ancestrais rezando para Deméter por uma boa colheita, ou de chineses modernos queimando folhas de dinheiro-fantasma visando fornecer recursos para seus antepassados, mas nós estamos tão ligados às nossas crenças quanto eles.

São verdades que moldam nosso mundo.

CRENÇAS COMPARTILHADAS

As crenças têm o poder de estimular indivíduos a agir de maneira fora do comum. Elas também têm uma outra função crítica: crenças unem grupos.

Deve ser solitário ser comunista no estado do Kansas. Então, se você tiver fortes convicções marxistas e conhecer alguém semelhante em Wichita, é provável que vocês se aproximem. Verdades compartilhadas não são apenas reconfortantes, elas também dão sentido a relacionamentos humanos, pois sugerem que seus valores e desejos estarão alinhados e que suas ações serão previsíveis. As crenças funcionam como um aderente social, permitindo que estranhos se conectem e colaborem em grande número para alcançar realizações extraordinárias. Por outro lado, elas também podem agravar as divisões partidárias quando grupos começam a se definir em oposição às crenças de outros grupos. Republicanos e democratas, nos Estados Unidos, parecem estar em rotas cada vez mais divergentes, afastados por crenças cujas rigidez e intransigência só têm aumentado.

O contrário também é verdadeiro. Se quisermos nos juntar a um grupo, provavelmente adaptaremos nossas crenças a ele. Para evitar um mal-estar ou uma dissonância cognitiva que pode advir da manutenção de crenças contrastantes em relação àqueles que nos rodeiam, temos a potente capacidade de mudar nossas crenças para melhor nos alinharmos com nossos pares. Novas crenças que surgem em grupos podem se espalhar rapidamente através de um processo de autorreforço conhecido como "cascata de disponibilidade", pelo qual uma ideia ganha plausibilidade à medida que mais membros do grupo a expressam, não importando se realmente acreditam nela ou se apenas buscam um melhor ajuste social.

> **Estratégia de crenças #1**
> *Encorajar a conformidade*

Isso foi demonstrado de forma contundente pelos membros do Templo dos Povos, muitos dos quais se juntaram ao grupo por necessidade de apoio ou preocupação com a igualdade racial, mas acabaram aderindo às crenças enlouquecidas propagadas por Jim Jones. Uma vez eu participei do curso evangélico Alpha como ateísta curioso, e fiquei fascinado ao ver participantes sensatos começando a abraçar algumas das alegações mais improváveis — alegações que no início do curso eles prontamente descartaram —, aparentemente porque estavam ansiosos por fazer parte de um projeto maior que prometia amor, apoio e significado.

Um famoso experimento de psicologia adiciona um participante a um grupo de pessoas que, ele acredita, também são participantes tomando parte em um "teste de visão", mas que de fato são colaboradores do pesquisador. Dois cartões com imagens são mostradas ao grupo. Em um deles há uma única linha preta. No outro, três linhas pretas de diferentes comprimentos. O pesquisador pede ao grupo que decida qual das três linhas tem o mesmo comprimento que a linha no primeiro cartão. Há uma resposta óbvia e certa, mas, inexplicavelmente, o resto do grupo escolhe uma linha diferente. O que o sujeito fará? Ele escolherá a resposta obviamente certa ou vai concordar com o grupo?

Em média, cerca de um terço dos pesquisados desconsidera o senso comum e se conforma à visão de grupo. Quando submetido a múltiplos testes, três quartos dos indivíduos entram em conformidade pelo menos uma vez. Posteriormente, os participantes tendem a dar explicações diferentes para suas respostas: alguns dizem que fizeram a escolha sem de fato acreditar pois queriam se adaptar ao grupo, enquanto outros afirmam acreditar que o grupo saberia melhor a resposta correta.

Se estamos tão prontamente dispostos à conformidade mesmo quando vemos com clareza que estamos escolhendo a "resposta errada", quão mais fácil seria adaptar nossas crenças sobre coisas que não podemos ver ou saber com certeza? Sua família inteira concorda que Jesus é filho de Deus, então com que base você vai discordar? Os estudiosos que lideram seu grupo de oração asseguram que o livro sagrado exige uma ação violenta contra os não crentes, então por que você procuraria uma interpretação diferente? Sua comunidade inteira acredita que a propriedade coletiva é o melhor caminho para a felicidade coletiva, então como você vai defender seu desejo egoísta de manter para si toda a comida que cultivou?

Podemos não acreditar instintivamente que algo que não conhecemos seja a verdade, mas se nos fizerem viver em um grupo convicto por tempo suficiente, sua verdade se tornará nossa verdade.

Se mostrarmos sinais de resistência às crenças grupais, existem maneiras de derrotar nosso ceticismo. Na cultura popular, esse processo passou a ser conhecido como lavagem cerebral. A neurocientista Kathleen Taylor identificou as principais técnicas em comum entre cultos como o Templo dos Povos, grupos extremistas modernos e ideólogos comunistas da China e do Vietnã do século XX.

O membro do culto fica isolado, de modo que as únicas fontes de informação e calor humano são os adeptos da crença. Jim Jones levou seus seguidores a uma floresta remota na Guiana; grupos religiosos e ideológicos usam retiros, conventos, madraçais e gulags para alcançar o mesmo tipo de distanciamento. O isolamento permite que adeptos da crença controlem as verdades concorrentes que o indivíduo ouvirá. Eles definem o contexto, escolhem as histórias e determinam as verdades morais. Eles dizem o que é desejável, estabelecem as definições e fazem previsões. Através da escolha de verdades concorrentes, eles moldam o mindset do sujeito.

> **Estratégia de crenças #2**
> *Isolamento e controle*

Os adeptos da crença desafiam as crenças preexistentes do sujeito, lançando dúvidas sobre lealdades ou certezas que sempre foram importantes para ele. Os adeptos questionam as narrativas de causa e efeito que há muito tempo são tomadas como certas e oferecem suas próprias alternativas quando o sujeito começa a duvidar de suas certezas. Oferecem autoridade e conhecimento absolutos quando a tranquila imagem mental da sua realidade começa a desmoronar; eles fornecem uma rocha à qual se agarrar, um sistema de crenças aparentemente simples, porém completo e pronto para ser adotado.

> **Estratégia de crenças #3**
> *Repetição*

Os adeptos repetirão seu discurso incontáveis vezes. A repetição aloja profundamente as novas crenças na mente do indivíduo. Ele é encorajado ou forçado a repetir o seu discurso até que as próprias palavras criem raízes em seu cérebro. Todo o processo está impregnado de emoção: amor e ódio, medo e raiva são missionários muito mais fortes do que argumentos racionais. Para cimentar sua influência, o sujeito deve ser levado a se importar profundamente com as novas crenças — e a difamar as crenças anteriores. Assista ao vídeo dos habitantes de Jonestown na noite anterior à tragédia e você verá arrebatamento em seus rostos condenados e ouvirá empolgação em suas vozes.

Isolando pessoas, controlando as verdades concorrentes que ouvem, questionando e desafiando suas crenças anteriores, repetindo continuamente o seu discurso e manipulando suas emoções, os piores tipos de Enganadores, tanto ideológicos como religiosos, obtiveram um extraordinário controle sobre as ações de outras pessoas.

CREDO CORPORATIVO

Após a crise financeira de 2008 e vários escândalos na indústria e na mídia, muito esforço foi dispendido para mudar as culturas de numerosas organizações. Milhões de dólares foram gastos com consultores, cursos e treinamentos para fazer com que banqueiros, executivos de empresas farmacêuticas e jornalistas atuassem de maneira mais ética. A mudança de cultura também é um componente essencial de muitos programas de transformação corporativa. As empresas que enfrentam problemas geralmente precisam persuadir seus funcionários a aceitarem grandes mudanças comportamentais, como, por exemplo, uma maior abertura a novas ideias ou à colaboração com outras equipes.

Os especialistas em mudança cultural há muito sabem que, em geral, não podemos induzir transformações comportamentais simplesmente pedindo às pessoas que se comportem de maneira diferente. Em vez disso, os líderes precisam entender e mudar as crenças que impulsionam comportamentos. A cultura organizacional é comparada a um iceberg: os comportamentos isolados são visíveis a todos, mas baseiam-se em crenças coletivas da organização muito mais substanciais que estão "submersas". "Mudar a cultura, portanto, requer mudanças no nível das crenças", aconselha a empresa de consultoria Deloitte.[6]

A General Electric (GE) se tornou notória por sua cultura implacável de *"ranking and yanking"** com base em métricas de desempenho rigorosas. Sob o lendário chefe Jack Welch, a GE estimulou um conjunto de poderosas crenças em torno do uso de desafios e confrontos para eliminar erros e melhorar a qualidade. Comentando sobre as avaliações dos funcionários baseadas no desempenho, que muitos consideravam "cruéis", Bob Sutton, professor de psicologia de negócios da Universidade Stanford, afirma: "Jack acreditava nisso como uma religião".[7] Uma década depois, sob um novo CEO, o foco se voltou para a inovação, e, em consequência, foram valorizadas a imaginação, a coragem e a inclusão. Atualmente, a GE tem diferentes objetivos estratégicos e precisa novamente mudar sua cultura. Para esse fim, a empresa instituiu "as Crenças da GE":

Os clientes determinam nosso sucesso.
Permaneça elegante para ser veloz.
Aprenda e se adapte para vencer.
Empoderem e inspirem uns aos outros.
Produza resultados em um mundo incerto.[8]

Se uma lista de slogans corporativos genéricos traz à tona seu ceticismo, saiba que as Crenças da GE foram definidas a partir da contribuição de funcionários comuns. Essas são ideias em que as pessoas que trabalham na GE *querem* acreditar. Ao mesmo tempo, são consistentes com a estratégia da empresa.

Nem todas as crenças são tão construtivas. Aqui estão algumas comumente encontradas nas organizações:

Meu esforço não faz diferença no final.

Os chefes só pensam em si mesmos.

---

* Um sistema baseado em classificar os funcionários de uma empresa em três categorias: A, os 10% do topo, B, os 80% medianos e C, os 10% mais baixos. Os gerentes avaliam os seus funcionários, que são recompensados ou penalizados de acordo com o seu desempenho. (N. E.)

Os clientes são uns idiotas que não sabem o que querem.

Mulheres não servem para ser engenheiras.

Tais crenças negativas, contraprodutivas ou destrutivas desmotivam os funcionários, levando-os a comportamentos que prejudicam a organização e diminuem seu desempenho. Quando os líderes identificarem crenças seme-lhantes dentro da organização, devem tentar mudá-las.

É mais fácil falar do que fazer.

Um consultor de cultura organizacional pode, em primeiro lugar, procurar estabelecer a ligação entre crenças subjacentes e comportamentos indesejáveis. Entendendo por que tais crenças surgiram e o propósito a que elas devem ter servido anteriormente, os líderes podem conhecer as verdades ou valores passados, mesmo enquanto procuram mostrar que tais crenças não são mais válidas ou úteis. Anedotas relevantes ilustrando os danos causados por crenças tóxicas podem ajudar a dissipá-las. Os mais influentes — aqueles funcionários cujas opiniões são respeitadas pela maioria — podem ser recrutados para propagar novas e construtivas crenças.

Memorandos corporativos, eventos e iniciativas são usados para repetir e reforçar as novas crenças. Os líderes agem como modelos de conduta, demons-trando com palavras e ações o próprio compromisso com as novas crenças, ao mesmo tempo que renegam as antigas. Os funcionários que nitidamente assu-mem as novas crenças são reconhecidos e recompensados. Recrutadores sele-cionam candidatos que compartilham as novas crenças ou são favoráveis a elas.

Você pode notar alguns paralelos entre esse processo de mudança de cultura corporativa e as técnicas de lavagem cerebral em cultos identificadas por Kathleen Taylor. As diferenças essenciais residem na liberdade que os funcionários têm em se abster ou deixar a empresa, na inexistência de isola-mento e nas intenções geralmente positivas dos líderes empresariais. Podemos, sem dúvida, imaginar ambientes corporativos tirânicos onde os programas de mudança cultural se aproximem da lavagem cerebral, mas a maioria dos que presenciei é bastante benigna. No entanto, lidar com crenças de outras pessoas é algo delicado e que precisa ser feito com muito cuidado e responsabilidade.

INTÉRPRETES DA FÉ

Ninguém que tenha assistido aos vídeos dos ataques do Onze de Setembro estudou a história das Cruzadas ou ouviu relatos de violência em decorrência da fé na Caxemira, no Mianmar ou na Síria, entre muitos outros exemplos, duvidará do poder de crenças religiosas de influenciar o comportamento humano. Menos conspícuos porém muito mais difundidos são os atos de bondade, caridade, perdão e apoio inspirados por tais crenças. Fé leva à ação.

No entanto, mesmo quando os adeptos de uma religião compartilham crenças centrais, eles por vezes diferem substancialmente nos detalhes, acreditando em verdades concorrentes sobre a fé compartilhada. Os cristãos concordam sobre o nascimento virginal, a crucificação e a ressurreição de Jesus, porém discordam sobre a transubstanciação e a natureza da Trindade. Os budistas concordam quanto às Quatro Nobres Verdades sobre o sofrimento, mas discordam quanto à melhor maneira de atingir o Nirvana. Os muçulmanos concordam que Maomé foi o último dos profetas, mas discordam sobre quem seria seu legítimo sucessor.

Que o cristianismo gera crenças conflitantes não é surpreendente, pois a Bíblia oferece quatro versões alternativas da vida de Jesus, escritas por diferentes pessoas em diferentes momentos para diferentes públicos. Os Evangelhos não têm a pretensão de ser jornalismo objetivo, visto que são relatos seletivos — histórias — que deliberadamente enfatizam diferentes eventos e princípios morais ou ideológicos distintos, os quais, por vezes, entram em conflito uns com os outros. Jesus afirma ser Deus no Evangelho Segundo João, mas não em Mateus, Marcos ou Lucas. O Sermão da Montanha, que apresenta muitos dos principais ideais cristãos, é narrado na montanha apenas em Mateus, pois é transferido para um "lugar plano" no Evangelho Segundo Lucas e está totalmente ausente em Marcos e João. Judas trai Jesus com um beijo em Marcos, mas não em João; ele se enforca em Mateus, mas, em Atos dos Apóstolos (escrito por Lucas), Judas morre em função de uma queda. Essa é a verdade do Evangelho.

Mas mesmo onde há um único relato de eventos ou uma só posição moral apresentada em uma escritura sagrada, há espaço para múltiplas interpretações, em especial no que diz respeito a questões sociais ou a tecnologias que não existiam quando a Escritura foi produzida. O Alcorão endossa a igualdade de gênero? A Bíblia proíbe o aborto? Os textos sagrados não fornecem respostas claras e inequívocas para essas perguntas. A linguagem simbólica ou alegórica adotada nas Escrituras acaba gerando dúvidas. No entanto, a decisão sobre quais verdades derivar dos livros sagrados tem profunda influência nas escolhas e ações de bilhões de pessoas.

Estratégia de crenças #4
Interpretação seletiva de textos sacros

Enquanto estudava direito em Londres, no final do século XIX, Mahatma Gandhi foi apresentado a uma tradução em inglês do Bhagavad Gita. Ele tinha dezenove anos e nunca havia lido o texto sagrado hindu. O homem que se tornaria o pai espiritual da Índia independente era um rebelde quando adolescente, comendo carne, bebendo e envolvendo-se com mulheres. O Gita, um diálogo entre o príncipe Arjuna e Krishna (uma encarnação do deus supremo Vishnu), foi uma revelação para Ghandi. Alguns de seus versos "causaram uma profunda impressão em minha mente, e ainda soam em meus ouvidos", escreveu ele em sua autobiografia. O Gita ajudou a inspirar sua campanha de protesto civil de não violência. "Hoje, o Gita não é apenas minha Bíblia ou meu Alcorão", disse Gandhi em 1934, "é mais do que isso — é minha mãe."[9] Ele dedicou um tempo considerável para traduzir a obra para o gujarati.

"O texto do Bhagavad Gita mostra como o princípio eterno de vencer o ódio pelo amor, a mentira pela verdade, pode e deve ser aplicado", escreveu ele ao ativista da independência Bal Gangadhar Tilak.[10]

À primeira vista, isso é estranho, porque o Gita não é um manifesto pacifista. Consiste, em grande parte, em um argumento convincente para a guerra.

O cenário do Gita é uma carruagem militar num campo de batalha entre dois exércitos. O príncipe Arjuna, um grande guerreiro, resiste em lutar numa guerra de sucessão que o colocará contra sua própria família e amigos. "Assassinato mais odioso, assassinato de irmãos!", ele descreve. Mas Krishna argumenta que ele deve lutar: é seu dever como soldado, ele é o instrumento da vontade mortal de Krishna.

Levanta! Obtém renome! Destrói teus inimigos!
Luta pelo reino que espera quando os tiveres subjugado.

Por Mim eles caem — não por ti! O golpe da morte é aplicado,
Mesmo quando eles galantemente se erguem; meu instrumento és tu!

É difícil pensar em um apelo mais vigoroso às armas. E funciona. No final do texto, Arjuna pega em suas armas e está pronto para uma batalha que deixará quase todos mortos. Na verdade, foi Gita que Robert Oppenheimer citou ao refletir sobre a primeira vez que uma arma nuclear foi detonada no deserto do Novo México: "Agora eu me tornei a Morte, o destruidor de mundos".

Como é possível que Gandhi tenha interpretado esse texto como sendo sobre verdade e amor? Ele via o cenário do campo de batalha como uma metáfora para as lutas internas que todos nós enfrentamos. Arjuna tem que lutar — não literal, mas simbolicamente, como todos nós devemos. Para Gandhi, a batalha era uma luta não violenta, por uma Índia independente que abraçaria todos os credos. A mensagem central do Gita não era de guerra, mas de não apego aos frutos de suas ações. Embora seja perfeitamente normal sentir-se feliz por um bom trabalho, o principal é fazê-lo bem, sem a preocupação com os resultados. Para Gandhi, o não apego leva logicamente a um credo de não violência.

De fato, Gandhi disse sobre o Mahabharata, o poema colossal e sangrento, do qual o Gita é apenas um episódio: "Eu insisti em afirmar, contra a oposição do hinduísmo ortodoxo, que é um livro escrito para demonstrar a futilidade da guerra e da violência".[11]

Não surpreendentemente, outros interpretaram o Gita de maneira bem diferente. Homens como Tilak viam o Gita como um livro exclusivamente hindu que sancionava a violência na causa de uma luta justa, seja contra colonialistas britânicos ou vizinhos muçulmanos. O Gita era o livro mais popular entre os defensores indianos da liberdade encarcerados pelos britânicos no início do século XX. Um deles era Lala Lajpat Rai. Ele escreveu que a injunção do Gita de que um guerreiro deveria "pegar em armas e arriscar sua vida" obrigou os hindus a arriscarem suas vidas para combater o domínio britânico.[12] A violência, para esses homens, era endossada pelo Gita, desde que aqueles que cometam violência não anseiem pelos "frutos de suas ações".

Atualmente, o partido governante, Bharatiya Janata (Partido do Povo Indiano), e outros defensores da ideologia fundamentalista Hindutva buscam inspiração e legitimidade no Gita. O chefe da organização militante hindu Rashtriya Swayamsevak Sangh recentemente convocou os indianos a "absorver e praticar" os ensinamentos do Gita, com o intuito de fazer da Índia uma potência mundial.[13] O primeiro-ministro Narendra Modi, que, como ministro--chefe do estado de Gujarate em 2002, parecia indiferente quando cerca de mil muçulmanos foram assassinados, disse ao presentear uma cópia do Gita a seu equivalente japonês: "Eu não acredito ter nada mais para oferecer, nem o mundo tem nada mais para receber".[14]

Jawaharlal Nehru, o primeiro primeiro-ministro da Índia, observou: "Os líderes de pensamento e ação dos dias atuais — Tilak, Aurobindo Ghose, Gandhi — escreveram sobre o Gita, cada um oferecendo sua própria interpretação. Gandhi baseia nele sua firme crença na não violência, outros o usam para justificar a violência e a guerra por uma causa justa".[15]

Outro homem que formou uma interpretação violenta do Gita foi Nathuram Godse. Ele escreveu: "O Senhor Krishna, na guerra e de outras formas, matou muitas pessoas arrogantes e influentes pela melhora do mundo. Até mesmo no Gita ele repetidamente aconselhou e persuadiu Arjuna a matar seus entes próximos e queridos".[16] Em 30 de janeiro de 1948, Godse levou uma pistola semiautomática Beretta para a Birla House, em Nova Delhi, e disparou três tiros à queima-roupa no peito e no abdômen de uma dessas pessoas influentes: Mahatma Gandhi. Em seu julgamento, Godse citou o Gita e levou uma cópia do livro para sua execução. Suas verdades foram extraídas do mesmo texto sagrado que as do homem por ele assassinado, verdades que não poderiam ser mais diferentes.

"Essas tradições não revelam uma só voz", observou o filósofo Kwame Anthony Appiah, sobre as principais religiões. "Ter domínio dos textos sagrados é saber a quais passagens dedicar uma leitura intensa e quais ler superficialmente."[17] Ele está, é claro, descrevendo as táticas de omissão e seletividade que encontramos na primeira parte deste livro. À medida que diferentes mestres escolhem ler superficialmente, omitindo passagens diferentes, eles geram verdades concorrentes sobre o que seu livro sagrado está dizendo e orientam seus seguidores para ações distintas. Mesmo se você acredita que a Bíblia ou o Alcorão é a palavra de Deus, há muitas oportunidades para intermediários humanos moldarem Sua mensagem. Líderes religiosos são por vezes obrigados a encontrar novas interpretações para manter sua fé relevante, à medida que costumes sociais mudam. As visões modernas sobre a escravidão e a homossexualidade exigem novas formas de compreender textos como Efésios e Levítico.

O judaísmo parece, às vezes, encorajar positivamente verdades concorrentes. Quando duas das principais escolas da lei judaica entraram em profunda discordância sobre o Talmude, uma "voz divina" declarou, a respeito de suas opiniões conflitantes: "Essas e aquelas são as palavras de um Deus vivo". Sobre essa passagem, o rabino Marc D. Angel escreveu:

> Em tais debates, deve-se chegar a uma decisão para que as pessoas saibam o que a lei determina. No entanto, o lado "perdedor" não perdeu realmente. Sua opinião ainda será citada e levada a sério. Embora não prevaleça, poderá prevalecer em outro momento ou em outro contexto.[18]

Jonathan Sacks, que por muitos anos foi o rabino-chefe do Reino Unido, também vê lugar para diferentes versões da verdade:

> A verdade na terra não é, nem pode ser, toda a verdade. É limitada, não abrangente, particular, não universal. Quando duas proposições entram em conflito, não é necessariamente porque uma é verdadeira e a outra é falsa. Pode ser, como com frequência acontece, que cada uma represente uma perspectiva diferente da realidade [...]. No céu há a verdade, na terra há verdades.[19]

Amém.

SÓ DEUS SABE

A única coisa com que todos podemos concordar, como frequentemente observado, é que a maioria das outras pessoas está errada sobre religião. Talvez todo mundo esteja errado. Sem dúvida, não é possível que todos estejam certos. Muitas dessas crenças têm que ser falsas. Mas até que possamos prová-lo, elas continuam a ser verdades convincentes para os fiéis.

"Todo homem procura a verdade, mas só Deus sabe quem a encontrou", escreveu Lord Chesterfield a seu filho em 1747, numa tentativa de moderar o desprezo do menino pela "credulidade e superstição dos papistas".

Podemos respeitar algumas crenças rivais como verdades concorrentes. Não significa que precisamos abraçá-las. Temos o direito de tentar persuadir outros a mudar suas crenças, apresentando-lhes argumentos morais ou racionais, ou mesmo fazendo apelos emocionais. Em sociedades divididas por crenças conflitantes ou em organizações contaminadas por crenças destrutivas, certamente devemos tentar. Desde que não cheguemos ao ponto de fazer lavagem cerebral nas pessoas que empregamos ou sobre as quais temos influência, o evangelismo a serviço de objetivos corretos pode ser um empreendimento valioso.

Na prática:

• Se você quiser transformar comportamentos negativos em pessoas de seu círculo, identifique e conteste as crenças que alicerçam tais comportamentos.

• Fortaleça grupos e organizações estabelecendo e celebrando crenças positivas compartilhadas.

Mas cuidado com...

• Adeptos de lavagem cerebral que isolem pessoas e controlem seu acesso a verdades concorrentes.

• Grupos que tentem moldar crenças se utilizando da pressão por conformidade.

• Enganadores que tentem induzi-lo a uma interpretação perigosa ou extrema de um texto sacro.

Epílogo
Verdades finais

Ninguém poderia chamá-lo de mentiroso, principalmente porque a mentira estava
em sua cabeça, e qualquer verdade vinda de sua boca carregava a cor da mentira.
John Steinbeck, *A leste do Éden*

Neste guia da verdade, falei muito pouco sobre sua relevância. Se você já não prefere a verdade à alternativa, duvido que tenha se dado ao trabalho de ler até aqui. Escolhi enfatizar, em vez disso, a importância de selecionar, comunicar e abraçar a verdade *correta*.

Exploramos um número alarmante de possíveis maneiras de políticos, profissionais de marketing, jornalistas, ativistas e até mesmo burocratas do governo usarem a verdade para nos enganar. Cabe a nós flagrar, denunciar e resistir a seguir a deixa de suas não verdades. Verdades enganosas nem sempre são óbvias quando as encontramos em textos publicitários, numa postagem do Twitter, em editoriais de jornais, fofocas, relatórios empresariais e folhetos de instituições de caridade. Algumas são projetadas deliberadamente para serem quase invisíveis. "Somos governados, nossas mentes moldadas, nossos gostos formados, nossas ideias sugeridas, em grande parte por homens dos quais nunca ouvimos falar", escreveu Edward Bernays, um dos pioneiros das relações públicas, em 1928. Verdades enganosas estão por toda parte. O checklist do apêndice 1, a seguir, pode ajudá-lo a identificá-las.

Os Enganadores dependem de aceitação irrestrita. Uma vez que são contestados, é muito difícil manter o engodo. Portanto, questione-os sempre que puder. Exija esclarecimento e confirmação. Não deixe espaço para manobra. Se você suspeitar que algo foi omitido, pergunte. Se os números foram apresentados de forma enganosa, proponha interpretações alternativas. Consulte a relevância de histórias e nomes que apelem à emoção. Pergunte sobre quais pressupostos morais ou de crenças um argumento é baseado. Exija uma definição formal de termos.

"Eu não estava mentindo", insistiu Rob Ford, o falecido prefeito de Toronto, conhecido por fumar crack, em uma sala lotada de repórteres. "Vocês é que não fizeram as perguntas certas."[1]

Tentamos responsabilizar líderes e formadores de opinião por suas mentiras. Somos menos eficientes em responsabilizar os Enganadores quando suas declarações são tecnicamente verdadeiras. Se eles são capazes de argumentar que falaram apenas a verdade, nós tendemos a ser lenientes, apesar da incômoda sensação de que a justiça não foi feita. Isso permite que os Enganadores continuem perpetrando os mesmos truques. Não devemos permitir que isso aconteça.

Uma de nossas dificuldades é a falta de uma terminologia compartilhada para denunciar os Enganadores. Se um político alega que os salários subiram e aponta para uma ardilosa interpretação estatística dos fatos, não podemos chamá-lo de mentiroso. O que fazer, então?

Minha sugestão para as mídias sociais é #verdadeenganosa. Chamemos a atenção para as verdades enganosas onde quer que as vejamos. Vamos rotular as pessoas que as usam de Enganadores.

Você também pode remeter verdades enganosas às organizações de checagem de fatos mais relevantes (consulte o apêndice 2). Esses organismos em si não resolverão nossos problemas pós-verdade, pois as alegações enganosas de políticos e celebridades populares têm alcance muito maior do que as contra-alegações. No entanto, essas organizações fornecem uma base útil e relativamente objetiva dos acontecimentos, na qual podemos ancorar nossos esforços para corrigir o registro público e reforçar uma representação mais precisa da realidade.

Com técnicas de comunicação de massa personalizadas cada vez mais sofisticadas, atualmente é possível que campanhas políticas, empresas, ativistas e até mesmo agentes de desinformação estrangeiros tenham como alvo grupos específicos, com mensagens personalizadas que são praticamente invisíveis para a mídia e organizações de checagem de fatos. Verdades seletivas são entregues via e-mail, mensagens no Facebook ou anúncios on-line que o restante da população nunca vê. Isso reduz substancialmente o risco de Enganadores serem descobertos e humilhados publicamente, aumentando assim a probabilidade de que se dediquem a tais atividades. Se você receber uma mensagem dirigida contendo uma verdade enganosa, manifeste-se. Caso contrário, as pessoas podem nunca tomar conhecimento e os Enganadores crescerão cada vez mais ousados.

Em última análise, verdades enganosas são melhor combatidas com verdades mais representativas e mais completas. Temos que nos responsabilizar por compreender as questões da forma mais completa possível e aproveitar os dados mais confiáveis que fomos capaz de encontrar para julgar quais são as verdades mais honestas e relevantes. É um trabalho árduo. É preciso esforço para ir além de nossa reação instintiva a um acontecimento ou para questionar as primeiras afirmações disponíveis sobre uma notícia. É preciso disciplina para evitar o viés parcial e manter a mente aberta. Mas na atual conjuntura de mídia fragmentada e tendenciosa, essa é a única maneira de descobrir e propagar as verdades mais honestas.

Nossas verdades precisam ser bem pesquisadas e verificadas antes de serem colocadas em oposição a verdades enganosas. Elas precisam ser expressas com clareza, fundamentadas em evidências e concisas o suficiente para poderem trespassar o ruído existente e, desse modo, terem uma chance de ser amplamente compartilhadas. Quanto mais compartilhamos essas "verdades mais verdadeiras", mais provável é que criem raízes.

Vamos terminar colocando os Enganadores de lado e lembrando os aspectos positivos das verdades concorrentes. Já realizamos coisas surpreendentes trabalhando em conjunto. Eliminamos doenças, alimentamos bilhões de pessoas, construímos empresas globais, defendemos nações, desenvolvemos tecnologias milagrosas, conectamos o mundo: tudo isso foi feito por seres humanos em cooperação, e a cooperação se apoia nas ideias que compartilhamos — as verdades que contamos uns aos outros.

As pessoas que projetaram essas grandes realizações o fizeram escolhendo cuidadosamente suas verdades e, posteriormente, compartilhando-as com eficácia. Elas usaram previsões e crenças inspiradoras, opiniões persuasivas sobre o que seria desejável, versões adaptadas da história, narrativas convincentes, avaliações assustadoras de ameaças e visões ousadas de novos constructos sociais para obter apoio e estimular ações. Comunicadores fazem isso tudo acontecer.

Escolher as verdades concorrentes certas para serem compartilhadas sempre foi um requisito fundamental para uma boa liderança e bons promotores de transformação, mas também é um fator importante se quisermos alcançar uma cooperação mínima em nossa família e em nosso local de trabalho. A verdade escolhida deve ser honesta, é claro, mas também precisa ser eficaz.

Algumas verdades são apenas mais instantaneamente críveis do que outras. Elas *soam verdadeiras*. Mesmo se achar que pode provar sua verdade com dados e lógica, você terá a chance de fazê-lo? No referendo Brexit, os partidários de deixar a UE muitas vezes pareciam ter um melhor instinto para escolher verdades que num primeiro momento faziam mais sentido do que os que defendiam a permanência. As verdades concorrentes mais persuasivas são aquelas que parecem se provar verdadeiras por si mesmas.

O formato da sua verdade é importante se você quiser que as pessoas a ouçam. Use mensagens simples, insights surpreendentes, números convincentes, histórias atraentes e interpretações divertidas para causar uma boa impressão. "As mulheres americanas ganham apenas 74 centavos por cada dólar que um homem ganha" suplanta qualquer número de discursos sobre discriminação no local de trabalho. Mensagens minimalistas propiciam memes memoráveis (especialmente com alguma aliteração). Tente apresentar sua mensagem em um formato que possa ser apreendido com rapidez.

Por definição, haverá alternativas à sua verdade concorrente e, portanto, você poderá enfrentar uma oposição baseada em verdades rivais. Mesmo que você tenha o poder de silenciar verdades válidas sendo professor ou CEO, essa raramente é a estratégia mais inteligente. Uma abordagem mais respeitosa e envolvente é programar um fórum planejado, no qual as verdades rivais possam ser expressas e examinadas publicamente. Aguarde um tempo para demonstrar que você entendeu o ponto de vista alternativo antes de colocar seus contra-argumentos. Sua verdade concorrente deve ganhar pelos próprios méritos.

Em geral, as mensagens não são completamente compreendidas de imediato, elas precisam ser ouvidas ou lidas várias vezes para mudar opiniões e estabelecer novos mindsets. A repetição também é uma boa maneira de contrapor verdades rivais, que são mais propensas a criar raízes em um vácuo de comunicação. O problema com a repetição, fora dos cultos, é que ela pode se tornar um incômodo. Ou, como aconteceu durante as eleições do Reino Unido em 2017 com a recorrente promessa de Theresa May de assegurar um governo "forte e estável", a repetição pode afastar as pessoas ou tornar-se alvo do ridículo. Para evitar isso, os comunicadores precisam encontrar maneiras novas e interessantes de dizer a mesma coisa.

Podemos pensar em comunicações como um compositor pensa em "tema e variações". Ele começa com uma breve ideia musical, o tema: uma melodia que raramente dura mais do que alguns compassos. Ele então brinca com essa melodia, acrescentando ou removendo notas, variando o ritmo, mudando para uma tonalidade diferente, inserindo uma mudança de compasso, introduzindo ornamentações, alterando o andamento ou a instrumentação. Cada variação assume um caráter distinto e pode soar completamente diferente da melodia original, porém o tema subjacente está sempre ali. As organizações podem adotar a mesma abordagem: concordar com a verdade básica — o tema —, mas permitir que as pessoas expressem isso de sua própria maneira, como variações interessantes que mantêm o tema na mente de todos.

Você pode ver todo este livro como variações sobre um tema:

Geralmente, há mais de uma maneira verdadeira de falar sobre algum assunto. Podemos usar verdades concorrentes de formas construtivas, para engajar pessoas e inspirar ações, mas também devemos estar atentos a comunicadores que as usem para nos enganar.

Esse é o meu tema. Espero que você tenha gostado de todas as variações.

Nos próximos anos, verdades concorrentes vão proliferar. A complexidade está crescendo a cada nova conexão entre pessoas e organizações. Verdades subjetivas se multiplicam à medida que a retração do autoritarismo permite mais individualidade e autoexpressão, novas verdades artificiais são criadas a cada segundo, e verdades desconhecidas vão se expandir à medida que caminharmos para o futuro e nos depararmos com conceitos cada vez mais abstratos.

Não devemos ter medo de verdades concorrentes. Nosso progresso depende da interação entre as verdades. A ciência, a política e as artes prosperam quando permitimos uma dialética entre as diferentes verdades. Devemos acolher verdades concorrentes como matéria-prima de um novo pensamento, criatividade e inovação. Na realidade, devemos desconfiar de qualquer pessoa que tente estabelecer uma verdade "verdadeira" e negar todas as outras. Quem precisa de diálogo, julgamento ou debate quando há uma única verdade e tudo o mais é heresia?

Reconhecer que várias verdades podem coexistir não deve nos tornar excessivamente desconfiados das palavras de outros. Há um declínio geral de confiança, o que contribui para uma indisposição pós-verdade geral. Precisamos tomar cuidado com verdades enganosas, mas não duvidar das motivações dos que escolhem suas verdades cuidadosamente. Como tentei ilustrar ao longo deste livro, verdades concorrentes são amplamente usadas tanto para o bem quanto para o mal. Incluí centenas de minhas próprias verdades concorrentes nos capítulos anteriores. Algumas são óbvias, outras mais sutis, mas nenhuma se destina a induzir os leitores a erro ou causar qualquer dano. Espero que você confie na maior parte do que escrevi, embora eu admita ter selecionado minhas verdades com cuidado, para lhe oferecer determinada impressão da realidade.

A democratização da informação não só traz responsabilidades, mas também poder. No passado, autoridades como a Igreja ou governos totalitários decidiam o que era verdade. Tempos mais esclarecidos permitiram à mídia confiável assumir esse papel. Atualmente, porém, há muito mais informação, vinda de muitas outras fontes. Não podemos mais confiar em organizações como o *New York Times* e a BBC para fazer uma curadoria de informações globais por nós, dizendo qual verdade é relevante e qual é enganosa. Não há mais guardiões. Temos que fazer isso de maneira independente, e auxiliar os que estão ao nosso redor a fazer o mesmo. Precisamos estar mais conscientes de como as verdades que ouvimos moldam nossos mindsets e fortalecem divisões partidárias. Para escapar de nossas câmaras de eco e filtrar bolhas isolantes, busquemos verdades concorrentes que desafiem nosso mindset e as crenças de nossa tribo.

Nunca foi tão importante que cada um de nós reconheça uma verdade concorrente quando avistá-la. Por outro lado, nunca houve maior oportunidade de promover uma diferença positiva com uma verdade concorrente correta. As ferramentas, o conhecimento, os canais de comunicação e as audiências estão disponíveis, precisamos apenas escolher nossas verdades com sabedoria e expressá-las com habilidade.

Agradecimentos

Sou um contador de histórias e colecionador de ideias perspicazes, mas faço muito pouca pesquisa primária, por isso estou em débito com todos os jornalistas, cientistas, historiadores, pesquisadores e escritores que se dedicaram ao árduo trabalho de documentar os inúmeros fatos mencionados neste livro. Refletindo minhas preferências de mídia, um número substancial de histórias encontradas em *Verdade* nasceu com a BBC Radio 4 (especialmente *More or Less*) e os jornais *The Guardian*, *The Economist*, *New York Times* e *Washington Post*. Obrigado a todos os radialistas, jornalistas e editores que elaboraram as precisas e acessíveis verdades que utilizei.

A ideia deste livro originou-se do trabalho de comunicação estratégica que tenho realizado nos últimos dez anos, e isso começou com a The Storytellers. Meu agradecimento a Marcus Hayes, Martin Clarkson, Alison Esse e Chris Spencer, por me mostrarem que é possível representar de maneira útil (ainda que seletiva) e em trinta frases o passado, presente e futuro de uma empresa, e por me darem a oportunidade de criar narrativas para algumas das organizações mais interessantes do planeta. Agradeço também à Atkins, à Ericsson, à Kew e ao Banco da Inglaterra, por me permitirem escrever a seu respeito.

Bons amigos leram os primeiros rascunhos e me ofereceram ótimos conselhos: Dani Byrne, Becky Carter, Martin Clarkson, Imogen Cleaver, Paul Cleaver, Mel Cochran, Rosemary Macdonald, Malcolm Millar, Bruno Shovelton, Laura Watkins e Andrew Wilson. Agradeço também a Marc Bellemare e

Karsten Haustein, por seus conselhos sobre a economia da quinoa e as mudanças climáticas, respectivamente. Quaisquer erros ou verdades enganosas remanescentes são meus.

Muitas pessoas estiveram e estarão envolvidas na publicação de *Verdade*. Meus agradecimentos a todos, em especial a Tracy Behar, Doug Pepper e Doug Young, pela edição conjunta do texto, realizada com grande sabedoria, elegância e união. Finalmente, para Euan Thorneycroft, Richard Pine, Hélène Ferey, Jennifer Custer e todos da A. M. Heath: obrigado por me trazerem de volta à cena.

Apêndice 1

Checklist para verificação de verdades enganosas

As seguintes perguntas visam nos auxiliar na avaliação de afirmações suspeitas, averiguando se é ou não uma verdade enganosa não corriqueira. Não é um exercício simples de apenas marcar uma opção, é necessário que formemos nosso próprio juízo e investiguemos apropriadamente com o intuito de chegar a uma conclusão.

- A afirmação é verdadeira?
- Vai mudar minha maneira de ver as coisas?
- Poderá afetar meu comportamento?
- Quais são os interesses do autor, e essa afirmação vai favorecê-los?
- Que fatos ou contextos podem ter sido deixados de fora?
- Foram providenciadas evidências para provar a afirmação? São confiáveis?
- De que outra maneira fatos ou números poderiam ser representados? Isso mudaria o significado da afirmação?
- A afirmação depende de um juízo subjetivo de moralidade, desejabilidade ou valor financeiro?
- A definição de termos do autor é a mesma que a minha?
- Estarei eu sendo influenciado pela escolha do nome ou por alguma história de carga emocional?

- A afirmação depende de uma previsão ou crença, e em caso positivo, há previsões ou crenças alternativas mais convincentes?
- Outra pessoa seria capaz de comunicar uma impressão diferente porém igualmente verdadeira da realidade?

Apêndice 2

Organizações de checagem de fatos

Numerosas organizações em todo o mundo estão trabalhando para contestar a inundação de mentiras pós-verdade no discurso público através da verificação estudada dos fatos, porém algumas delas também apresentam verdades enganosas. Qualquer pessoa pode oferecer seu apoio ou contatar tais organismos, proporcionando sugestões de verdades enganosas para serem investigadas e divulgadas:

- O **PolitiFact** classifica as reivindicações políticas dos Estados Unidos em seu Truth-O-Meter, com avaliações que variam de "True" (verdade) a "Pants on Fire" para as mentiras mais despropositadas. A organização foi agraciada com o prêmio Pulitzer por sua cobertura da eleição presidencial americana de 2008. Suas classificações "Half True" (meia verdade) e "Mostly False" (falso na maior parte) se aplicam a muitas verdades enganosas, prestando especial atenção no contexto e no enunciado. Disponível em: <politifact.com/>.
- O *Washington Post* **Fact Checker** visa empregar seu "esquadrão da verdade" às declarações de políticos, fornecer algum contexto que ficou faltando e definir "palavras codificadas" usadas pelos Enganadores para "ofuscar ou sombrear a verdade". A organização atribui "Pinóquios" às declarações enganosas ou falsas. Verdades enganosas ganham entre um Pinóquio ("Descrição seletiva da verdade. Algumas

omissões e exageros") a três Pinóquios ("Pode incluir afirmações tecnicamente corretas... porém tiradas de contexto de tal forma que se tornam bem falaciosas"). Disponível em: <washingtonpost.com/news/fact-checker/>.

- A **FactCheck.org** é administrada pelo Annenberg Public Policy Center, da Universidade da Pensilvânia, e monitora a precisão factual do discurso político nos Estados Unidos, com foco nas eleições presidenciais e do Senado. Disponível em: <factcheck.org/>.
- A **Full Fact** é uma instituição beneficente britânica que procura corrigir alegações enganosas ou infundadas sobre as questões políticas do Reino Unido. A organização fornece ferramentas educacionais e um diretório de dados confiáveis. Disponível em: <fullfact.org/>.
- A **First Draft** é uma coalizão de organizações, incluindo o Google News Lab, visando melhorar os padrões de divulgação de informações e conteúdo testemunhal provenientes da internet e de mídias sociais. Conta com uma rede de parceiros que inclui CNN, BBC, BuzzFeed, Bloomberg e várias outras organizações de mídia, instituições acadêmicas e ONGs. Disponível em: <firstdraftnews.com/>.
- A **International Fact-Checking Network** (IFCN), organizada pelo Instituto Poynter de Estudos de Mídia, fornece apoio e recursos para organizações de checagem de fatos em todo o mundo. Disponível em: <https://poynter.org/channels/fact-checking>.
- A **Snopes.com** dedica-se principalmente a desfazer lendas urbanas, algumas das quais são baseadas em verdades enganosas. Disponível em: <snopes.com>.
- A BBC oferece um serviço on-line, **Reality Check** (<bbc.co.uk/realitycheck>), que examina questões de interesse político essencialmente britânico, fornecendo dados objetivos e opiniões. O *More or Less* é um programa de longa data da BBC Radio 4 que analisa os números nas notícias com sagacidade e rigor. A equipe do *More or Less* tem particular satisfação em aniquilar as "estatísticas zumbis" e apontar números enganosos. Disponível em: <bbc.co.uk/programmes/b006qshd>.
- A **Les décodeurs** é a unidade de verificação de fatos do *Le Monde*, na França. Sua missão é checar declarações, comunicados e rumores, disponibilizando informações em contexto. O *Le Monde* desenvolveu

extensões de navegador que identificam histórias duvidosas on-line. Disponível em: <lemonde.fr/les-decodeurs/>.

- A **Fact Check** é uma parceria entre as universidades australianas RMIT e ABC que tem como objetivo "eliminar a lama das fake news, do benefício próprio, da desinformação e do bom e antiquado estímulo do medo". Possui painéis de especialistas em mudança climática, legislação e economia. Disponível em: <abc.net.au/news/factcheck>.
- A **CORRECT!V** é uma organização alemã sem fins lucrativos que realiza jornalismo investigativo sobre temas polêmicos, como o TTIP (Transatlantic Trade and Investment Partnership) e o Flight MH17 (desaparecimento do voo da Malaysia Airlines). Também criou um programa de educação para fornecer ferramentas de jornalismo investigativo ao público. Disponível em: <correctiv.org/en/>.
- A **Africa Check** é uma organização sem fins lucrativos com sede em Joanesburgo que avalia alegações feitas por figuras públicas em todo o continente. Também administra um site em francês dirigido por uma equipe em Dacar. Disponível em: <africacheck.org>.
- A **Chequeado** é a principal organização de checagem de fatos da Argentina, tendo transmitido uma verificação de fatos ao vivo durante os debates presidenciais. Opera também um programa de TV a cabo chamado *50 Minutos*. Disponível em: <chequeado.com>.

Esta listagem não tem a pretensão de ser completa. Em 2017, o Duke Reporters Lab identificou 114 equipes de checagem de fatos em 47 países. Procure on-line as organizações que sejam mais relevantes para você.

Referências bibliográficas

Para minimizar os distrativos números sobrescritos, apenas as citações diretas e fatos críticos ou controversos são referenciados no texto. Outras fontes estão listadas abaixo.

Os principais hiperlinks também podem ser encontrados em: <www.hectormacdonald.com/truth>.

INTRODUÇÃO: QUANDO VERDADES COLIDEM

Quinoa
Disponível em: <http://www.independent.co.uk/life-style/health-and-families/ancient-inca-grain-
    -is-new-health-food-darling-2227055.html>. Acesso em: 28 out. 2018.
Disponível em: <https://www.economist.com/news/finance-and-economics/21699087-fad-
    -andean-staple-has-not-hurt-pooryet-against-grain>. Acesso em: 28 out. 2018.

A filosofia da verdade
Por exemplo:
D. CAPUTO, John. *Truth: The Search for Wisdom in the Postmodern Age.* Londres: Penguin Books, 2013.
BLACKBURN, Simon. *Truth: A Guide.* Oxford: OUP, 2005. [Ed. bras.: *Verdade: Um guia para os
    perplexos.* Rio de Janeiro: Civilização Brasileira, 2006.]

Pós-verdade
Por exemplo:
DAVIS, Evan. *Post-Truth: Why We Have Reached Peak Bullshit and What We Can Do About It.*
    Londres: Little, Brown, 2017.
D'ANCONA, Matthew. *Post-Truth: The New War on Truth and How to Fight Back.* Londres: Ebury,
    2017. [Ed. bras.: *Pós-verdade: A nova guerra contra os fatos em tempos de fake news.* São Paulo:
    Faro Editorial, 2018.]

BALL, James. *Post-Truth: How Bullshit Conquered the World*. Londres: Biteback, 2017.

RABIN-HAVT, Ari; MATTERS, Media. *Lies, Incorporated: The World of Post-Truth Politics*. Nova York: Anchor, 2016.

1. COMPLEXIDADE

Amazon

Disponível em: <https://www.nytimes.com/2014/11/14/technology/amazon-hachette-ebook--dispute.html>. Acesso em: 28 out. 2018.

Disponível em: <http://authorsunited.net>. Acesso em: 28 out. 2018.

STONE, Brad. *The Everything Store: Jeff Bezos and the Age of Amazon*. Nova York: Little, Brown, 2013. [Ed. bras.: *A loja de tudo: Jeff Bezos e a era da Amazon*. Rio de Janeiro: Intrínseca, 2014.]

Disponível em: < https://www.forbes.com/sites/roberthof/2016/03/22/ten-years-later-amazon--web-services-defies-skeptics/#776807276c44 >. Acesso em: 8 jan. 2019.

Disponível em: <https://www.srgresearch.com/articles/leading-cloud-providers-continue-run--away-market>. Acesso em: 28 out. 2018.

Bell Pottinger

Disponível em: <www.theguardian.com/media/2017/sep/05/bell-pottingersouth-africa-pr-firm>. Acesso em: 5 nov. 2018.

Disponível em: <citizen.co.za/news/south-africa/1564335/this-is-how-guptas-were-allowed-to--landed-at-waterkloof-airport-report>. Acesso em: 5 nov. 2018.

Disponível em: <www.ft.com/content/ce8ddb84-9a01-11e7-a652-cde3f882dd7b>. Acesso em: 5 nov. 2018.

Disponível em: <www.nytimes.com/2016/03/18/world/africa/south-africa-jacob-zuma-gupta--family.html>. Acesso em: 5 nov. 2018.

Disponível em: <www.theguardian.com/media/2017/sep/12/bell-pottinger-goes-into-adminis-tration>. Acesso em: 5 nov. 2018.

2. HISTÓRIA

Coca-Cola

PENDERGRAST, Mark. *For God, Country, and Coca-Cola: The Definitive History of the Great American Soft Drink and the Company That Makes It*. Nova York: Scribner, 1993. [Ed. bras.: *Por Deus, pela pátria e pela Coca-Cola: A história não autorizada do maior dos refrigerantes e da companhia que o produz*. Rio de Janeiro: Ediouro, 1993.]

Disponível em: <www.snopes.com/cokelore/fanta.asp>. Acesso em: 5 nov. 2018.

HUTT, Peter Barton. *The Image and Politics of Coca-Cola: From the Early Years to the Present*. Harvard Law School, 2001. Disponível em:<dash.harvard.edu/handle/1/8852150>. Acesso em: 5 nov. 2018.

ELDRED, Murray J. *The Emperors of Coca Cola*. Morrisville: Lulu.com, 2008.

Oubliance (*Esquecimento*)

GREENGRASS, Mark. *France in the Age of Henri IV*. Oxon: Routledge, 1995.

MARGOLF, Diane Claire. *Religion and Royal Justice in Early Modern France: The Paris Chambre de l'Edit, 1598-1665*. Kirksville: Truman State University Press, 2003.

Bush, o PEPFAR e o meio ambiente

Disponível em: <www.cgdev.org/page/overview-president%E2%80%99s-emergency-plan-aids--relief-pepfar>. Acesso em: 5 nov. 2018.

Disponível em: <www.telegraph.co.uk/news/worldnews/northamerica/usa/4242376/George--W-Bushs-10-Best-Moments.html>. Acesso em: 5 nov. 2018.

Disponível em: <www.epa.gov/nepa/what-national-environmental-policy-act>. Acesso em: 5 nov. 2018.

De Gaulle

ASH, Timothy Garton. *Free World: Why a Crisis of the West Reveals an Opportunity of Our Times*. Londres: Allen Lane, 2004.

MACSHANE, Denis. *Health*. Londres: Haus, 2006.

Ericsson

Disponível em: <www.rcrwireless.com/20160727/internet-of-things/ericsson-maersk-industrial--internet-of-things-tag31-tag99>. Acesso em: 5 nov. 2018.

Disponível em: <www.ericsson.com/en/networked-society/innovation/innovations-with-impact>. Acesso em: 5 nov. 2018.

Disponível em: <www.ericsson.com/en/about-us/history>. Acesso em: 5 nov. 2018.

LEDENEVA, Alena V. *Can Russia Modernise?: Sistema, Power Networks and Informal Governance*. Cambridge: Cambridge University Press, 2013.

China

Disponível em: <www.bbc.co.uk/news/magazine-30810596>. Acesso em: 5 nov. 2018.

Disponível em: <www.economist.com/node/21534758>. Acesso em: 5 nov. 2018.

3. CONTEXTO

Elmyr de Hory

IRVING, Clifford. *Fake: The Story of Elmyr de Hory*. Nova York, McGraw-Hill, 1969.

ARMSTRONG, Stephen. *The White Island: The Extraordinary History of the Mediterranean's Capital of Hedonism*. Londres: Black Swan, 2005.

Disponível em: <www.nytimes.com/2011/04/08/arts/design/elmyr-de-horys-real-identity-its--becoming-less-of-a-mystery.html>. Acesso em: 5 nov. 2018.

Disponível em: <www.intenttodeceive.org/forger-profiles/elmyr-de-hory/the-artifice-of-elmyr--de-hory>. Acesso em: 5 nov. 2018.

Disponível em: <forejustice.org/write/fake.html>. Acesso em: 5 nov. 2018.

KIRK, Ulrich; SKOV, Martin; HULME, Oliver; CHRISTENSEN, Mark S.; ZEKI, Semir. "Modulation of Aesthetic Value by Semantic Context: An fMRI Study". *NeuroImage*, v. 44, n. 3, pp. 1125-32, 2009.

Disponível em: <www.sfgate.com/entertainment/article/Master-Con-Artist-Painting-forger-Elmyr--de-2917456.php>. Acesso em: 5 nov. 2018.

Carne cultivada

Disponível em: <www.economist.com/news/business/21716076-plant-based-meat-products-have--made-it-menus-and-supermarket-shelves-market>. Acesso em: 5 jan. 2018.

Disponível em: <www.fao.org/docrep/ARTICLE/WFC/XII/0568-B1.HTM>. Acesso em: 5 nov. 2018.

Disponível em: <www.theecologist.org/News/news_analysis/1122016/revealed_the_secret_horror_of_the_worlds_mega_factory_farms.html>. Acesso em: 5 nov. 2018.

Disponível em: <www.sierraclub.org/michigan/why-are-cafos-bad>. Acesso em: 5 nov. 2018.

Disponível em: <www.bbc.co.uk/news/science-environment-34540193>. Acesso em: 5 nov. 2018.

4. NÚMEROS

Arctic National Wildlife Refuge

Disponível em: <http://www.nytimes.com/2001/05/01/us/cheney-promotes-increasing-supply--as-energy-policy.html>. Acesso em: 5 nov. 2018.

Disponível em: <www.nytimes.com/2002/03/01/opinion/two-thousand-acres.html>. Acesso em: 5 nov. 2018.

Disponível em: <www.nytimes.com/2005/12/22/politics/senate-rejects-bid-for-drilling-in-arctic--area.html>. Acesso em: 5 nov. 2018.

PIB da Irlanda

Disponível em: <www.irishtimes.com/business/economy/ireland-s-gdp-figures-why-26-economic--growth-is-a-problem-1.2722170>. Acesso em: 5 nov. 2018.

Disponível em; <www.independent.co.uk/news/business/news/ireland-s-economy-grows-263--in-2015-as-corporations-flock-to-low-tax-rate-a7133321.html>. Acesso em: 5 nov. 2018.

Disponível em: <www.irishtimes.com/business/economy/state-s-debt-ratio-falling-at-fastest-rate--in-the-euro-zone-1.2584911>. Acesso em: 5 nov. 2018.

5. NARRATIVAS

Furacão Katrina

Disponível em: <www.politico.com/story/2012/10/10-facts-about-the-katrina-response-081957>. Acesso em: 5 nov. 2018.

Disponível em: <usatoday30.usatoday.com/news/nation/2005-09-07-firefighters-ga-katrina_x.htm>. Acesso em: 5 nov. 2018.

Disponível em: <www.nytimes.com/2005/09/28/us/nationalspecial/when-storm-hit-national-
-guard-was-deluged-too.html>. Acesso em: 5 nov. 2018.

Disponível em: <news.bbc.co.uk/1/hi/world/americas/4707536.stm>. Acesso em: 5 nov. 2018.

Disponível em: <www.washingtonpost.com/wp-dyn/content/article/2005/09/15/AR20050915
02297.html>. Acesso em: 5 nov. 2018.

Disponível em: <www.nbcnews.com/id/9323298/#.V5s2QZMrLBI>. Acesso em: 5 nov. 2018.

Nike
Disponível em: <www.fastcompany.com/38979/nike-story-just-tell-it>. Acesso em: 5 nov. 2018.

6. MORALIDADE

Dissoi Logoi
As citações foram extraídas da tradução inglesa de Rosamond Kent Sprague, publicada em *Mind:
A Quarterly Review*, v. 77, n. 306, pp. 155-67, 1968. Uma cópia do texto pode ser encontrada
em: <myweb.fsu.edu/jjm09f/RhetoricSpring2012/Dissoilogoi.pdf>. Acesso em: 5 nov. 2018.

Fundamentos morais
HAIDT, Jonathan. *The Righteous Mind: Why Good People are Divided by Politics and Religion*. Nova
York: Pantheon, 2012.
Disponível em: <blogs.scientificamerican.com/guest-blog/jonathan-haidt-the-moral-matrix-breaking-
-out-of-our-righteous-minds>. Acesso em: 5 nov. 2018.

Drogas
FEILING, Tom. *Cocaine Nation: How the White Trade Took Over the World*. Nova York: Pegasus, 2010.

Doação de órgãos
Disponível em: <www.bbc.co.uk/programmes/b08nq6fh>. Acesso em: 5 nov. 2018.

Saúde pública
Disponível em: <medicalxpress.com/news/2011-06-doctors-health-dilemmas.html>. Acesso em:
5 nov. 2018.
GREENE, Joshua. *Moral Tribes: Emotion, Reason and the Gaps Between Us and Them*. Nova York:
Penguin Press, 2013. [Ed. bras.: *Tribos morais: A tragédia da moralidade do senso comum*. Rio
de Janeiro: Record, 2018.]

Moralidade nos negócios
Disponível em: <news.bbc.co.uk/1/hi/business/7528463.stm>. Acesso em: 5 nov. 2018.
Disponível em: <www.bbc.co.uk/news/business-39194395>. Acesso em: 5 nov. 2018.
Disponível em: <www.bbc.co.uk/news/business-38644114>. Acesso em: 5 nov. 2018.
Disponível em: <money.cnn.com/2017/08/31/investing/wells-fargo-fake-accounts/index.html>.
Acesso em: 5 nov. 2018.

Disponível em: <www.bloomberg.com/news/articles/2017-10-13/kobe-steel-scam-hits-planes--trains-automobiles-quicktake-q-a-j8pto39q>. Acesso em: 5 nov. 2018.

Centro LGBT Los Angeles
Disponível em: <science.sciencemag.org/content/352/6282/220>. Acesso em: 5 nov. 2018.
Disponível em: <www.sciencemag.org/news/2016/04/real-time-talking-people-about-gay-and--transgender-issues-can-change-their-prejudices>. Acesso em: 5 nov. 2018.

Aristóteles
ARISTÓTELES. *Ética a Nicômaco, Livro II*, (350 bce), citação feita a partir da tradução de W. D. Ross, disponível em: <classics.mit.edu/Aristotle/nicomachaen.2.ii.html>. Acesso em: 5 nov. 2018.

7. DESEJABILIDADE

Obesidade
Disponível em: <www.who.int/mediacentre/factsheets/fs311/en/https://www.mckinsey.com/mgi/overview/in-the-news/the-obesity-crisis>. Acesso em: 5 nov. 2018.
Estudo com vinhos, disponível em: <www.caltech.edu/news/wine-study-shows-price-influences--perception-1374>. Acesso em: 5 nov. 2018.
Experimento sobre o impacto de nomes em rótulos de alimentos de Stanford: TURNWALD, Bradley P.; BOLES, Danielle Z.; CRUM, Alia J. "Association between Indulgent Descriptions and Vegetable Consumption: Twisted Carrots and Dynamite Beets". *JAMA Internal Medicine*, v. 177, n. 8, pp. 1216-8, ago. 2017.

Imigrantes
Disponível em: <www.independent.co.uk/news/people/katie-hopkins-and-the-sun-editor-reported--to-police-for-incitement-to-racial-hatred-following-10190549.html>. Acesso em: 5 nov. 2018.
TÁRKI Instituto de Pesquisa Social: Estudo sobre atitudes hungáras, disponível em: <www.tarki.hu/hu/news/2016/kitekint/20160330_refugees.pdf>. Acesso em: 5 nov. 2018.
Disponível em: <www.bbc.co.uk/news/world-europe-34131911>. Acesso em: 5 nov. 2018.
Disponível em: <www.dailymail.co.uk/wires/ap/article-3397194/The-Latest-Rights-monitor--Hungary-asylum-seekers-risk.html>. Acesso em: 5 nov. 2018.
Disponível em: <www.bbc.co.uk/news/world-europe-37310819>. Acesso em: 5 nov. 2018.

8. VALOR FINANCEIRO

Mofo da penicilina
Disponível em: <www.bonhams.com/auctions/23259/lot/1057>. Acesso em: 5 nov. 2018.
Disponível em: <www.theguardian.com/education/2017/mar/01/penicillin-mould-created--alexander-fleming-sells-over-14000-bonhams>. Acesso em: 5 nov. 2018.

Valoração de produtos raros

Disponível em: ‹www.nytimes.com/2016/06/09/theater/hamilton-raises-ticket-prices-the-best-
-seats-will-now-cost-849.html›. Acesso em: 5 nov. 2018.

Disponível em: ‹news.bbc.co.uk/1/hi/entertainment/4623280.stm›. Acesso em: 5 nov. 2018.

Disponível em: ‹www.theguardian.com/film/2011/jun/19/marilyn-monroe-dress-debbie-reynolds›.
Acesso em: 5 nov. 2018.

Disponível em: ‹abcnews.go.com/Business/hostess-twinkies-sell-60-box-ebay/story?id=17739110›.
Acesso em: 5 nov. 2018.

Diamantes

Edward Jay Epstein escreveu um sólido texto sobre o mercado de diamantes para a *The Atlantic*
em 1982, disponível em: ‹www.theatlantic.com/magazine/archive/1982/02/have-you-ever-
-tried-to-sell-a-diamond/304575›. Acesso em: 5 nov. 2018.

Disponível em: ‹www.capetowndiamondmuseum.org/about-diamonds/south-african-diamond-
-history›. Acesso em: 5 nov. 2018.

Disponível em: ‹www.nytimes.com/2013/05/05/fashion/weddings/how-americans-learned-to-
-love-diamonds.html›. Acesso em: 5 nov. 2018.

Disponível em: ‹www.washingtonpost.com/opinions/why-a-diamond-is-forever-has-lasted-so-
-long/2014/02/07/f6adf3f4-8eae-11e3-84e1-27626c5ef5fb_story.html›. Acesso em: 5 nov.
2018.

Disponível em: ‹www.debeersgroup.com/content/dam/de-beers/corporate/documents/Reports/
Insight/FlashData/Diamond%20Insight%20Flash%20Data%20April%202016.pdf/_jcr_con-
tent/renditions/original›. Acesso em: 5 nov. 2018.

Disponível em: ‹www.theatlantic.com/international/archive/2015/02/how-an-ad-campaign-
-invented-the-diamond-engagement-ring/385376›. Acesso em: 5 nov. 2018.

Precificação

POUNDSTONE, William. *Priceless: The Hidden Psychology of Value*. Oxford: Oneworld, 2010. [Ed.
bras.: *Preço: O mito do valor justo e como tirar vantagem disso*. Rio de Janeiro: Best Business,
2015.]

FRANK, Robert H. *The Economic Naturalist*. Londres: Virgin Books, 2007.

HARFORD, Tim. *The Undercover Economist*. Londres: Little, Brown, 2006. [Ed. bras.: *O economista
clandestino*. Rio de Janeiro: Record, 2007.]

Economia gig

Disponível em: ‹www.bbc.co.uk/news/business-11600902›. Acesso em: 5 nov. 2018.

Disponível em: ‹theweek.com/articles/631927/inside-japans-booming-rentafriend-industry›.
Acesso em: 5 nov. 2018.

Disponível em: ‹www.huffingtonpost.com.au/2016/07/04/meet-the-1m-man-who-smaking-a-
-killing-from-freelancing_a_21423270›. Acesso em: 5 nov. 2018.

9. DEFINIÇÕES

O dicionário que utilizei, do qual várias definições foram extraídas, é o *Concise Oxford English Dictionary*.

Fome
Disponível em: ‹www.un.org/apps/news/story.asp?NewsID=39113#.WdofsROPJAa›. Acesso em: 5 nov. 2018.
Disponível em: ‹www.theguardian.com/global-development/2017/feb/20/famine-declared-in--south-sudan›. Acesso em: 5 nov. 2018.
Disponível em: ‹www.dec.org.uk/press-release/dec-east-africa-crisis-appeal-reaches-a-staggering--%C2%A350-million-in-just-3-weeks›. Acesso em: 5 nov. 2018.
Disponível em: ‹www.npr.org/sections/parallels/2014/08/27/343758300/when-do-food--shortages-become-a-famine-theres-a-formula-for-that›. Acesso em: 5 nov. 2018.

Ruanda
Disponível em: ‹www.theguardian.com/world/2004/mar/31/usa.rwanda›. Acesso em: 5 nov. 2018.
Disponível em: ‹www.bbc.co.uk/news/world-11108059›. Acesso em: 5 nov. 2018.
Disponível em: ‹www.theatlantic.com/magazine/archive/2001/09/bystanders-to-genocide/304571/›. Acesso em: 5 nov. 2018.
Disponível em: ‹treaties.un.org/doc/publication/unts/volume%2078/volume-78-i-1021-english.pdf›. Acesso em: 5 nov. 2018.
Disponível em: ‹www.cnbc.com/id/100546207›. Acesso em: 5 nov. 2018.

Monica Lewinsky
Disponível em: ‹www.washingtonpost.com/wp-srv/politics/special/clinton/icreport/6narritiii.htm›. Acesso em: 5 nov. 2018.
Disponível em: ‹www.washingtonpost.com/wp-srv/politics/special/clinton/icreport/7groundsi.htm›. Acesso em: 5 nov. 2018.

Gênero
Disponível em: ‹www.npr.org/2016/06/17/482480188/neither-male-nor-female-oregon-resident--legally-recognized-as-third-gender›. Acesso em: 5 nov. 2018.
Disponível em: ‹www.americandialect.org/2015-word-of-the-year-is-singular-they›. Acesso em: 5 nov. 2018.
Disponível em: ‹www.theguardian.com/society/2015/aug/18/bisexual-british-adults-define-gay--straight-heterosexual›. Acesso em: 5 nov. 2018.

10. CONSTRUCTOS SOCIAIS

Ceuta e Melilha
Disponível em: <www.independent.co.uk/news/world/europe/refugee-crisis-migrants-ceuta-
-fence-climb-hundreds-mass-spain-mediterranean-record-deaths-a7586436.html>. Acesso
em: 5 nov. 2018.
Disponível em: </www.aljazeera.com/indepth/inpictures/2016/01/earning-living-border-morocco-
-spanish-enclave-160128090148249.html>. Acesso em: 5 nov. 2018.
Disponível em: <www.pri.org/stories/2015-05-14/along-morocco-s-border-spanish-enclave-these-
-women-shoulder-twice-their-weight>. Acesso em: 5 nov. 2018.

Direitos humanos
Disponível em: <www.libertarianism.org/publications/essays/excursions/jeremy-benthams-attack-
-natural-rights>. Acesso em: 5 nov. 2018.
Disponível em: <www.history.org/Almanack/life/politics/varights.cfm>. Acesso em: 5 nov. 2018.
Disponível em: <www.archives.gov/founding-docs/declaration-transcript>. Acesso em: 5 nov. 2018.
Disponível em: <www.conseil-constitutionnel.fr/conseil-constitutionnel/english/constitution/
declaration-of-human-and-civic-rights-of-26-august-1789.105305.html>. Acesso em: 5 nov.
2018.
Disponível em: <www.un.org/en/universal-declaration-human-rights/index.html>. Acesso em: 5
nov. 2018.
Disponível em: <www.dailymail.co.uk/news/article-3201918/One-three-cases-lost-Britain-European-
-Court-Human-Rights-brought-terrorists-prisoners-criminals.html>. Acesso em: 5 nov. 2018.

Sistema de crédito social na China
Disponível em: <www.economist.com/news/briefing/21711902-worrying-implications-its-social-
-credit-project-china-invents-digital-totalitarian>. Acesso em: 5 nov. 2018.
Disponível em: <www.independent.co.uk/news/world/asia/china-surveillance-big-data-score-
-censorship-a7375221.html>. Acesso em: 5 nov. 2018.
Disponível em: <www.bbc.co.uk/news/world-asia-china-34592186>. Acesso em: 5 nov. 2018.

11. NOMES

Lei de Megan
Disponível em: <www.nydailynews.com/news/crime/parents-girl-inspired-megan-law-recall-
-tragedy-article-1.1881551>. Acesso em; 5 nov. 2018.
Disponível em: <usatoday30.usatoday.com/news/nation/2007-11-18-homeless-offenders_N.htm>.
Acesso em: 5 nov. 2018.
Disponível em: <www.cjcj.org/uploads/cjcj/documents/attitudes_towards.pdf>. Acesso em: 5
nov. 2018.
Disponível em: <www.congress.gov/bill/104th-congress/house-bill/2137/actions>. Acesso em:
5 nov. 2018.

Imposto sobre a demência

Disponível em: <www.theguardian.com/commentisfree/2008/jul/13/mentalhealth.health>. Acesso em: 5 nov. 2018.

Disponível em: <www.telegraph.co.uk/news/2017/05/26/conservative-poll-lead-cut-half-dementia--tax-u-turn/>. Acesso em: 5 nov. 2018.

Snowflake

Disponível em: <www.collinsdictionary.com/word-lovers-blog/new/top-10-collins-words-of-the--year-2016,323,HCB.html>. Acesso em: 5 nov. 2018.

Disponível em: <www.ft.com/content/65708d48-c394-11e6-9bca-2b93a6856354>. Acesso em: 5 nov. 2018.>

Alteração de nomes

Disponível em: <www.telegraph.co.uk/finance/4469961/The-muck-stops-here.html>. Acesso em: 5 nov. 2018.

Disponível em: <www.ft.com/content/b7bb4a8a-a8d2-11e5-955c-1e1d6de94879>. Acesso em: 5 nov. 2018.

Disponível em: <www.dailymail.co.uk/news/article-2525775/Mugabe-orders-Victoria-Falls--renamed-smoke-thunders-rid-colonial-history.html>. Acesso em: 5 nov. 2018.

Disponível em: <www.ntlis.nt.gov.au/placenames/view.jsp?id=10532>. Acesso em: 5 nov. 2018.

Disponível em: <www.theguardian.com/politics/blog/2010/jun/14/obama-britain-bp-michael--white>. Acesso em: 5 nov. 2018.

Merluza-negra

KNECHT, G. Bruce. *Hooked: Pirates, Poaching, and the Perfect Fish*. Emmaus: Rodale, 2006.

KEYES, Ralph. *Unmentionables*. Londres: John Murray, 2010.

Disponível em: <www.wsj.com/news/articles/SB114670694136643399>. Acesso em: 5 nov. 2018.

Disponível em: <news.nationalgeographic.com/news/2002/05/0522_020522_seabass.html>. Acesso em: 5 nov. 2018.

Disponível em: <www.washingtonpost.com/wp-dyn/content/article/2009/07/30/AR2009073002478.html>. Acesso em: 5 nov. 2018.

Disponível em: <www.independent.co.uk/life-style/food-and-drink/news/ when-is-a-pilchard--not-a-pilchard-when-its-a-sardine-sales-of-the-once-neglected-fish-are-booming-9833601.html>. Acesso em: 5 nov. 2018.

Disponível em: <usa.chinadaily.com.cn/epaper/2014-10/13/content_18730596.htm https://cantbeatemeatem.com/2904-2>. Acesso em: 5 nov. 2018.

Disponível em: <news.bbc.co.uk/1/hi/world/middle_east/4724656.stm>. Acesso em: 5 nov. 2018.

Disponível em: <www.twincities.com/2014/04/27/asian-carp-gets-a-name-change-in-minnesota--senate>. Acesso em: 5 nov. 2018.

Frank Luntz

Disponível em: <www.theatlantic.com/politics/archive/2014/01/the-agony-of-frank--luntz/282766>. Acesso em: 5 nov. 2018.

Disponível em: <www.irs.gov/businesses/small-businesses-self-employed/estate-tax>. Acesso em: 5 nov. 2018.

Disponível em: <prospect.org/article/meet-mr-death>. Acesso em: 5 nov. 2018.

12. PREVISÕES

Guerra preemptiva

ROBERTS, Priscilla (Org.). *Arab-Israeli Conflict: The Essential Reference Guide*. Santa Barbara: ABC-CLIO, 2014.

Disponível em: <news.bbc.co.uk/1/shared/spl/hi/guides/457000/457035/html/nn1page1.stm>. Acesso em: 5 nov. 2018.

LARTÉGUY, Jean. *The Walls of Israel*. Lanham: Rowman & Littlefield, 2014.

Disponível em: <history.state.gov/milestones/1961-1968/arab-israeli-war-1967>. Acesso em: 5 nov. 2018.

Disponível em: <www.foreignpolicyjournal.com/2010/07/04/israels-attack-on-egypt-in-june-67--was-not-preemptive>. Acesso em: 5 nov. 2018.

Disponível em: <www.washingtoninstitute.org/policy-analysis/view/the-six-day-war-and-its--enduring-legacy>. Acesso em: 5 nov. 2018.

Aquecimento global

O Relatório Especial de Ciência Climática de 2017 está disponível em: <assets.documentcloud.org/documents/3914641/Draft-of-the-Climate-Science-Special-Report.pdf>. Acesso em: 5 nov. 2018.

Disponível em: <e360.yale.edu/features/investigating-the-enigma-of-clouds-and-climate-change>. Acesso em: 5 nov. 2018.

Disponível em: <www.ipcc.ch/publications_and_data/ar4/wg1/en/ch8s8-6-3-2.html>. Acesso em: 5 nov. 2018.

Disponível em: <www.ipcc.ch/pdf/assessment-report/ar5/wg1/WG1AR5_Chapter07_FINAL.pdf>. Acesso em: 5 nov. 2018.

Disponível em: <edition.cnn.com/2017/09/15/us/climate-change-hurricanes-harvey-and-irma/index.html>. Acesso em: 5 nov. 2018.

Disponível em: <www.nytimes.com/2017/08/07/climate/climate-change-drastic-warming-trump.html>. Acesso em: 5 nov. 2018.

Disponível em: <www.nytimes.com/2017/09/24/us/puerto-rico-hurricane-maria-agriculture-.html>. Acesso em: 5 nov; 2018.

13. CRENÇAS

Jim Jones

BARNETT, Larry D. "Anti-Miscegenation Laws". *The Family Life Coordinator*, v. 13, n. 4, out. 1964.

Disponível em: <www.in.gov/library/2848.htm>. Acesso em: 5 nov. 2018.

Disponível em: <www.nytimes.com/1992/01/05/books/how-the-klan-captured-indiana.html>. Acesso em: 5 nov. 2018.

PLAZA, Valrie. *American Mass Murderers*. Morrisville: Lulu.com, 2015.

Disponível em: <indianapublicmedia.org/momentofindianahistory/jim-jones>. Acesso em: 5 nov. 2018.

Disponível em: <www.indystar.com/story/news/history/retroindy/2013/11/18/peoples-temple/3634925>. Acesso em: 5 nov. 2018.

Disponível em: <content.time.com/time/arts/article/0,8599,1859903,00.html>. Acesso em: 5 nov. 2018.

Disponível em: <www.latimes.com/world/africa/la-me-jonestownarchive19-2003nov19-story.html>. Acesso em: 5 nov. 2018.

Disponível em: <people.com/archive/four-years-after-surviving-jonestowns-hell-tim-reiterman--tries-to-explain-how-it-happened-vol-18-no-21>. Acesso em: 5 nov. 2018.

Crenças de grupo

Disponível em: <www.simplypsychology.org/asch-conformity.html>. Acesso em: 9 jan. 2019.

Disponível em: <www.theguardian.com/world/2005/oct/08/terrorism.booksonhealth>. Acesso em: 5 nov. 2018.

Bhagavad Gita

Citação feita a partir da tradução de Franklin Edgerton (1944).

Disponível em: <www.thehindu.com/opinion/op-ed/gita-gandhi-and-godse/article6835411.ece>. Acesso em: 5 nov. 2018.

Disponível em: <www.theguardian.com/books/2007/aug/16/fiction>. Acesso em: 5 nov. 2018.

Disponível em: <www.nybooks.com/articles/2014/12/04/war-and-peace-bhagavad-gita>. Acesso em: 5 nov. 2018.

GHANDI, Mohandas K. *An Autobiography*. Ahmedabad: Navajivan, 1927-9. [Ed. bras.: *Autobiografia: Minha vida e minhas experiências com a verdade*. São Paulo: Palas Athena, 1999.]

KAMATH, M. V. *Gandhi: A Spiritual Journey*. Mumbai: Indus Source, 2007.

Disponível em: <www.hindustantimes.com/punjab/imbibe-gita-teachings-to-make-india-world--leader-rss-chief/story-IGwO1smUgtPyMZMv1gdWtO.html>. Acesso em: 5 nov. 2018.

Disponível em: <timesofindia.indiatimes.com/india/Mystery-shrouds-ownership-of-pistol-that--killed-Bapu/articleshow/16633870.cms>. Acesso em: 5 nov. 2018.

Disponível em: <www.nytimes.com/learning/general/onthisday/big/0130.html#article>. Acesso em: 5 nov. 218.

Notas

INTRODUÇÃO: Quando verdades colidem [pp. 9-28]

1. Disponível em: <www.theguardian.com/lifeandstyle/2007/feb/24/foodanddrink.recipes1>. Acesso em: 6 nov. 2018.

2. Disponível em: <www.independent.co.uk/life-style/food-and-drink/features/the-food-fad--that's-starving-bolivia-2248932.html>. Acesso em: 6 nov. 2018.

3. Disponível em: <www.nytimes.com/2011/03/20/world/americas/20bolivia.html>. Acesso em: 6 nov. 2018.

4. Disponível em: <www.theguardian.com/commentisfree/2013/jan/16/vegans-stomach--unpalatable-truth-quinoa>. Acesso em: 6 nov. 2018.

5. Disponível em: <www.independent.co.uk/life-style/food-and-drink/features/quinoa-good--for-you-bad-for-bolivians-8675455.html>. Acesso em: 6 nov. 2018.

6. Disponível em: <www.theglobeandmail.com/life/the-hot-button/the-more-you-love-quinoa--the-more-you-hurt-peruvians-and-bolivians/article7409637>. Acesso em: 6 nov. 2018.

7. Disponível em: <intent.com/intent/169482>. Acesso em: 6 nov. 2018.

8. Marc F. Bellemare, Johanna Fajardo-Gonzalez e Seth R. Gitter, "Foods and Fads: The Welfare Impacts of Rising Quinoa Prices in Peru". *Working Papers*, Towson University, Department of Economics, 2016.

9. Disponível em: <www.npr.org/sections/thesalt/2016/03/31/472453674/your-quinoa--habit-really-did-help-perus-poor-but-theres-trouble-ahead>. Acesso em: 6 nov. 2018.

10. Disponível em: <vegnews.com/articles/page.do?pageId=6345&catId=5>. Acesso em: 6 nov. 2018.

11. Disponível em: <www.theguardian.com/environment/2013/jan/25/quinoa-good-evil--complicated>. Acesso em: 6 nov. 2018.

12. Disponível em: <www.independent.co.uk/life-style/food-and-drink/features/quinoa-good--for-you-bad-for-bolivians-8675455.html>. Acesso em: 6 nov. 2018.

13. Disponível em: <vegnews.com/articles/page.do?pageId=6345&catId=5>. Acesso em: 6 nov. 2018.

14. Walter Lippmann, *Public Opinion*. Nova York: Harcourt, Brace and Company, 1922. [Ed. bras.: *Opinião pública*. Petrópolis: Vozes, 2008.]

15. Disponível em: <media.nationalarchives.gov.uk/index.php/king-george-vi-radio-broadcast-3--september-1939>. Acesso em: 6 nov. 2018.

16. Disponível em: <news.bbc.co.uk/1/hi/uk/6269521.stm>. Acesso em: 6 nov. 2018.

17. Disponível em: <www.telegraph.co.uk/news/uknews/1539715/Colgate-gets-the-brush--off-for-misleading-ads.html>. Acesso em: 6 nov. 2018.

18. Disponível em: <www.pbs.org/wgbh/pages/frontline/shows/persuaders/interviews/luntz.html>. Acesso em: 6 nov. 2018.

19. Disponível em: <dshs.texas.gov/wrtk>. Acesso em: 6 nov. 2018.

20. Disponível em: <www.cancer.org/cancer/cancer-causes/medical-treatments/abortion--and-breast-cancer-risk.html>. Acesso em: 6 nov. 2018.

21. Disponível em: <www.cancer.gov/types/breast/abortion-miscarriage-risk>. Acesso em: 6 nov. 2018.

22. Disponível em: <www.washingtonpost.com/news/fact-checker/wp/2016/12/14/texas-state--booklet-misleads-women-on-abortions-and-their-risk-of-breast-cancer>. Acesso em: 6 nov. 2018.

23. Evan Davis, *Post-Truth: Why We Have Reached Peak Bullshit and What We Can Do About It*. Londres: Little, Brown, 2017.

24. Tony Blair, *A Journey*. Londres: Hutchinson, 2010. [Ed. bras.: *Uma jornada*. São Paulo: Benvirá, 2011.]

1. COMPLEXIDADE [pp. 31-48]

1. Disponível em: <www.publishersweekly.com/pw/by-topic/industry-news/bookselling/article/62785-is-amazon-really-the-devil.html>. Acesso em: 6 nov. 2018.

2. Disponível em: <www.independent.co.uk/news/people/profiles/james-daunt-amazon-are--a-ruthless-money-making-devil-the-consumers-enemy-6272351.html>. Acesso em: 6 nov. 2018.

3. Disponível em: <www.csmonitor.com/Books/chapter-and-verse/2012/0607/Ann-Patchett--calls-out-Amazon>. Acesso em: 6 nov. 2018.

4. Disponível em: <www.independent.co.uk/arts-entertainment/books/news/amazon-the-darth--vader-of-the-literary-world-is-crushing-small-publishers-former-downing-st-adviser-a6888531.html>. Acesso em: 6 nov. 2018.

5. Disponível em: <www.authorsunited.net/july>. Acesso em: 6 nov. 2018.

6. James McConnachie, "What Do We Think of Amazon?", *The Author*, inverno 2013.

7. Disponível em: <www.theguardian.com/commentisfree/2014/jun/04/war-on-amazon--publishing-writers>. Acesso em: 6 nov. 2018.

8. Disponível em: <www.srgresearch.com/articles/leading-cloud-providers-continue-run-away--market>. Acesso em: 6 nov. 2018.

9. Disponível em: <www.thebureauinvestigates.com/stories/2011-12-07/revealed-the-wikipedia--pages-changed-by-bell-pottinger>. Acesso em: 6 nov. 2018.

10. Disponível em: <press-admin.voteda.org/wp-content/uploads/2017/09/Findings-of--Herbert-Smith-Freehills-Review.pdf>. Acesso em: 6 nov. 2018.

11. Disponível em: <amabhungane.org/stories/guptaleaks-how-bell-pottinger-sought-to-package--sa-economic-message>. Acesso em: 8 jan. 2019.

12. Disponível em: <www.nelsonmandela.org/news/entry/transcript-of-nelson-mandela-annual--lecture-2015>. Acesso em: 6 nov. 2018.

13. Disponível em: <amabhungane.org/stories/guptaleaks-how-bell-pottinger-sought-to-package--sa-economic-message>. Acesso em: 8 jan. 2019.

14. Disponível em: <www.thetimes.co.uk/edition/news/450m-lost-over-failed-green-power--programme-n7hf0h6ht>. Acesso em: 6 nov. 2018.

15. Disponível em: <georgewbush-whitehouse.archives.gov/news/releases/2002/10/20021007-8.html>. Acesso em: 6 nov. 2018.

16. Disponível em: <thecaucus.blogs.nytimes.com/2007/07/10/scandal-taints-another-giuliani--ally/?mcubz=0&_r=0>. Acesso em: 6 nov. 2018.

17. Disponível em: <abcnews.go.com/Blotter/DemocraticDebate/story?id=4443788>. Acesso em: 6 nov. 2018.

2. HISTÓRIA [pp. 49-67]

1. Disponível em: <www.coca-colacompany.com/content/dam/journey/us/en/private/fileas-sets/pdf/2011/05/Coca-Cola_125_years_booklet.pdf>. Acesso em: 6 nov. 2018.

2. Civil War Preservation Trust, *Civil War Sites: The Official Guide to the Civil War Discovery Trail.* Guildford: Globe Pequot Press, 2007.

3. Disponível em: <www.washingtonpost.com/local/education/150-years-later-schools-are--still-a-battlefield-for-interpreting-civil-war/2015/07/05/e8fbd57e-2001-11e5-bf41-c23f5d3fa-ce1_story.html>. Acesso em: 6 nov. 2018.

4. Disponível em: <www.nytimes.com/2015/10/22/opinion/how-texas-teaches-history.html>. Acesso em: 6 nov. 2018.

5. Disponível em: <www.people-press.org/2011/04/08/civil-war-at-150-still-relevant-still--divisive>. Acesso em: 6 nov. 2018.

6. Disponível em: <www.washingtonpost.com/local/education/150-years-later-schools-are--still-a-battlefield-for-interpreting-civil-war/2015/07/05/e8fbd57e-2001-11e5-bf41-c23f5d3fa-ce1_story.html>. Acesso em: 6 nov. 2018.

7. Disponível em: <http://www.latimes.com/opinion/editorials/la-ed-textbook27jul27-story.html>. Acesso em: 6 nov. 2018.

8. Disponível em: <news.bbc.co.uk/1/hi/8163959.stm>. Acesso em: 6 nov. 2018.

9. Disponível em: <news.bbc.co.uk/1/hi/world/africa/7831460.stm>. Acesso em: 6 nov. 2018.

10. Disponível em: <abcnews.go.com/blogs/politics/2013/04/george-w-bushs-legacy-on--africa-wins-praise-even-from-foes>. Acesso em: 6 nov. 2018.

11. Disponível em: <www.nytimes.com/books/97/04/13/reviews/papers-lessons.html>. Acesso em: 6 nov. 2018.

12. Disponível em: <www.nytimes.com/2015/04/25/opinion/will-the-vietnam-war-ever-go--away.html>. Acesso em: 6 nov. 2018.

13. Disponível em: <news.bbc.co.uk/1/hi/world/asia-pacific/716609.stm>. Acesso em: 6 nov. 2018.

14. Ken Hughes, *Fatal Politics: The Nixon Tapes, the Vietnam War and the Casualties of Reelection*. Charlottesville: University of Virginia Press, 2015.

15. Disponível em: <www.theguardian.com/news/2015/apr/21/40-years-on-from-fall-of--saigon-witnessing-end-of-vietnam-war>. Acesso em: 6 nov. 2018.

16. Walter Lord, *The Miracle of Dunkirk*. Nova York: Viking, 1982.

17. Disponível em: <www.bbc.co.uk/history/worldwars/wwtwo/dunkirk_spinning_01.shtml>. Acesso em: 6 nov. 2018.

18. Disponível em: <theguardian.com/books/2017/jun/03/hilary-mantel-why-i-became-a--historical-novelist>. Acesso em: 6 nov. 2018.

3. CONTEXTO [pp. 68-84]

1. *The Infinite Mind*, "Taboos" Program Transcript. Disponível em: <books.google.co.uk/books?id=Z2jn-Txy5xIC&lpg=PA10>. Acesso em: 6 nov. 2018.

2. Disponível em: <blogs.spectator.co.uk/2014/11/the-tribal-view-of-voters-illustrated-through--downing-streets-cats>. Acesso em: 6 nov. 2018.

3. Disponível em: <www.cbsnews.com/news/masterpieces-of-deception-some-fake-art-worth--real-money>. Acesso em: 6 nov. 2018.

4. Disponível em: <issuu.com/onview/docs/on_view_04-06.2014?e=1593647/7308241>. Acesso em: 6 nov. 2018.

5. Disponível em: <www.economist.com/news/business/21716076-plant-based-meat-products--have-made-it-menus-and-supermarket-shelves-market>. Acesso em: 6 nov. 2018.

6. Disponível em: <www.smithsonianmag.com/smart-news/biotech-company-growing-meatballs--lab-180958051>. Acesso em: 6 nov. 2018.

7. Disponível em: <www.nowtolove.com.au/news/latest-news/are-you-for-real-all-men-panel--at-the-global-summit-of-women-6288>. Acesso em: 6 nov. 2018.

8. Disponível em: <twitter.com/rocio_carvajalc/status/479023547311202305>. Acesso em: 6 nov. 2018.

9. Disponível em: <twitter.com/KathyLette/status/478980823014576128>. Acesso em: 6 nov. 2018.

10. Disponível em: <www.globewomen.org/about/aboutus.htm>. Acesso em: 6 nov. 2018.

11. Disponível em: <www.globewomen.org/ENewsletter/Issue%20No.%20CCXIV,%20December%2018,%202013.html>. Acesso em: 6 nov. 2018.

12. Disponível em: <www.nytimes.com/2016/02/16/us/politics/ted-cruz-ad-goes-after--donald-trumps-stance-on-planned-parenthood.html>. Acesso em: 6 nov. 2018.

4. NÚMEROS [pp. 85-106]

1. Stanley Coren e Diane F. Halpern, "Left-Handedness: A Marker for Decreased Survival Fitness", *Psychological Bulletin*, v. 109, n. 1, pp. 90-106, 1991.

2. Disponível em: <www.nytimes.com/1991/04/04/us/being-left-handed-may-be-dangerous--to-life-study-says.html>. Acesso em: 6 nov. 2018.

3. Disponível em: <www.bbc.co.uk/news/magazine-23988352>. Acesso em: 6 nov. 2018.

4. Disponível em: <www.bbc.co.uk/news/magazine-19592372>. Acesso em: 6 nov. 2018.

5. Disponível em: <uk.businessinsider.com/trump-says-94-million-americans-out-of-labor--force-in-speech-to-congress-2017-2?r=us&ir=T>. Acesso em: 6 nov. 2018.

6. Disponível em: <www.washingtonpost.com/politics/2017/live-updates/trump-white-house/real-time-fact-checking-and-analysis-of-trumps-address-to-congress/fact-check-ninety-four-million--americans-are-out-of-the-labor-force/?utm_term=.54286ee433ca>. Acesso em: 6 nov. 2018.

7. Disponível em: <www.nbcnews.com/politics/2016-election/trump-says-places-afghanistan--are-safer-u-s-inner-cities-n651651>. Acesso em: 6 nov. 2018.

8. Disponível em: <www.forbes.com/sites/niallmccarthy/2016/09/08/homicides-in-chicago--eclipse-u-s-death-toll-in-afghanistan-and-iraq-infographic/#7fe711792512>. Acesso em: 6 nov. 2018.

9. Disponível em: <watson.brown.edu/costsofwar/costs/human/civilians/afghan>. Acesso em: 6 nov. 2018.

10. Disponível em: <blogs.spectator.co.uk/2017/10/theresa-mays-conservative-conference--speech-full-text>. Acesso em: 6 nov. 2018.

11. Disponível em: <www.independent.co.uk/news/uk/politics/theresa-may-housing-policy--new-homes-per-year-low-a7982901.html>. Acesso em: 6 nov. 2018.

12. Disponível em: <www.iihs.org/iihs/topics/t/general-statistics/fatalityfacts/state-by-state--overview>. Acesso em: 6 nov. 2018.

13. Disponível em: <www.forbes.com/sites/timworstall/2013/07/10/apples-chinese-suicides--and-the-amazing-economics-of-ha-joon-chang/#2c2fd5e36d1c>. Acesso em: 6 nov. 2018.

14. Disponível em: <www.nsc.org/NSCDocuments_Corporate/Injury-Facts-41.pdf>. Acesso em: 6 nov. 2018.

15. Disponível em: <edition.cnn.com/2013/04/18/us/u-s-terrorist-attacks-fast-facts/index.html>. Acesso em: 6 nov. 2018.

16. Disponível em: <www.plannedparenthood.org/files/2114/5089/0863/2014-2015_PPFA_Annual_Report_.pdf>. Acesso em: 8 jan. 2019.

17. Disponível em: <www.cdc.gov/mmwr/volumes/65/ss/ss6512a1.htm>. Acesso em: 6 nov. 2018.

18. Disponível em: <www.oecd.org/dac/development-aid-rises-again-in-2016-but-flows-to--poorest-countries-dip.htm>; <election2017.ifs.org.uk/article/the-changing-landscape-of-uk-aid>. Acessos em: 6 nov. 2016.

19. Disponível em: <www.express.co.uk/news/royal/484893/Proof-our-sovereign-really-is--worth-her-weight-in-gold>. Acesso em: 6 nov. 2018.

20. Disponível em: <inews.co.uk/essentials/news/doctors-warn-lifesaving-breast-cancer-drug--costing-just-43p-denied-thousands>. Acesso em: 6 nov. 2018.

21. Disponível em: <popularresistance.org/when-someone-says-we-cant-afford-free-college-
-show-them-this>. Acesso em: 6 nov. 2018.

22. Disponível em: <www.parliament.uk/business/publications/written-questions-answers-
-statements/written-question/Lords/2015-12-03/HL4253>. Acesso em: 6 nov. 2018.

23. Disponível em: <renewcanada.net/2016/federal-government-announces-additional-81-
-billion-for-infrastructure>. Acesso em: 6 nov. 2018.

24. Disponível em: <twitter.com/DanielJHannan/status/608733778995998720>. Acesso
em: 6 nov. 2018.

25. Disponível em: <www.gov.uk/government/news/hm-treasury-analysis-shows-leaving-eu-
-would-cost-british-households-4300-per-year>. Acesso em: 6 nov. 2018.

26. Disponível em: <www.childrenwithcancer.org.uk/stories/cancer-cases-in-children-and-
-young-people-up-40-in-past-16-years>. Acesso em: 6 nov. 2018.

27. Disponível em: <www.telegraph.co.uk/science/2016/09/03/modern-life-is-killing-our-
-children-cancer-rate-in-young-people>. Acesso em: 6 nov. 2018.

28. Disponível em: <www.cancerresearchuk.org/about-us/cancer-news/press-release/2015-11-
-26-childrens-cancer-death-rates-drop-by-a-quarter-in-10-years>. Acesso em: 6 nov. 2018.

29. Disponível em: <www.bbc.co.uk/programmes/p04kv749>. Acesso em: 6 nov. 2018.

30. Disponível em: <www.cancerresearchuk.org/health-professional/cancer-statistics/childrens-
-cancers#heading-Zero>. Acesso em: 6 nov. 2018.

31. Lance Price, *The Spin Doctor's Diary: Inside Number 10 with New Labour*. Londres: Hodder
& Stoughton, 2005.

32. Danny Dorling, Heather Eyre, Ron Johnston e Charles Pattie, "A Good Place to Bury Bad
News?: Hiding the Detail in the Geography on the Labour Party's Website", *Political Quarterly*, v.
73, n. 4, 2002. Disponível em: <www.dannydorling.org/wp-content/files/dannydorling_publica-
tion_id1646.pdf>. Acesso em: 6 nov. 2018.

33. Disponível em: <qz.com/138458/apple-is-either-terrible-at-designing-charts-or-thinks-
-you-wont-notice-the-difference>. Acesso em: 6 nov. 2018.

34. Disponível em: <www.telegraph.co.uk/news/politics/9819607/Minister-poor-families-
-are-likely-to-be-obese.html>. Acesso em: 6 nov. 2018.

35. Disponível em: <www.gov.uk/government/statistics/distribution-of-median-and-mean-
-income-and-tax-by-age-range-and-gender-2010-to-2011>. Acesso em: 6 nov. 2018.

36. Disponível em: <www.newstatesman.com/2013/05/most-misleading-statistics-all-thanks-
-simpsons-paradox>. Acesso em: 6 nov. 2018.

37. Disponível em: <www.ft.com/content/658aba32-41c7-11e6-9b66-0712b3873ae1>. Acesso
em: 6 nov. 2018.

38. Disponível em: <www.jfklibrary.org/Research/Research-Aids/Ready-Reference/RFK-
-Speeches/Remarks-of-Robert-F-Kennedy-at-the-University-of-Kansas-March-18-1968.aspx>.
Acesso em: 6 nov. 2018.

5. NARRATIVAS [pp. 107-25]

1. Mervyn King, *The End of Alchemy: Money, Banking and the Future of the Global Economy*. Londres: Little, Brown, 2016.

2. Nassim Nicholas Taleb, *The Black Swan: The Impact of the Highly Improbable*. Londres: Random House, 2007. [Ed. bras.: *A lógica do Cisne Negro: O impacto do altamente improvável*. Rio de Janeiro: Best Seller, 2008.]

3. Naomi Klein, *The Shock Doctrine: The Rise of Disaster Capitalism*. Londres: Penguin, 2007. [Ed. bras.: *A doutrina do choque: A ascensão do capitalismo do desastre*. Rio de Janeiro: Nova Fronteira, 2008.]

4. Disponível em: <www.theguardian.com/uk-news/2017/mar/28/beyond-the-blade-the--truth-about-knife-in-britain>. Acesso em: 6 nov. 2018.

5. Disponível em: <www.bbc.co.uk/education/guides/zyydjxs/revision/4>. Acesso em: 6 nov. 2018.

6. Disponível em: <www.independent.co.uk/news/james-purvis-has-lost-his-job-and-his--faith-in-politicians-but-hes-hanging-on-to-the-sierra-1358104.html>. Acesso em: 6 nov. 2018.

6. MORALIDADE [pp. 129-46]

1. Disponível em: <www.larouchepub.com/eiw/public/1999/eirv26n07-19990212/eirv26n07-19990212_056-stand_by_moral_truths_pope_urges.pdf>. Acesso em: 6 nov. 2018.

2. Disponível em: <www.margaretthatcher.org/document/107246>. Acesso em: 6 nov. 2018.

3. Disponível em: <www.phlmetropolis.com/santorums-houston-speech.php>. Acesso em: 6 nov. 2018.

4. Disponível em: <articles.latimes.com/1990-09-06/news/mn-983_1_casual-drug-users>. Acesso em: 6 nov. 2018.

5. Julia Buxton, *The Political Economy of Narcotics: Production, Consumption and Global Markets*. Londres: Zed Books, 2006.

6. Disponível em: <query.nytimes.com/mem/archive-free/pdf?res=9901E5D61F3BE633A2575BC0A9649C946596D6CF>. Acesso em: 6 nov. 2018.

7. David F. Musto, *The American Disease: Origins of Narcotic Control*. Nova York: OUP, 1999.

8. Stephen R. Kandall, *Substance and Shadow: Women and Addiction in the United States*. Cambridge: Harvard University Press, 1999.

9. Timothy Alton Hickman, *The Secret Leprosy of Modern Days: Narcotic Addiction and Cultural Crisis in the United States, 1870-1920*. Amherst: University of Massachusetts Press, 2007.

10. Susan L. Speaker, "'The Struggle of Mankind Against Its Deadliest Foe': Themes of Counter-subversion in Anti-narcotic Campaigns, 1920-1940", *Journal of Social History*, v. 34, n. 3, pp. 591-610, 2001.

11. Disponível em: <www.theguardian.com/society/2016/mar/08/nancy-reagan-drugs-just--say-no-dare-program-opioid-epidemic>. Acesso em: 6 nov. 2018.

12. Disponível em: <https://harpers.org/archive/2016/04/legalize-it-all>. Acesso em: 6 nov. 2018.

13. Disponível em: <www.theguardian.com/us-news/2017/may/12/jeff-sessions-prison-sentences-obama-criminal-justice>. Acesso em: 6 nov. 2018.

14. Disponível em: <abcnews.go.com/ABC_Univision/Politics/obama-drug-czar-treatment-arrests-time/story?id=19033234>. Acesso em: 6 nov. 2018.

15. S. L. A. Marshall, *Men Against Fire: The Problem of Battle Command in Future War*. Nova York: William Morrow, 1947. [Ed. bras.: *Homens ou Fogo?* Rio de Janeiro: Biblioteca do Exército Editora, 2008.]

16. Peter Kilner, "Military Leaders' Obligation to Justify Killing in War", *Military Review*, v. 82, n. 2, 2002.

17. John Stuart Mill, *On Liberty*, 1859. Disponível em: <www.econlib.org/library/Mill/mlLbty1.html>. Acesso em: 7 nov. 2018. [Ed. bras.: *Sobre a liberdade*. Porto Alegre: LP&M, 2016.]

18. Disponível em: <www.nytimes.com/2013/02/03/opinion/sunday/why-police-officers-lie-under-oath.html>. Acesso em: 7 nov. 2018.

19. Disponível em: <www.youtube.com/watch?v=BmxwQm3d2Lw>. Acesso em: 7 nov. 2018.

20. Disponível em: <www.nytimes.com/2012/03/14/opinion/why-i-am-leaving-goldman-sachs.html>. Acesso em: 7 nov. 2018.

21. Disponível em: <www.theguardian.com/sustainable-business/2016/jan/18/big-banks-problem-ethics-morality-davos>. Acesso em: 7 nov. 2018.

22. Disponível em: <www.theguardian.com/culture/culture-cuts-blog/2011/feb/15/arts-funding-arts-policy>. Acesso em: 7 nov. 2018.

7. DESEJABILIDADE [pp. 147-63]

1. Disponível em: <www.ft.com/cms/s/0/cb58980a-218b-11e5-ab0f-6bb9974f25d0. html>. Acesso em: 7 nov. 2018.

2. Yuval Noah Harari, *Sapiens: A Brief History of Mankind*. Londres: Harvill Secker, 2014. [Ed. bras.: *Sapiens: Uma breve história da humanidade*. Porto Alegre: LP&M, 2015.]

3. Rajagopal Raghunathan, Rebecca Walker Naylor e Wayne D. Hoyer, "The Unhealthy = Tasty Intuition and Its Effects on Taste Inferences, Enjoyment, and Choice of Food Products", *Journal of Marketing*, v. 70, n. 4, pp. 170-84, 2006.

4. Disponível em: <www.caltech.edu/news/wine-study-shows-price-influences-perception-1374>. Acesso em: 7 nov. 2018.

5. Andrew S. Hanks, David Just e Adam Brumberg, "Marketing Vegetables: Leveraging Branded Media to Increase Vegetable Uptake in Elementary Schools", 10 dez. 2015. Disponível em: <ssrn.com/ abstract=2701890>. Acesso em: 7 nov. 2018.

6. Brian Wansink, David R. Just, Collin R. Payne e Matthew Z. Klinger, "Attractive Names Sustain Increased Vegetable Intake in Schools", *Preventative Medicine*, v. 55, n. 4, pp.330-2, 2012. Disponível em: <www.ncbi.nlm.nih.gov/pubmed/22846502>. Acesso em: 7 nov. 2018.

7. Disponível em: <www.theguardian.com/lifeandstyle/2016/jan/05/diet-detox-art-healthy-eating>. Acesso em: 7 nov. 2018.

8. Disponível em: <www.theguardian.com/careers/2016/feb/11/why-i-love-my-job-from-flexible-working-to-chilled-out-bosses>. Acesso em: 7 nov. 2018.

9. Disponível em; <www.glassdoor.com/Reviews/Employee-Review-Aspen-Valley-Hospital-RVW 10555388.htm>. Acesso em: 7 nov. 2018.

10. Disponível em: <www.glassdoor.ie/Reviews/Employee-Review-NBCUniversal-RVW11687972. htm>. Acesso em: 7 nov. 2018.

11. Disponível em: <sliwinski.com/5-loves>. Acesso em: 7 nov. 2018.

12. Disponível em: <www.gallup.com/poll/165269/worldwide-employees-engaged-work. aspx>. Acesso em: 7 nov. 2018.

13. Disponível em: <www.theguardian.com/sustainable-business/2014/nov/05/society--business-fixation-profit-maximisation-fiduciary-duty>. Acesso em: 7 nov. 2018.

14. Disponível em: <www.tarki.hu/hu/news/2016/kitekint/20160330_refugees.pdf>. Acesso em: 7 nov. 2018.

15. Disponível em: <www.bbc.co.uk/news/world-europe-37310819>. Acesso em: 7 nov. 2018.

8. VALOR FINANCEIRO [pp. 164-82]

1. Disponível em: <www.theatlantic.com/magazine/archive/1982/02/have-you-ever-tried--to-sell-a-diamond/304575>. Acesso em: 7 nov. 2018.

9. DEFINIÇÕES [pp. 185-201]

1. Disponível em: <www.bbc.co.uk/news/world-us-canada-14199080>. Acesso em: 7 nov. 2018.

2. Ibid.

3. Disponível em: <www.theguardian.com/global-development-professionals-network/2014/ aug/04/south-sudan-famine-malnutrition>. Acesso em: 7 nov. 2018.

4. Ibid.

5. Disponível em: <www.theatlantic.com/magazine/archive/2001/09/bystanders-to-genoci-de/304571>. Acesso em: 7 nov. 2018.

6. Disponível em: <nsarchive2.gwu.edu/NSAEBB/NSAEBB53/rw050194.pdf>. Acesso em: 7 nov. 2018.

7. Disponível em: <www.unilever.co.uk/brands/our-brands/sure.html>. Acesso em: 7 nov. 2018.

8. Disponível em: <abcnews.go.com/Business/dannon-settles-lawsuit/story?id=9950269>. Acesso em: 7 nov. 2018.

9. Disponível em: <nypost.com/2003/06/20/suit-poland-spring-from-dubious-source>. Acesso em: 7 nov. 2018.

10. Disponível em: <www.theguardian.com/uk/2004/mar/19/foodanddrink>. Acesso em: 7 nov. 2018.

11. Disponível em: <adage.com/article/cmo-strategy/sierra-mist-changing/301864>. Acesso em: 7 nov. 2018.

12. George Orwell, "Politics and the English Language", 1946. Disponível em: <www.orwell. ru/library/essays/politics/english/e_polit>. Acesso em: 7 nov. 2018.

13. Disponível em: <england.shelter.org.uk/news/november_2013/80,000_children_facing_homelessness_this_christmas>. Acesso em: 7 nov. 2018.

14. Disponível em: <england.shelter.org.uk/donate/hiddenhomeless>. Acesso em: 7 nov. 2018.

15. Disponível em: <slate.com/articles/news_and_politics/chatterbox/1998/09/bill_clinton_and_the_meaning_of_is.html>. Acesso em: 7 nov. 2018.

16. Lance Price, *The Spin Doctor's Diary: Inside Number 10 with New Labour*. Londres: Hodder & Stoughton, 2005.

17. Disponível em: <www.cbsnews.com/news/poll-womens-movement-worthwhile>. Acesso em: 7 nov. 2018.

18. Disponível em: <www.theguardian.com/theobserver/2013/jun/30/susan-sarandon-q-and-a>. Acesso em: 7 nov. 2018.

19. Disponível em: <www.huffingtonpost.com/joan-williams/feminism_b_1878213.html>. Acesso em: 7 nov. 2018.

20. Disponível em: <www.elleuk.com/life-and-culture/news/a23534/david-cameron-afraid--feminist-shirt-meaning>. Acesso em: 7 nov. 2018.

21. Disponível em: <www.independent.co.uk/voices/comment/feminists-should-weep-at--the-death-of-margaret-thatcher-and-why-would-that-be-exactly-8567202.html>. Acesso em: 7 nov. 2018.

10. CONSTRUCTOS SOCIAIS [pp. 202-16]

1. Yuval Noah Harari, op. cit.

2. Disponível em: <www.standard.co.uk/news/politics/eu-referendum-what-is-the-eu-trends--on-google-hours-after-brexit-result-announced-a3280581.html>. Acesso em: 7 nov. 2018.

3. Disponível em: <www.un.org/ga/search/view_doc.asp?symbol=A/HRC/32/L.20>. Acesso em: 7 nov. 2018.

4. Disponível em: <www.express.co.uk/comment/expresscomment/414006/This-human--rights-ruling-flies-in-the-face-of-UK-justice>. Acesso em: 7 nov. 2018.

5. Disponível em: <www.bbc.co.uk/news/world-asia-china-34592186>. Acesso em: 7 nov. 2018.

11. NOMES [pp. 217-35]

1. Disponível em: <www.theguardian.com/environment/2016/aug/29/declare-anthropocene--epoch-experts-urge-geological-congress-human-impact-earth>. Acesso em: 7 nov. 2018.

2. Disponível em: <www.economist.com/node/18744401>. Acesso em: 7 nov. 2018.

3. Disponível em: <www.nature.com/news/anthropocene-the-human-age-1.17085>. Acesso em: 7 nov. 2018.

4. Disponível em: <e360.yale.edu/feature/living_in_the_anthropocene_toward_a_new_global_ethos/2363>. Acesso em: 7 nov. 2018.

5. Disponível em: <www.aeaweb.org/articles?id=10.1257/0002828042002561>. Acesso em: 7 nov. 2018.

6. Disponível em: <www.emeraldinsight.com/doi/abs/10.1108/02683940810849648>. Acesso em: 7 nov. 2018.

7. Disponível em: <insight.kellogg.northwestern.edu/article/name-letter_branding>. Acesso em: 7 nov. 2018.

8. Kate Fitch, "Megan's Law: Does It Protect Children? (2) An Updated Review of Evidence on the Impact of Community Notification as Legislated for by Megan's Law in the United States", NSPCC, 2006.

9. Disponível em: <www.nj.com/news/index.ssf/2009/02/study_finds_megans_law_fails_t_1.html>. Acesso em: 7 nov. 2018.

10. Disponível em: <www.bjs.gov/content/pub/pdf/saycrle.pdf>. Acesso em: 7 nov. 2018.

11. Kate Fitch, op. cit.

12. Brian Christopher Jones, *From the Innocuous to the Evocative: How Bill Naming Manipulates and Informs the Policy Process*, disponível em: <dspace.stir.ac.uk/bitstream/1893/9206/1/Thesis%20Examination%20Copy%20-%20New%20-%20Final.pdf>. Acesso em: 7 nov. 2018.

13. Alzheimer's Society, "The Dementia Tax 2011", jun. 2011.

14. Disponível em: <support.google.com/glass/answer/4347178?hl=en-GB>. Acesso em: 7 nov. 2018.

15. Disponível em: <sites.google.com/site/glasscomms/glass-explorers>. Acesso em: 7 nov. 2018.

16. Disponível em: <www.ft.com/content/af01ff78-c394-11e6-9bca-2b93a6856354>. Acesso em: 7 nov. 2018.

17. Disponível em: <www.independent.co.uk/arts-entertainment/read-bret-easton-ellis--excoriating-monologue-on-social-justice-warriors-and-political-correctness-a7170101.html>. Acesso em: 7 nov. 2018.

18. Disponível em: <www.washingtonpost.com/wp-dyn/content/article/2009/07/30/AR2009073002478.html?sid=ST2009073002982>. Acesso em: 7 nov. 2018.

19. Disponível em: <www.telegraph.co.uk/news/politics/ukip/10656533/Ukip-should-be--dismissed-as-a-modern-day-CND-says-Lord-Heseltine.html>. Acesso em: 7 nov. 2018.

20. David Fairhall, *Common Ground: The Story of Greenham*. Londres: IB Tauris, 2006.

21. Disponível em: <www.theatlantic.com/politics/archive/2014/01/the-agony-of-frank--luntz/282766>. Acesso em: 7 nov. 2018.

22. Disponível em: <prospect.org/article/meet-mr-death>. Acesso em: 7 nov. 2018.

23. Frank Luntz, *Words that Work: It's Not What You Say, It's What People Hear*. Nova York: Hyperion, 2007. [Ed. bras.: *Palavras que funcionam: Não é o que você diz, é o que as pessoas ouvem*. Rio de Janeiro: Alta Books, 2014.]

24. Disponível em: <www.nytimes.com/2009/05/24/magazine/24wwln-q4-t.html>. Acesso em: 7 nov. 2018.

25. Steven Poole, *Unspeak*. Londres: Little, Brown, 2006.

26. Disponível em: <www.theguardian.com/environment/2014/may/27/americans-climate--change-global-warming-yale-report>. Acesso em: 7 nov. 2018.

27. Disponível em: <www.pbs.org/wgbh/pages/frontline/shows/persuaders/interviews/luntz.html>. Acesso em: 7 nov. 2018.

12. PREVISÕES [pp. 239-59]

1. Disponível em: <www.ft.com/content/d646b090-9207-311c-bdd1-fca78e6dd03e>. Acesso em: 7 nov. 2018.

2. Disponível em: <www.theguardian.com/politics/2016/may/22/david-cameron-defence--minister-penny-mordaunt-lying-turkey-joining-eu>. Acesso em: 7 nov. 2018.

3. Disponível em: <www.ipcc.ch/pdf/assessment-report/ar5/wg1/WG1AR5_SPM_FINAL.pdf>. Acesso em: 7 nov. 2018.

4. Disponível em: <www.scientificamerican.com/article/10-ways-climate-science-has-advanced--since-an-inconvenient-truth>. Acesso em: 7 nov. 2018.

5. Disponível em: <www.forbes.com/forbes/2006/1225/038.html>. Acesso em: 7 nov. 2018.

6. Disponível em: <www.thegwpf.org/matt-ridley-global-warming-versus-global-greening>. Acesso em: 7 nov. 2018.

7. Disponível em: <www.ecb.europa.eu/press/key/date/2012/html/sp120726.en.html>. Acesso em: 7 nov. 2018.

8. Disponível em: <www.ft.com/content/45de9cca-fda7-3191-ae70-ca5daa2273ee>. Acesso em: 7 nov. 2018.

9. Disponível em: <futureoflife.org/ai-principles>. Acesso em: 7 nov. 2018.

10. Disponível em: <www.bbc.co.uk/news/technology-30290540>. Acesso em: 7 nov. 2018.

11. Disponível em: <www.huffingtonpost.com/entry/humankinds-greatest-threat-may-not-be--global-warming_us_59935cdde4b0afd94eb3f597>. Acesso em: 7 nov. 2018.

12. Disponível em: <www.theguardian.com/technology/2014/oct/27/elon-musk-artificial--intelligence-ai-biggest-existential-threat>. Acesso em: 7 nov. 2018.

13. Disponível em: <www.vanityfair.com/news/2017/03/elon-musk-billion-dollar-crusade--to-stop-ai-space-x>. Acesso em: 7 nov. 2018.

14. Disponível em: <www.vanityfair.com/news/2017/04/elon-musk-is-seriously-starting-a--telepathy-company>. Acesso em: 7 nov. 2018.

15. Disponível em: <qz.com/911968/bill-gates-the-robot-that-takes-your-job-should-pay--taxes>. Acesso em: 7 nov. 2018.

13. CRENÇAS [pp. 260-78]

1. Disponível em: <www.theatlantic.com/national/archive/2011/11/drinking-the-kool-aid-a--survivor-remembers-jim-jones/248723>. Acesso em: 7 nov. 2018.

2. Disponível em: <edition.cnn.com/2008/US/11/13/jonestown.jim.jones/index.html>. Acesso em: 7 nov. 2018.

3. Ibid.

4. Disponível em: <www.theatlantic.com/national/archive/2011/11/drinking-the-kool-aid-a--survivor-remembers-jim-jones/248723>. Acesso em: 7 nov. 2018.

5. Disponível em: <www.archkck.org/file/schools_doc_file/curriculum/religion/religion--updated-8/3/15/Fifty_Truths_Every_Catholic_Teen_Should_Know_snack.pdf>. Acesso em: 7 nov. 2018.

6. Disponível em: <www2.deloitte.com/us/en/pages/finance/articles/cfo-insights-culture-shift-beliefs-behaviors-outcomes.html>. Acesso em: 7 nov. 2018.

7. Disponível em: <www.theatlantic.com/politics/archive/2015/08/how-millennials-forced-ge-to-scrap-performance-reviews/432585>. Acesso em: 7 nov. 2018.

8. Disponível em: <hbr.org/2015/01/ges-culture-challenge-after-welch-and-immelt>. Acesso em: 7 nov. 2018.

9. M. V. Kamath, *Gandhi: A Spiritual Journey*. Mumbai: Indus Source, 2007.

10. Disponível em: <thehindu.com/opinion/op-ed/gita-gandhi-and-godse/article6835411.ece>. Acesso em: 7 nov. 2018.

11. Disponível em: <theguardian.com/books/2007/aug/16/fiction>. Acesso em: 7 nov. 2018.

12. Disponível em: <nybooks.com/articles/2014/12/04/war-and-peace-bhagavad-gita>. Acesso em: 7 nov. 2018.

13. Disponível em: <www.hindustantimes.com/punjab/imbibe-gita-teachings-to-make-india-world-leader-rss-chief/story-IGwO1smUgtPyMZMv1gdWtO.html>. Acesso em: 7 nov. 2018.

14. Disponível em: <timesofindia.indiatimes.com/india/Narendra-Modi-gifts-Gita-to-Japanese-emperor-takes-a-dig-at-secular-friends/articleshow/41530900.cms>. Acesso em: 7 nov. 2018.

15. Disponível em: <thehindu.com/opinion/op-ed/gita-gandhi-and-godse/article6835411.ece>. Acesso em: 7 nov. 2018.

16. Disponível em: <nybooks.com/articles/2014/12/04/war-and-peace-bhagavad-gita>. Acesso em: 7 nov. 2018.

17. Disponível em: <downloads.bbc.co.h /radio4/transcripts/2016_reith1_Appiah_Mistaken_Identies_Creed.pdf>. Acesso em: 7 nov. 2018.

18. Disponível em: <www.jewishideas.org/healthy-and-unhealthy-controversythoughts-parashat-korach-june-25-2011>. Acesso em: 7 nov. 2018.

19. Jonathan Sacks, *The Dignity of Difference: How to Avoid the Clash of Civilizations*. Nova York: Continuum, 2002. [Ed. bras.: *A dignidade da diferença: Como evitar o choque de civilizações*. São Paulo: Sêfer, 2013.]

EPÍLOGO: VERDADES FINAIS [pp. 279-85]

1. Disponível em: <www.cbc.ca/news/canada/toronto/rob-ford-s-crack-use-in-his-own-words-1.2415605>. Acesso em: 7 nov. 2018.

Índice remissivo

ABCNews, 46
aborto, 82, 92, 131, 137, 231, 272; relação com câncer de mama, 20
Academia Militar de West Point, 138
Activia, iogurte, 191
açúcar, proposta de imposto, 154
Adivinhe quem vem para jantar (filme), 143
administradores de hospitais, 38
Advertising Standards Authority, 19
AerCap, 102
AfD(Alternativa para a Alemanha), 81, 160
Afeganistão, 45, 62, 89; refugiados, 161
África, 202-3; subsaariana, 54
África do Sul, 42-4; Comissão de Verdade e Reconciliação, 51n; força aérea, 42; mineração de diamantes, 171-2
África Oriental, 186-8
afro-americanos: associação com o uso de drogas, 133; escravidão, 52-3; e Jim Jones, 262; e leis Jim Crow, 52; nomes associados, 219
Agência de Proteção à Saúde (Reino Unido), 245
Agência de Proteção Ambiental (EUA), 55, 251
Agência dos Estados Unidos para o Desenvolvimento Internacional (USAID), 186
agências de classificação financeira, 114
agressores sexuais, 220-1
agricultura, 151

Aigun, Tratado de, 64
Airbnb, 41, 214
Aiton, William, 118
álcool, consumo de, 55
Alcorão, 272-3, 275
Alemanha, 55, 65, 161; AfD, 81, 160; criminosos de guerra, 188; Dunkirk, 62-3; e identidade não binária, 199; Luftwaffe, 63; regime nazista, 50, 56, 71, 188, 196; Terceiro Reich, 62
Alexa, 41
Alibaba, 215
alimentação, 55, 131, 139
alimentos: embalagem, 38; prazer, 155-6, 160; segurança, 118
Al-Maghrib, banco, 204
Alpha, curso, 267
Al-Qaeda, 45
Altiplano, 12-3
"Amanhecer" (plano de invasão), 241
Amazon, 38-41, 46, 58, 179; Amazon Marketplace, 40; Amazon Web Services (AWS), 40
ambientalismo, 35, 54-5, 218-9
American Dialect Society, 199
Ana Bolena, rainha da Inglaterra, 59
análise preditiva, 244
Anangu, povo, 227
âncoras de preços, 176, 181
Anderson, Duncan, 63

Andes, 9-13, 16
Andress, Ursula, 72
anedotas, 121-4
anéis da eternidade, 174
Angel, Marc D., 276
antibelicistas, 133-4
Antropoceno, período, 217-9
apartheid, 51n; econômico (termo), 43
apelo à autoridade, 81
Appiah, Kwame Anthony, 275
Apple, 40, 91, 97, 102, 168, 208
aquecimento global, 97, 249-52; ver também
    mudança climática
Arábia Saudita, 240
Arctic National Wildlife Refuge, 88
Argentina, moeda, 212-3
Ariely, Dan, 175
Aristóteles, 144
armas de destruição em massa, 241
armas nucleares, 264
artistas, 133
Aspen Valley Hospital, 157
Assistência ao Desenvolvimento Internacional
    (Reino Unido), 92
assistência social, 222
associação, 44-8
Associação Médica Americana, 132
ateísmo, 131
Atkins (consultoria), 244
Atlanta, Geórgia, 113
Augusta, princesa inglesa, 116, 118
Austen, Jane, Orgulho e preconceito, 109
Austrália, 88, 227; identidade de gênero não
    binária, 199
Áustria, 55, 160; eleição presidencial (2016),
    160
Authors Guild (EUA), 39
autoridade, 131
avaliação de crédito social, 214
avaliações públicas e pessoais, 214
Ayer, N. W. & Son, 172-5
Ayers Rock/Uluru, Austrália, 227

Babbage, Charles, 131
Bagdá, 45
Banco Central Europeu, 204, 253
Banco da Inglaterra, 107, 110, 158-9

bancos, 107, 109, 141, 143, 145, 208, 245, 252,
    258, 269
banheiras, afogamentos, 91
Barclays, banco, 119
Barnes, Quamari, 121
batatas fritas (french fries, batatas fritas da
    liberdade), 230
Baum, Dan, 133
BBC, 21, 86, 197, 284; "Writing to Persuade,
    Argue and Advise", 122
Bechtel, empresa, 112-3
Beijing, 64; Palácio de Verão, 64-5
Bélgica, exército, 62
Bell Pottinger, agência, 42-6
Bellemare, Marc, 10-2
benefícios de bens e serviços, 168-71, 182
bens e serviços digitais, 244; e PIB, 104-5
Bentham, Jeremy, 210
Bernays, Edward, 279
Bhagavad Gita, 273-5
Bharatiya Janata, partido político (Índia), 274
Bíblia, 272, 275
big data, 117, 215, 244, 254
bitcoin, 213
Black Mirror, série, 214
Blackwater, empresa, 112-3
Blair, Tony, 22, 70, 96, 122, 197, 241
Bleustein-Blanchet, Marcel, 264
blockchain, tecnologia, 213
Bloomberg, Michael, 239
bluetooth, 58, 200
BMP, agência, 32
BMW, 209
bolcheviques, 59
Bolívia, 10-2; Instituto Boliviano de Comércio
    Exterior, 12
Bonhams, casa de leilões, 164-5
Boston, 219
Bowerman, Bill, 120
Bowie, David, 199
BP (British Petroleum), 150, 227
Brawley, Otis, 20
Bray, Ian, 186
Breitbart News, 160, 224
Breton, André, 202
Brexit, referendo, 94, 160, 205-6, 247-8, 282
brinquedos eróticos, 200

Brontë, Emily, *O Morro dos Ventos Uivantes*, 111
Browne, John, 150
Bruxelas, 204, 205
budismo, 272
Buerk, Michael, 186
Buffett, Warren, 164
Bullock, Sandra, 68
Bureau of Investigative Journalism (Reino Unido), 43
Burroughs, Laura Lee, 49
Burton, Richard, 31
Bush, George W., 45, 54, 233, 241; governo e furacão Katrina, 112-4
Buxton, Julia, 133

Câmara dos Comuns (Reino Unido), 63
Camboja, 60
Cameron, David, 198, 245, 248
Campbell, Alastair, 197
Canadá, 88; empregados no, 157
Canal de Suez, crise do, 239-40
câncer de mama, relação com aborto, 20
câncer na infância, 95
Cancer Research (Reino Unido), 95
canhotos, 85-7, 123
canibalismo, 130, 135
Capital Academy (escola), Londres, 121
"capital de monopólio dos brancos", 43
capitalismo, 265
capitalismo desastroso, 112
captura da realidade, 244
carne: consumo, 75-6, 79; cultivada, 76-7
carpa asiática (*silverfin*, carpa invasora), 230-1
Carpenter, Amy, 157
Carroll, Lewis, 132, 185
Carter, Jimmy, 54
cascata de disponibilidade, 266
Cataratas de Vitória (posteriormente Mosi-oa--Tunya), Zimbábue, 227
cavalheirismo, 152
Cavett, Dick, 61
Caxemira, 272
CBS News, 197
Centros de Controle e Prevenção de Doenças, 139, 253
Ceuta, 202-4
Charlottesville, Virgínia, 53

Cheney, Dick, 88
Chesterfield, Lord, 276
Chicago, 89, 219
Children with Cancer UK, 95
Chile, 228
China, 61, 174, 206, 230; Escritório Nacional de Estatística, 104; Exército Revolucionário Nacional, 64; ideologia, 268; Partido Comunista, 65; PIB, 102; Praça da Paz Celestial, 65; Século da Humilhação, 64-5; sistema de comércio internacional, 107; sistema de crédito social, 214; taxa de suicídio, 91
Chipre, 248
chucrute ("repolho da liberdade"), 230
Churchill, Winston, 63, 150
ciborgues, 255
ciganos, 160
Cisjordânia, 53, 240
Classificação Integrada de Fases de Segurança Alimentar (IPC), 185-7
Client Partners, 179
Climatewire, 251
Clinton, Bill, 187, 189, 194, 196, 200, 233
Clinton, Hillary, 223-4
Coca-Cola, 132, 158, 191; "breve história", 49-51
cocaína, 132-3
Coleridge, Samuel Taylor, 132
coletores-caçadores, 151
Colgate-Palmolive, 19, 21, 208
colheitas perdidas, 250
Colinas de Golã, 240
Collins, dicionário, 225
Colômbia, 88
comerciais de pasta de dentes, 19
Comissão Internacional de Estratigrafia, 219
Comitê de Emergência de Desastres, 185, 187
complexidade, 24, 31-48, 283
comportamento do consumidor, 168-71, 181
computadores pessoais, 38
comunicação, 282; ética, 28
comunicações, como variações sobre um tema, 283
Comunidade Econômica Europeia (EEC), 56-7, 205
comunismo, 65, 261, 268
concreto, 218
"Concurso de Design", 178, 180

conectividade, 254

conflito árabe-israelense, 78, 257

Congregação para a Propagação da Fé (1622), 196

conhecimento, visto como indesejável, 152

Conselho de Segurança Nacional (EUA), 91

Conselho Estadual de Farmácia da Pensilvânia, 133

conservadores, valores, 131

constructos sociais, 25, 202-16; criando ou eliminando, 210-2; descrição seletiva, 206; modificando, 216; mutabilidade, 216; nocivos, 216; redefinindo, 207-9, 216

consultores financeiros, 38

consultores, negócio, 269-71

contexto, 24-5, 68-84; ignorando, 81-3

Convenção Europeia de Direitos Humanos, 211

Convenção para a Prevenção e Punição do Genocídio, 188

conversões financeiras, 93

Cook, Tim, 97

Copérnico, Nicolau, 218

Corbyn, Jeremy, 69, 265

Coreia, 64

Corpo de Engenheiros do Exército, 113

correndo riscos, 149, 170, 177, 179, 182

corrupção: em agências de classificação financeira, 114; na Turquia, 248; nos negócios, 141; política, 42, 46

Costa do Golfo do México (EUA), 112, 114

Coulter, Ann, 160

crenças, 26, 260-78; como verdades concorrentes, 277; compartilhadas (grupo), 266-9, 278; na divindade de Jim Jones, 263; negativas, 271, 278

crianças: casos de câncer, 95; desabrigadas, 193-4; uso de drogas, 133

crime: com facas, 122; guerra, 188; índices, 96

Crimeia, 58

criminosos de guerra, 188

criptomoedas, 213

crise financeira (2008), 107-10, 114-5, 265, 269

cristianismo, 137, 260; crenças concorrentes, 272; Evangelhos, 272; evangélico, 267; Margaret Thatcher sobre, 130

CrowdFlower, 179

crowdsourcing, 178

Crutzen, Paul, 218-9

Cruz, Ted, 82-3

Cruzadas, 272

cuidado (termo), 131

culturas corporativas, 269-71

Cúpula Global das Mulheres 2014, 80-1

Curie, Marie, 59

Cursos Massivos Abertos Online (Massive Open Online Courses – MOOCs), 200

curva de demanda, 167

curva de oferta, 167

Cyrus, Miley, 199

Daily Express, 93, 160

Daily Mail, 160

Daily Telegraph, 95

Dannon, 190

Danone, 190

Dasani, água, 191

Daunt, James, 39

Davis, Evan, 21

De Beers, diamantes, 172, 174

De Boer, empresa, 113

De Gaulle, Charles, 56

declaração de propósitos, 158-9, 163

Defensores, 21, 24, 42, 47, 76-7, 123, 155, 257

definições, 24, 185-201; modificando, 199-201; uso desonesto de, 192, 201

Degas, Edgar, 72

Dell, 91

Deloitte, 270

demagogos, 163

democracia, 55

democratização da informação, 284

demonização, 134, 233; de imigrantes, 160

Departamento de Saúde do Texas (DSHS), 21-2, 26; "O direito de a mulher saber" (folheto), 20

Departamento de Justiça (EUA), 39

"DeploraBall" [DeploraBaile], 224

"deploráveis", 224

Der Adler, revista, 62

Derbyshire, Jonathan, 39

desarmamento unilateral, 231

desastre ambiental, 150

desejabilidade, 25, 147-82; manipulação, 154-60, 162-3

324

desejo, subjetividade do, 153
design automatizado, 244
DesignCrowd, 178-9
Desinformantes, 21, 59, 81, 84, 86, 98, 125, 257
dessegregação racial, 261
detenções de adolescentes, 95
Deverell, Richard, 116
diamantes, 171-5
Dickens, Charles, 132; *David Copperfield*, 111
Dietrich, Marlene, 72, 165
dinheiro como construto social, 212-3
dióxido de carbono, 249-52
direitos civis, 52
direitos humanos, 210-2, 248
disfarçar ou destacar tendências, 97-8
Dissoi Logoi, 130-1, 145
dissuasão nuclear, 264
doação de órgãos, 135
dourado-do-mar (*dolphin-fish*, mahi-mahi), 230
Dove (marca), campanha pela real beleza, 153
Draghi, Mario, 253
drogas: demonização, 133-4; dependência, 131, 134; guerra moral contra, 134-5; representação, 24, 132-4; uso, 131-4
drones, 257
Dunkirk, evacuação, 62-4

Easterbrook, Gregg, 85
eBay, 170
Ebell, Myron, 251
Ebola, vírus, 139, 253
e-books, 40
economia, 167
economia gig, 178-80
economistas, 34
Édito de Nantes, 50-1
editoras, 38-41
efeito placebo, 155-6, 264
Egito (República Árabe Unida), 239-40
Ehrlichman, John, 133
Eisler, Barry, 39
"Ekins", 120
elefante, descrito por cegos, 33-6
eles, singular, 199
Eliot, George, 132

Elizabeth I, rainha da Inglaterra, 59
Elle, edição especial sobre o feminismo, 198
Ellis, Bret Easton, 224-5
Elsner, Alan, 187
emoções, 147
empatia, 143-6
emprego, 55, 265
enchentes, 252
energia, 35; verde, 44
Enganadores: causalidade, 125; construtos sociais, 216; critério para comunicação, 28; definições e, 201; demonização, 146; desafiando, 278-81; estratégias de comunicação, 24; e grupos, 163; guerra preventiva, 241; intenções deliberadas, 21; e nomes, 235; e números, 87, 91, 97, 99, 105; ofuscamento, 44; omissão, 54, 84; previsões, 259; religiosos, 269, 278; seletividade, 47; uso de âncoras, 182; uso de associações, 45, 48; verdades irrelevantes, 42, 48
enquadramento, 78-9
Enron, 141
Epstein, Edward Jay, 174
Ericsson, 57-8
Ericsson, Lars Magnus, 57-8
Erlang linguagem, 58
escolhendo unidades de medidas convenientes, 89
escravidão, 52-3, 276
Espanha: cercas ao redor de Ceuta, 202; Guarda Civil, 203
espantalho, argumento, 81-3
esquecer o passado, 50
Estado Islâmico, 111
Estados Unidos: bolsa de valores, 96; Câmara dos Representantes, 196, 221; campanhas presidenciais, 45-6, 82-3, 223; como superpotência, 206; Congresso, 61, 89, 230; Declaração de Independência, 210; Departamento de Estado, 188; Departamento de Segurança Interna (Homeland Security), 114; Departamento de Defesa, 188; desemprego nos, 89; escravidão, 52-3; FDA, Agência Reguladora de Alimentos e Medicamentos, 228; Guerra Civil, 52-3; imposto sobre herança, 232; João Paulo II, papa sobre, 130; leis de crimes sexuais (Megan's Law), 220-1;

National Climate Assessment, 251; Patriot Act, 221; primeira emenda constitucional, 225; queda de Saigon, 60-1, 64; Ruanda e, 187-8; Senado, 196, 221; terrorismo, 45, 91; trabalhadores, 157; uso de drogas, 132-4; vendas de diamante, 173-4
estatísticas: escolhidas a dedo, 100; média, 99; *ver também* números
estatísticas de homicídio, 89
Estocolmo, 71
Estrasburgo, 204
Estreito de Tiran, 240
estupro, estatísticas, 88
Etiópia, 186
etnia, visões a respeito, 225
euro, como constructo social, 213
Evangelhos, interpretação, 272-5
executivos de empresas farmacêuticas, 269
expectativa de vida, 85-7
exterminador do futuro, O (filmes), 255
Eyre, Richard, 143

fábrica de sonhos, A (filme), 143
Facebook, 38, 58, 104, 136, 197, 200, 204, 222, 281; página "Mulheres Contra o Feminismo", 197-8
FailCon, 149-50
Faixa de Gaza, 240
Fajardo-Gonzalez, Johanna, 10
"fake news", 43
falácia de narrativa, 111
falsificação de arte, 71-4
família real (Reino Unido), 93
Fanta, 49-50
Fawcett Society, 198
FBI, 72
fé, poder de influenciar comportamentos, 272
Fema (Agência Federal de Gestão de Emergências), 113
feminismo, 24, 197-8
FEWS NET, 186
filosofia, 22-3, 210
filosofia moral, 36
Financial Times, 225, 253
Finlândia, 207
Finney, Stan, 219
Fiverr, 179

Fleming, Alexander, 164-6
Floresta Amazônica, 75
floresta tropical, 252
fome, 185-9
Food First, 11
Força Aérea Israelense (IAF), 239-41
Força Expedicionária Britânica, 62
Forças de Defesa de Israel, 240
Forças Francesas Livres, 56
forças policiais, 140, 143, 145
Ford, Rob, 280
Formosa (Taiwan), 64
fotografia, como analogia, 37
Fox News, 82
Foxconn, 91
fracasso, desejabilidade de, 149-50
França, 56, 62, 64; Batalha da, 63; Declaração dos Direitos do Homem e do Cidadão, 210; imigração, 160
Franco, Francisco, 227
freelancers, 178-80
Frente Nacional (França), 160
Friedman, Milton, 112
furacões, 250; Harvey, 250; Irma, 250; Katrina, 24, 54, 112-4; Maria, 250, 252

Gallup, pesquisa sobre engajamento no trabalho, 157
Gandhi, Mahatma, 273-5
gases de efeito estufa, emissões, 75, 249-50
Gates, Bill, 255
Gates, Daryl F., 132
gatilhos, 109-10, 114-7
Gaza, 53
Geldof, Bob, 186
General Electric (GE), 40, 270; "Crenças", 270
gênero: fluidez, 199-200; identidade não binária, 199; igualdade, 55, 80, 197, 272; perspectivas, 225
Gênesis (livro da Bíblia), 226
genocídio, 187-9
geoengenharia, 252, 257
Geoghegan, Victoria, 43-4
geologia, 217-8
George III, rei da Inglaterra, 116
George VI, rei da Inglaterra, 17-21
Gestapo, 71

Ghose, Aurobindo, 275
Gigwalk, 179-80
Gillette, 209
Gitter, Seth, 10-1
Giuliani, Rudy, 45-6
Glassdoor, 157
glassholes, 223
globalização, 208
Globe and Mail (Canadá), 10
GlobeWomen, 80
Godse, Nathuram, 275
Goebbels, Joseph, 196
Goldman Sachs, 141
Golfo do México, desastre ambiental, 150, 227
Good Housekeeping, revista, 133
Google, 34, 178, 205; Google Glass, 222-3;
   Google Maps, 104
Google Imagens, 193-4
Grã-Bretanha *ver* Reino Unido
gráficos cumulativos, 97
Grandes Lagos, 230
Gravidade (filme), 68
Grécia Antiga, 129-30, 145
Greenpeace, lista de alerta, 229
Gregório XV, papa, 196
grupo de trabalho sobre o Antropoceno, 218
grupos: moralidade, 136-7; subgrupos, 101
"grupos marginalizados", 133
Guardian, The, 32, 61, 122
guerra: antibelicistas, 133, 134; Bhagavad Gita
   sobre, 273, 274, 275; celebração, 152; matar
   em batalha, 138, 142; preemptiva, 241-2;
   preventiva, 241
Guerra da Crimeia, 152
Guerra do Golfo, Iraque (2003), 241
Guerra dos Seis Dias, 240
guerra nuclear, 257
Guerras de Religião, 51
Guerras do Ópio (China), 64-5
Guerras Sino-Japonesas, 64
Guiana, 261-2, 268
Gujarate, Índia, 275
Gupta, família, 42-3

habitação acessível, 90
Hachette, editora, 38-9
Haidt, Jonathan, 131

Halliburton, 112-3
Halpern, Diane F. e Coren, Stanley, "Left-
   -handedness: a marker for decreased survival
   fitness", 85-6
Hamilton (musical), 169
Hannan, Daniel, 93
Harari, Yuval Noah, 204; *Sapiens*, 151
hardware, 208
Hardy, Patricia, 52
Harley-Davidson, 209
Harper's Magazine, 133
Havaí, 230
Hawking, Stephen, 255
hedonismo, valor, 73, 75
Henrique IV, rei da França, 50-1
heroína, 132
Heseltine, Michael, 231
higiene, vista como indesejável, 152
Hillbruner, Chris, 186
Hillsborough, desastre no estádio de, 140
hinduísmo, 273-6
Hindutva, ideologia, 274
história, 24, 49-66
histórias de origens de empresas, 119-20
Hitler, Adolf, 50n, 62, 70
HIV/Aids, 54
HMV (His Master's Voice), gravadora, 227
Hollywood, 169
Holocausto, 188, 210
Holoceno, período, 217
homossexualidade, 131, 133, 135, 276
Hopkins, Katie, 160
Hory, Elmyr de (Elemér Albert Hoffmann),
   71-4
Hostess Brands, Inc., 170
Huawei, 58
Hughes, Howard, 72
huguenotes, 51
Huhne, Chris, 44-5
Humphrey (gato da Downing Street), 70
Hungria, 160-1
hutus, 187-9

Ibiza, 72, 75
IDEO, consultoria, 150
ideologias, 265, 269
Igreja católica, 51, 196, 264, 277

igualdade racial, 260-3
igualdade social, 55
Illinois, rio, 230
Iluminismo, 210
imigrantes, imigração, 225, 247; campanha contra, 160-2
"imposto sobre a demência", 222
imposto sobre heranças, 232; como "imposto sobre a morte", 232
impressão em 3D, 74
incas, 9, 11
incentivos, 145-6
incidente instigante, 109
Independence Party (UKIP-Grã-Bretanha), 160
Independent, The, 10
Índia, 88, 204, 273-4; identidade de gênero não binária, 199; PIB, 102; sistema de comércio internacional, 107
Indiana, 260
Indianápolis, 260; Comissão de Direitos Humanos, 260-1
infraesturutura, 244
iniciativa privada, 265
inovadores, 149
Instagram, 104
instituições de caridade, 185-7, 193-4
Instituto Nacional do Câncer (EUA), 20
inteligência artificial (IA), 254-6
internet, 86, 136, 200, 208, 211
Internet das Coisas, 57, 244
inverdades, 23
iPads, 97, 168
iPhones, 91, 97
Iraque, 45-6, 62, 240; invasão, 54, 230, 241; refugiados, 161
Irlanda: Escritório Central de Estatísticas, 103; PIB, 102-3
Irving, Clifford, 72
isolamento e controle (de fiéis), 268
Israel, 53, 65; escolas, 24; ver também conflito árabe-israelense
Itália, 65

Jacó (posteriormente Israel), 226
James, William, 9
Japão, 58, 64, 174, 179; Exército Imperial Japonês, 64

jardins Richmond, Londres, 116
Jefferson, Thomas, 210
Jeffery, Davina, 187
Jerusalém Oriental, 240
Jessica (guia peruana), 11
Jesus Cristo, 262, 267; alegação de ser Deus, 272; Sermão da Montanha, 272
Jim Crow, leis, 52
Joana D'Arc, 59, 199
João Paulo II, papa, 130
Johnson, Boris, 94
Johnson, Lyndon, 61
Jones, Brian Christopher, "Do inócuo ao evocativo: Como a nomeação de leis manipula e informa o processo político", 221
Jones, Grace, 199
Jones, Jim (James Warren Jones), 260-3, 267-8
Jones, Paula, 194
Jonestown, Guiana, 262
Jordânia, 53, 240
jornalismo, 269; anedotas, 121-4
Journal of Social History, 133
Juba, Sudão do Sul, 186-7
judeus, judaísmo: e cristianismo, 130, 137; nos Estados Unidos, 52; em Israel, 53-4, 78
justiça, 131; e verdades concorrentes, 276
justiça, princípios de, 143

Kahneman, Daniel, 175
Kanka, Megan, 220-1
Kansas City, arcebispo de, "Cinquenta verdades que todo adolescente católico deveria conhecer", 264
Kant, Immanuel, 210
Kay, John, 158
Kean, major James, 61
Keane, Peter, 140
Kennedy, Robert F., 104
Kentucky Derby, 173
Kerik, Bernard, 46
Kerlikowske, Gil, 134
Kerssen, Tanya, 11
Kesey, Ken, 107
Kew Gardens (Reais Jardins Botânicos de Kew), Londres, 115-9; Millennium Seed Bank, 117; Pagode Georgiano, 118; Palm House, 118

328

Kilner, Pete, 138
Kimberley, África do Sul, 172
Kindle, 40
Kindle Direct Publishing (KDP), 39
King, Martin Luther, Jr., 66
King, Mervyn (Lord King), "The Story of the Crisis", 107-9, 111, 114
Kissinger, Henry, 61
Klein, Naomi, *A doutrina do choque*, 112-4
Kobe Steel, 141
Koch, Christopher, 133
Ku Klux Klan, 52, 260

lagostim (*crawfish, mudbug*), 229
Landel, Michel, 80
Landívar Bowles, José Luis, 12
Lantz, Lee, 228, 234
Laos, 60
láudano, 131
lavagem cerebral, 268, 271, 277-8
lealdade, 131
Leão XIII, papa, 132
legislação, salário mínimo, 180
Lehman Brothers, 108
lei de proteção às espécies ameaçadas de extinção (EUA), 54
Lei do Ar Limpo (EUA), 54
leilões, 164-6
Lemkin, Raphael, 188
Lette, Kathy, 80
Lewinsky, Monica, 194-5
LGBT, movimento, 142
Líbano, 53
liberais, valores, 131
liberdade, 131; de escolha, 265; de expressão, 225; de imprensa, 248
liderança visionária, 244-5
Lilly, farmacêutica, 150
Lima, Peru, 12
Limbaugh, Rush, 160
Lincoln, Abraham, 131
Lincoln, Mary Todd, 131
LinkedIn, 197
Lippmann, Walter, 17
Locke, John, 210
lógica, 86, 89, 109, 111, 146, 263, 282; falácia lógica, 123

Londres: Hakkasan (restaurante), 229; Olimpíadas (2012), 244; serviços bancários, 141
Los Angeles, 261; Centro LGBT, 142
Louisiana, 230; Guarda Nacional, 113
Lovelace, Ada, 131
Lovell, Julia, 65
Lucrécio, 147
Luis XIV, rei da França, 51
Luntz Global, 231
Luntz, Frank, 19, 231-3
Luyendijk, Joris, 141

MacDonald, Ramsay, 56
Machine Intelligence Research Institute, 255
Madri, 227
Maersk, 57
Mahabharata, 274
malária, 54
Malaysia Airlines, 58
Manchúria, 64
Mantel, Hilary, 66
Manzoni, Piero, *Merda de artista*, 152
Maomé (profeta), 230, 272
máquinas, assumindo trabalhos de seres humanos, 254
Maratona de Boston, atentado a bomba (2013), 91
marcas, como constructos sociais, 207-9
Marco Aurélio, 68
Marine Mammal Protection Act (EUA), 55
marketing, 173, 175; efeito placebo, 155-6, 264; e valorações, 171
Marlboro, 209
Marrocos, 203
Marshall, brigadeiro-general S. L. A., 138
Marte, planos de colonização, 255
Martin, Jim, 232
marxismo, 133, 265
Mason, George, 210
matar em batalhas, 138, 142
Matching Donors, website, 136
Matisse, Henri, 72, 73
Matrix (filmes), 255
May, Theresa, 69, 90, 221, 265, 283
Mayer, Marissa, 198
McPherson, James M., 52
Mechanical Turk (Amazon), 179

médias, 99
Megan (Lei de), 220-1
Melilha, África, 203-4
Memphis Meats, 76
Mercado Comum Europeu, 206
mercado de ações, 169
mercados competitivos, 265
merluza-negra, 229
mexicanos, imigrantes, 160
México, 88
Mianmar, 272
Michelin, pneus, 204
Microsoft, 40, 207-8, 255; Office, 207; Windows, 207
mídias sociais, 26, 79, 136, 214
migração, 206; ver também imigrantes
Mill, John Stuart, 139
mindset, 16-7, 34, 114, 265, 284
minorias étnicas, 133
Missouri, rio, 230
moda, 148
Modi, Narendra, 275
Modigliani, Amedeo, 72, 74
moeda fiat, 212
Monet, Claude, 72, 74
monkfish (peixe), 229
Monroe, Marilyn, 169
Monsellato, Gianmarco, 80
Montgomery, L. M., 217
mortalidade infantil, 55
mortes na estrada, 91
Mother Bailey's, xarope, 132
muçulmanos, 137, 272, 274
mudança climática, 118, 170, 206, 233, 244, 249-52; ceticismo, 251-2; ver também aquecimento global
mudança cultural, 269-71
Mugabe, Robert, 227
mulheres: emprego, 55; imigrantes e, 161; pontos de vista sobre, 131, 133
Muro de Berlim, 107, 109, 114
Musk, Elon, 255
My Lai, massacre de, 60

Nações Unidas, 185, 187; Ano Internacional da Quinoa, 9; assistência internacional, 92; Declaração Universal dos Direitos Humanos,

211; Força de Emergência (UNEF), 240; lei de direitos humanos, 210
Nagin, Ray, 113
Nakba (êxodo palestino), 53
Nanquim, Massacre de, 65
Nanquim, Tratado de, 64
não apego, 274
não violência, 274
narcóticos, ver drogas
narrativas, 25, 107-25; como evidência, 123; definição, 108; e identidade, 118-9; relacionadas a negócios, 119-21
Nasa, 9
Nasser, Gamal Abdel, 240
National Environmental Policy Act (EUA), 54
natural (definição), 192
NBCUniversal, 157
negócios, 36; e prazer no trabalho, 157-9; moralidade nos, 141-2, 182
Nehru, Jawaharlal, 275
Neolítico, 151, 218
Nestlé, 191
Netflix, 41
Neuralink, 255
neurociência, 73, 82
New Orleans, 112-3
New York Times, 10, 46, 60-1, 86, 141, 284; artigo sobre abuso de drogas, 133
Nicholls, David, *Um dia*, 111
Nightingale, Florence, 59
Nike, 120
Nixon, Richard, 55, 61, 133
Nokia, 207-8
nomes, 25, 217-35; influência, 219; poder evocativo, 219, 221-2, 235; trocas, 226-35; uso negativo de apelidos, 222-5
North Face (empresa), 119
Nova Delhi, Birla House, 275
Nova Jersey, 220; Departamento Penitenciário, 220
Nova York, Aquagrill (restaurante), 229
Novo México, 274
números, 25, 27, 85-106; contexto, 90-3
Nuremberg, Julgamentos de, 188
nuvem, armazenamento de dados, 40-1
nuvens, atividade, 249-50

O'Shea, Teri Buford, 261-2
Oakbay Investments, 42-3
Obama, Barack, 46, 91, 134, 227
obesidade, 98, 153-4, 160
Ocean Dumping Act (EUA), 55
oceanos, elevação no nível dos, 250
Odebrecht, 141
ofuscamento, 42-4
Olimpíadas (Londres, 2012), 244
omissão, 38, 48, 51-4, 275
ondas de calor, 251
ONGs, 185
Onze de Setembro, ataques, 272
operações de alimentação animal concentrada (CAFOs), 75
operadores "espertos" e "tolos", 169
ópio, opiáceos, 131-4
Oppenheimer, Robert, 274
Orange, rio (África do Sul), 171
Orbán, Viktor, 161
Organização Mundial da Saúde (OMS), 139
Organização para a Libertação da Palestina (OLP), 240
organizações de checagem de fatos, 280-1, 291-3
Orwell, George, 49, 192
Osborne, George, 94
Ottolenghi, Yotam, 9
oubliance (esquecimento), 50-1
Oxfam, 186

Paddy, Brendan, 185
Paine, Thomas, 210
Painel Intergovernamental de Mudança Climática (IPCC), 249
Países Baixos, 160
Palácio de Kew, Londres, 116, 118
Palahniuk, Chuck, *Clube da Luta*, 224
palestinos, 53, 78; *ver também* conflito árabe-israelense
Papéis do Pentágono, 60
Paquistão, e identidade de gênero não binária, 199
Paradoxo de Simpson, 100-1
Paris, ataques terroristas, 161
parlamentares, 34-7
Parola, Philippe, 230

Partido Conservador (Reino Unido), 69-71, 81, 92, 198, 222
Partido da Liberdade (Áustria), 160
Partido Democrático (EUA), 266
Partido para a Liberdade (Países Baixos), 160
Partido Republicano (EUA), 45-6, 82, 231-2, 266; Contrato com a América, 232
Partido Trabalhista (Reino Unido), 69-70, 81, 96, 105, 123, 222, 265
Patagônia (empresa), 119
patagonian toothfish (posteriormente merluza-negra), 227-30
Patchett, Ann, 39
patriotismo, 265
Paulo VI, papa, *Dignitatis Humanae*, 264
pecado mora ao lado, O (filme), 169
peixe-relógio (*orange roughy*), 229
peixes, mudança de nomes, 227-30
Penguin Random House, 39
penicilina, descoberta, 164-6
Península do Sinai, 240
Pepsi, 158
PepsiCo, 192
perfis em sites de namoro, 214
permafrost, 250
Peru, 10-2
Peru, Vale do Colca, 11
Peters, Tom, 150
petróleo, exploração, 88, 232-3
Pew Research Center, 52
Phillipps, Cass, 149
PIB, 94; e bem-estar humano, 102-4
Picasso, Pablo, 71-4, 166; *Les femmes d'Alger* (Versão O), 73-4
Piketty, Thomas, 43
pilchards (sardinhas), 230
piratas, estatísticas, 97
Planned Parenthood, 82, 92
Plano de Emergência para Alívio da Aids (PEPFAR), 54
pobreza, ligação com obesidade, 98
poderoso chefão, O (filme), 132
Poland Spring Water, 191
política, 35
políticas neoliberais, 112-4
porteadores, 203-4
Porto Rico, 252

331

Porto Said, Egito, 239
Post, Mark, 76
poulaines, 148
prazer e comida, 155-6
preço e valor, 165-82
prêmio Nobel, 165
previsões, 26, 239-59; autorealizáveis ou autodestrutivas, 252; concorrentes, 248, 258-9;
  condicionais, 253; persuasivas, 246-7; seletivas, 247-8; transformativas, 252-4
Price, Lance, 96, 197
Pride: O orgulho de uma nação (filme), 143
Primeira Guerra Mundial, 55, 58, 230
privatização, 112, 114
processo de mudança organizacional, 109-10, 115
Produto Nacional Bruto (EUA), 104
produtos de beleza, 264
programas espaciais, 255
projetos de biodiversidade, 117
propaganda, 196
propriedade privada, direito à, 265
Prospect (revista), 39
protestantismo, 51, 196
pró-vida, ativistas, 231
Prudential Regulation Authority (Reino Unido), 158
publicidade, 19, 32, 153, 159, 173, 190-2, 281;
  e valorações, 171
Publicis, 264
Publishers Weekly, 38
puro (definição), 191

quacres, 119
Quartz (website), 97
Quinn, Dan, 52
quinoa, 9-2, 15-6, 21

racismo, 260
radiação nuclear, 245
Rai, Lala Lajpat, 274
Rangel, Antonio, 155
Rapley, Chris, 218
raridade, valor, 169, 182
Rashtriya Swayamsevak Sangh, organização, 274
Ravenel, Thomas, 45
Rawls, John, 143
Reagan, Nancy, campanha "Just Say No", 133

Reagan, Ronald, 133
Real Academia Militar de Sandhurst, Departamento de Estudos de Guerra, 63
realidade virtual, 244
realidade, percebida e objetiva, 17
Rebelião Taiping, 64
redes de comunicação, 57-8
reforma social, 56
Reino Unido: Agência Nacional de Estatística,
  104; assistência internacional, 92; crimes
  por facas, 121; despesas governamentais, 93;
  eleições gerais (2017), 92, 221, 283; Guerras
  do Ópio, 64; imigração, 160; legislação sobre
  drogas, 132; Marinha Real, 62; Ministério
  da Defesa, 264; PIB, 94; taxas de criminalidade, 96; Tesouro, 94; verbas para serviços
  públicos, 122
relacionamentos, serviços de, 214
relações causais, 109-1, 114-8
Relatório Especial de Ciência Climática (2017),
  250-1
relevância, 42, 48
remanescentes e brexistas (Remainers and
  Brexiteers), 205-6, 248
Renda Nacional Bruta (Reino Unido), 92
repetição (da essência de mensagens), 269, 283
República de Weimar, moeda, 212-3
restauração da ecologia planetária, 251
retórica, 130
Reuters, 187
Revolução Francesa, 210
Revolução Industrial, 256
Reynaud, Paul, 56
Rhodes, Cecil, 172
Ridley, Matt, 251
robôs, 254-6
rock salmon (peixe), 229
Rolls-Royce, 141
rótulos, redefinição, 231-4
Rousseau, Jean-Jacques, 210
Rozin, Paul, 69-70
Ruanda, 187-9
Rússia, 55; Administração de Correios e Te-
  légrafos, 58; e China, 64; mercado de tele-
  comunicações, 58; revolução (1905), 58; ver
  também União Soviética
Ryan, Leo, 262

332

Sa'ar, Gideon, 53
Sacks, Jonathan, 276
Saddam Hussein, 242
Safe Drinking Water Act (EUA), 55
Saigon (posteriormente Ho Chi Minh), 226;
  queda de, 60-1, 64
Sainsbury's, supermercados, 209
salários, 24, 100-1
Salmo 119, 264
Samsung, 91, 208
San Francisco, 149, 261
Santiago, Chile, 228
santidade, 131
Santorum, Rick, 130
São Petersburgo, 58, 226
Sarandon, Susan, 197
saúde global, cuidados com, 153-4
saúde pública: ameaças a, 245; profissionais,
  138-42
Save the Children, organização, 187
Scania, 57
Scientific American, 251
Scope (anteriormente Spastics Society), 227
Sears Roebuck, 132
secas, 250, 252
Secretaria de Estatísticas Trabalhistas (EUA),
  89
Segunda Guerra Mundial, 17-8, 50, 56, 62, 71,
  172, 188, 210
segurança, 35-6, 244
seguros, 35
seleção, tendenciosa, 55-6
seletividade, 206, 247-8, 275, 281
"sem-teto" (definição), 193-4
sensores, 254
sequestros, estatísticas, 88
Serviço Nacional de Saúde (National Health
  Service, Reino Unido), 81
Sessions, Jeff, 134
sexualidade, comportamento sexual, 130-1,
  194-6, 200, 225
Shakespeare, William, Hamlet, 110, 152
Shanghai, 64
Shatner, William, 169
Shelter, instituição de caridade, 193
Shupe, Jamie, 199
Sibéria, 174

Sidcup, subúrbio londrino, 191
Siekaczek, Reinhard, 141
Siemens, 141
Sierra Mist, refrigerante, 192
sindicatos do comércio, 34-5
Síria, 53, 240, 272; guerra, 251; refugiados,
  160-1
sistema financeiro, proteção, 159
Sliwinski, Michael, 157
slogans corporativos, 270
smartphones, 58
Smith, Greg, "Por que estou deixando o Gold-
  man Sachs", 141
SNC-Lavalin, 245
snowflakes, 224-5
socialismo, 261
Sociedade Americana do Câncer, 20
Sociedade do Alzheimer, Reino Unido, 222
Sociedade de Autores do Reino Unido, 39
Sociedade Nacional para a Prevenção da Cruel-
  dade Infantil (NSPCC-EUA), 220
Sodexo, 80
software, 35, 207, 223
soldados, 138, 142
Somália, 188
Sony, 91, 227
Soubry, Anna, 98
South Yorkshire, polícia de, 140
SpaceX, 255
Speaker, Susan, 133
spin (termo), 196
spin doctors, 196
Star Trek, 169
Star Wars, 110
status pelo consumo, 168
Steinbeck, John, 279
Stoker, Bram, 132; Drácula, 109
suborno, 141-2
Sudão do Sul, 186-7
Suécia, 58, 88
sufrágio, ampliação, 55
suicídio: assistido, 131; em massa, 262; esta-
  tísticas, 91
Sun, The (jornal), 160
SunPower Corp, 91
superalimento, 9
SuperMeat, empresa, 77

333

Surface, tablet, 207
Sutton, Bob, 270

tabagismo, 139, 160
Taj France, empresa, 80
Taleb, Nassim Nicholas, 111
Talmude, 276
Tárki, Instituto de Pesquisa Social (Hungria), 161
TaskRabbit, 179-80
Taylor, Kathleen, 268, 271
tecnologia: desafio à definição, 200; desenvolvimento, 34, 55, 57, 65; empregos criados, 256; futuro, 254-7; vestível, 26 ; ver também máquinas; robôs
TED, palestras, 122
tempestades, 252
Templo dos Povos, 261, 263, 267-8
teorias de conspiração, 114
Terra, 218
terrorismo, 45, 91, 206, 244
Tesco, supermercados, 209
Tesla, 34, 255
Texas: Conselho de Educação, 52; ensino de história, 52-3; morte em estradas, 91
Texas Freedom Network, 52
Thaler, Richard, 175
Thatcher, Margaret, 70, 130; aversão ao feminismo, 198
The Economist, "Bem-vindo ao Antropoceno", 219
The Storytellers, empresa, 119
Thelma e Louise (filme), 197
Tilak, Bal Gangadhar, 273-5
Times, The, 44
Total, empresa, 91
trabalhadores de ajuda humanitária, 185-7
trabalho sob demanda, 179-80
trabalho, engajamento, 157-9
transexuais, 142
Tribunal de Justiça Europeu, 205
Tribunal Europeu de Direitos Humanos (ECHR), 211
tributação: corporativa, 206; imposto sobre heranças, 232; planos de reforma, 232; sobre açúcar, 154; sobre robôs, 255, 257
Trump, Donald, 82-3, 89, 134, 160, 224, 232, 251

Turow, Scott, 39
Turquia, 55, 247-8; ocupação do norte do Chipre, 248
tutsis, 187-9
Tutu, arcebispo Desmond, 51n
Tversky, Amos, 175
Twinkies, bolo, 170
Twitter, 79, 83, 223, 279

Uber, 214
Ucrânia, 58
União Europeia (UE), 56, 58, 94, 202, 204-6, 282; como constructo social, 204-6; Diretiva de Requisitos de Capital, 158; múltiplas funções, 206; Turquia, pedido de ingresso, 247-8
União Soviética, 71, 174, 240
Unilever, desodorante Sure Maximum Protection, 190
Universidade Centro-Europeia, 133
Universidade da Colúmbia Britânica, 85-6
Universidade de Maastricht, 76
Universidade de Oxford, 231
Universidade de Rutgers, 220
Universidade do Estado da Califórnia, San Bernardino, 85-6
Universidade George Mason, Centro de Comunicações sobre Mudança Climática, 233
Universidade Stanford, Departamento de Psicologia, 156, 270
UPS, empresa, 90
Upwork, empresa, 179
urbanização, 244

Vale do Silício, Califórnia, 149-50, 198
Valeti, Uma, 76-7
validação científica, 190-2
valor financeiro, 25, 164-82
valorações: e marketing, 171; e publicidade, 171; relativas e absolutas, 175-6; subjetivas, 178-80
valores mobiliários, 169
Valparaíso, Chile, 228
Van Dongen, Kees, 72
Van Gogh, Vincent, Noite estrelada, 74
Vanity Fair, 255
vapor de água e aquecimento global, 249-50

334

Vassar, Michael, 255
vazamentos químicos, 245
vegetais, 155-6, 227
veículos autônomos (VAs), 24, 34-5, 46, 256;
fabricantes, 35, 37
Vênus de Milo, 74
verdade, definições, 23
verdades artificiais, 25, 185-235, 283
verdades concorrentes: analogias, 37, 59;
aspectos positivos, 281; como termo, 196;
conversões financeiras, 93; e constructos sociais, 206; falsidades e, 23; e filosofia, 22-3;
influência, 14-7, 26-7; na prática, 28; quatro
classes de, 24-6; sobre desejabilidade, 153,
161; sobre genocídio, 189; sobre imigrantes,
161; sobre marcas, 209; sobre moralidade,
131; sobre mudança climática, 250; sobre o
futuro, 258; sobre valor financeiro, 167-8,
171; sobre veículos autônomos, 34-6; uso
construtivo, 18
verdades desconhecidas, 25, 284
verdades enganosas, 279, 281, 284; checklist
de verificação, 289-90
verdades morais, moralidade, 25, 130-46;
e empatia, 142-6; e grupos, 141-3, 146;
redefinindo, 144, 146; resultantes de hábitos, 144; subjetividade, 146; tratadas como
irrelevantes, 141-2
verdades parciais, 24, 31-83, 250
verdades subjetivas, 25, 129-82, 283
"véu de ignorância", 143
vida, sentido da, 157-9
viés de confirmação, 36
Vietnã, 60-1, 268
Vietnã do Norte, 226-7
Vin Mariani (bebida), 132
violência doméstica, 56
Virgin, 208
Virgínia, Declaração de Direitos, 210
visões distópicas, 26

Vitória, rainha da Inglaterra, 132
Vitter, David, 45, 46
Volkswagen, testes de emissões, 141
Voltaire, François-Marie, 23, 129
Volvo, 57

Washington Post, 229
Waterstones (livraria), 39
Webster, John, 32
Welch, Jack, 270
Wells Fargo, 141
Weltanschauung [visão de mundo], 79
West Point, Academia Militar de, 138
WhatsApp, 58, 104
Whole Foods, 40
Wikipédia, 43
Wilberforce, William, 132
Wilcox, Michael, 13
Wilson, Bee, 156
Woollacott, Martin, 61
Wright, Jeremiah, 46
Wyoming, mortes nas estradas, 91

Xbox, 207
xenofobia, 161, 162
Xu Xianchun, 104

Yahoo, 198
Yale, Projeto de Comunicações de Mudança
Climática, 233
Yorkshire, banco, 226
Younge, Gary, 122
YouTube, 104, 136

Zilkha Biomass (empresa), 44
Zimbábue, 227; moeda, 212-3
Zippo (isqueiros), 208
zona do euro, países, 102, 213
Zuma, Jacob, 42

ESTA OBRA FOI COMPOSTA PELA ABREU'S SYSTEM EM INES LIGHT
E IMPRESSA EM OFSETE PELA LIS GRÁFICA SOBRE PAPEL PÓLEN SOFT DA SUZANO
PAPEL E CELULOSE PARA A EDITORA SCHWARCZ EM MARÇO DE 2019

A marca FSC® é a garantia de que a madeira utilizada na fabricação do papel deste livro provém de florestas que foram gerenciadas de maneira ambientalmente correta, socialmente justa e economicamente viável, além de outras fontes de origem controlada.